会计学原理

（新修订版）

白玉芳　主编

中国农业大学出版社

图书在版编目(CIP)数据

会计学原理(新修订版)/白玉芳主编．—北京:中国农业大学出版社,2009.5(2016.11 重印)

ISBN 978-7-81117-746-6

Ⅰ.会… Ⅱ.白… Ⅲ.会计学 Ⅳ.F230

中国版本图书馆 CIP 数据核字(2009)第 057453 号

书　　名　会计学原理(新修订版)
作　　者　白玉芳　主编

策划编辑	张秀环　张苏明	**责任编辑**	董　维　陈巧莲
封面设计	郑　川	**责任校对**	王晓凤　陈　莹
出版发行	中国农业大学出版社		
社　　址	北京市海淀区圆明园西路 2 号	**邮政编码**	100193
电　　话	发行部 010-62818525,8625	读者服务部	010-62732336
	编辑部 010-62732617,2618	出　版　部	010-62733440
网　　址	http://www.cau.edu.cn/caup	**E-mail**	caup @ public.bta.net.cn
经　　销	新华书店		
印　　刷	涿州市星河印刷有限公司		
版　　次	2009 年 5 月第 1 版　　2016 年 11 月第 5 次印刷		
规　　格	787×980　16 开本　21.5 印张　390 千字		
定　　价	29.50 元		

前　　言（新版）

会计学原理是管理学和经济学专业的基础课程之一，是会计学专业的基础骨干课，也是经济管理类学科的理论基础和实务基础。

本书是一本会计入门教材，主要介绍会计学的基本理论和基本方法、基本技能；阐述会计的本质、概念，会计的对象，会计的职能，会计的作用、任务，会计的基本特征；论述会计目标、会计核算的基本前提、会计核算基础、会计信息质量要求和会计计量属性；介绍会计核算的基本方法和技能。通过本书学习，初步掌握会计工作最基本的知识和原理，为进一步学习其他专业课打下坚实的基础。

我国财政部于 2007 年 1 月 1 日开始重新颁布实施了《企业会计准则——基本准则》，同时新颁布实施了《企业会计准则第 1 号——存货》等 38 项具体准则，给会计理论界和实务界带来了许多新的课题。为了适应会计准则的实施和需要，我们对《会计学原理》这本书进行了全面的修改，并对有些章节进行了新编。在本次的修订中，我们主要做了以下的工作：

1. 第一章会计总论部分增加了会计信息质量要求、会计核算基础和会计计量属性等问题，对会计目标、会计要素的确认条件等问题进行了修订。

2. 第二章会计科目和账户、第三章复式记账、第四章账户与复式记账法的应用、第五章会计凭证、第六章账簿、第七章财产清查和第八章账户的分类，按照会计准则的要求进行了全面的修订。

3. 第九章财务报告部分，按照《企业会计准则第 30 号——财务报表列报》的要求，对资产负债表、利润表和报表附注进行了修订，新增加了“所有者权益变动表”等相关内容。

本次《会计学原理》的修订，我们仍秉承了原书的风格：深入浅出，图文并茂。每章有内容提要、学习目标、学习提示，每章结束后附有本章小结、复习题和思考题。

本次修订仍由白玉芳担任主编，参加本次修订和编写的还有丁玉杰、肖俏、三亚军、白丹、梁栋和田颖。

作为一部教科书，不断充实和提高是极为重要的。而要做到这一点，广泛吸收广大读者的意见和建议是不可或缺的，因此，我们恳请广大读者朋友对本书进行批评指正，提出宝贵意见和建议。

编　者

2008 年 7 月

前　言

会计学原理是管理学和经济学专业的基础课程之一，是会计学专业的基础骨干课，也是经济管理类学科的理论基础和实务基础。

本书是一本会计入门教材，主要内容是介绍会计学的基本理论和基本方法、基本技能；阐述会计的本质、概念、会计的对象，会计的职能，会计的作用、任务，会计的基本特征；论述会计目标、会计核算的基本前提、会计核算基础、会计信息质量要求和会计计量属性；介绍会计核算的基本方法和技能。通过本书学习，初步掌握会计工作最基本的知识和原理，为进一步学习其他专业课打下坚实的基础。

本书在各章节的写作上深入浅出，图文并茂，并结合实际会计业务举例，通俗易懂。每章前有内容摘要、学习目标、学习提示，每章结束后附有本章小结、复习题、思考题，以加强学生对教材内容的理解和掌握。

本书由白玉芳主编，参加编写的还有中央财经大学的岳彦芳、付梅英、杨晓婧、熊承娇、贺晓、杨宁、孙晓龙、李晨霞和刘新颜。

全书由白玉芳总纂，由雷沙力主审。由于水平有限，编写时间仓促，书中错漏不妥之处，恳请读者指正。

编　者

2006 年 10 月

目　　录

第一章　总　论

内容摘要

本章主要介绍会计的产生与发展，会计基本概念，会计的基本职能，会计目标，会计特点，会计对象，会计核算的基本前提，会计信息质量要求，会计核算基础和会计计量模式，会计核算的基本程序和方法。

学习目标

通过本章的学习，应掌握如下知识：

1. 会计的基本概念；
2. 会计的基本职能；
3. 会计目标；
4. 会计特点；
5. 会计对象；
6. 会计核算的基本前提；
7. 会计信息质量要求；
9. 会计核算基础；
10. 会计计量属性；
11. 会计核算的基本程序；
12. 会计核算的基本方法。

学习提示

本章的重点问题是：会计的基本职能，会计对象，会计核算的基本前提，会计信息质量要求，会计核算基础，会计计量属性及会计核算的基本方法。

第一节 会计的基本概念

一、会计的产生和发展

会计这一个古老的名词，在我国具有悠久的历史。远在公元前 1 100 年至公元前 770 年之间的西周时代就已经出现“会计”一词。据史书记载，我国古代有为王朝服务的会计，有专职官吏专司其事。春秋时代的孔子就曾当过管会计的官员。“会”和“计”都有计量方面的含义，并且都有汇总计算的意思，据有关历史资料考证，会计在当时的基本含义是：既有日常的零星核算，又有年终的总合核算，称“月计岁会”。清代焦循在《孟子正义》中对会和计两字作了具体说明，“零星算之为计，总合算之为会”。这就是说，平时进行零星计算，期终办理决算，把日常的核算与定期的总括核算两方面的含义都包括在内。虽然这种简单的字面解释无法概括现代会计的丰富内容，但基本上能表达会计在核算部分的基本特征。

会计作为一项经济活动的记录、计算和汇总工作，无论在中国还是在外国都有悠久的历史了，但是，会计作为一门独立的科学，具有一套科学的计量、确认和记录的方法，则是在商品经济发展过程中的产物。在商品经济条件下，一切商品都有价值，在社会再生产过程中就有价值的耗费和形成、价值的实现和收回、价值的分配和积累等经济活动，对于这些经济活动从价值上进行核算和管理，离开会计工作就无法实现。会计以其确认、计量、记录、报告和分析检查为手段，目的是从一个特定的侧面管理一个单位占用财产物资和发生的劳动耗费，确保公平合理的收益分配，参与经营决策，实行会计监督，并为宏观经济管理和有关各方提供决策有用的信息。因此，会计是经济管理的重要组成部分，是一种管理活动。

会计作为一种管理形式并具有特定的技术方法，在我国有着长期的历史。自奴隶社会周朝开始，会计就有了发展。周朝廷和各地的奴隶主已经利用会计来管理一切贡、赋、瑶、役等的征收和分配，并设有“司会”的专门官职，掌握钱粮、赋税收支，进行“月计岁会”，从秦朝到汉朝都设有掌握钱粮、赋税和宫廷财物收支的官吏。在古代，会计实际上是经济工作的主管。在会计技术方法方面，秦汉建立了以“入”、“出”为记账符号的定式会计记录方法。从西汉开始，会计与统计就分别在不同账册中加以处理，会计账册称为簿，而统计账册称为籍。唐宋之际产生并完善了相当科学的会计结算方法，即“四柱结算法”（四柱清册），“四柱结算法”的基本公式为“旧管（期初余额）＋新收（本期收入）－ 开除（本期支出）＝ 实在（期末余额）”。明末清初，在“四柱结算法”的影响下，民间出现了可以核算盈亏的“龙门账”，清代又产生了“四脚账”。这些中式会计的记账方法形成了中国会计的一个特色。

在国外,会计也有悠久的历史。在原始的古印度小公社里,已经有了一个记账员,专门登记农业账目。古巴比伦商人已有所谓的“现金记录”,希腊人、罗马人也都有会计记录的史料留于后世。但影响最大的是意大利人,早在12～13世纪,借贷记账法就出现在意大利热那亚、威尼斯等城市。1211年,意大利佛罗伦萨银行已经用借贷记账法记账,当时人们把这种记账法称为“威尼斯簿记法”。1494年,意大利数学家卢卡·帕乔利在其所著《算术、几何与比例概要》一书中“计算与记录要论”部分,比较系统地介绍了“威尼斯簿记法”,并结合数学原理从理论上加以概括,这是世界上第一部介绍和论述会计复式记账法的著作,在欧洲各国产生了很大的影响,并得到了广泛的传播,首先传入德、法两国,后来很快就传入俄、英、美、日等国,并得到各国会计学者在理论和技术上的完善和不断发展。产业革命后,生产力有了很大的发展,随着企业规模的不断扩大,出现了股份有限公司的经营形式,企业的经营权和所有权发生了分离,企业主希望有外部的会计师来检查他们所雇用的管理人员,特别是企业会计人员的工作情况。于是,在英国出现了第一批以查账为职业的独立会计师(又称注册会计师),这样就形成了两种会计职业,即为基层企业单位服务的会计和为公众服务的会计(注册会计师所从事的工作)。从此,会计服务的对象扩大了,会计内容发展了。

从19世纪50年代至20世纪50年代这100年间,会计无论在理论方面,还是在方法和技术方面都有很大的发展,例如从会计凭证、账簿到会计报表的会计循环理论的形成,货币计价、成本计算等理论方法的出现,公认会计原则的制定和实施等。第二次世界大战以后,由于科学和技术突飞猛进,知识更新加快,促使会计的理论方法和技术得到进一步的发展,电子计算机在会计领域的运用,引起会计工作、会计方法的重大变化。20世纪40～50年代,西方企业会计把传统的会计分离成为“财务会计”和“管理会计”,使会计从传统的事后记账、算账、报账,向事前预测、控制和参与决策转化;随着国际性经济交往的广泛开展,使会计超越了国家界限,成为“国际通行的商业语言”,现代会计出现了前所未有的繁荣。

20世纪初期,借贷记账法传入我国,随后又引进了英美的会计制度,对改革中式簿记、推行现代会计、促进我国会计事业的发展起到了一定的作用,这是我国会计史上的一次变革。建国后,我国实行了高度集中的计划经济体制,引进了与此相适应的苏联会计模式。苏联会计模式的引入是对旧中国的会计理论、制度、方法的变革,这是我国会计史上的第二次变革。20世纪80年代初,我国开始了会计史上的第三次变革,真正进入高潮的是1992年《企业会计准则》的制定和实施,使我国会计突破了原有的模式,初步建立了反映社会主义市场经济的会计模式,并与国际会计惯例靠拢。

综上所述，会计产生发展进程，本身就是社会经济环境对会计发展影响的结果，会计正是随着社会经济发展和科学技术进步而不断地发展变化的。正如马克思在《资本论》第二卷中指出的那样，“过程越是按照社会的规模进行，越是失去纯粹个人的性质，作为对过程控制和观念总结的簿记越是必要”。因此，任何社会要发展经济都离不开会计，经济越发展，生产力水平越高，生产规模越大，人们对经济管理的要求就越高，会计也就越重要。会计的生存和发展，还受社会政治制度、经济制度的影响和约束，它不仅要求会计必须符合一个国家政治经济制度的基本要求，甚至影响到具体的会计实务的处理。各国颁布的有关法律、法规、准则和制度都影响和制约着会计活动。

二、会计的含义

通过对会计产生和发展的阐述，可以看出会计在经济管理中所处的地位是一种以价值形式进行管理的工作，因此，可以将会计的含义概括如下：会计是经济管理的重要组成部分，它是以货币计量为基本形式，对会计主体（企业、事业、机关、团体等单位）的经济活动进行核算和监督的一种管理活动。会计管理的目的在于促进增产节约，增收节支，提高经济效益，为有关各方提供决策有用的信息，同时还应维护国家财政、财务制度，保护公有财产，加强微观和宏观管理。上面所提到的会计是一种管理活动，是说明会计本质；对经济活动进行核算和监督是会计的基本职能；为有关各方提供决策有用的信息，是会计的基本目标；以货币计量为基本形式是会计的重要特点。会计是一种管理活动，简称会计管理，它完整地表达了会计的本质属性。在微观经济中，会计管理是企业管理的重要组成部分；在宏观经济中，会计管理是国民经济管理的重要组成部分。在会计管理工作中，其基本目标是为国家宏观管理和调控提供信息；为投资者、债权人提供其了解财务状况和经营成果所必需的信息；为企业内部提供经营管理所需要的信息。信息是会计工作依照一定的程序和方法，通过收集、整理、分类、汇总等加工处理而得到的。会计报告是传输信息的主要手段。会计从取得原始数据到最终提供报告是一个完整的系统。从这个角度上说，会计是一个经济管理的信息系统。因此，我们也可以把会计理解为既是一种管理活动，又是一个信息系统。总之，完整的会计含义应从会计本质、职能、目标和特点四个方面来理解。

三、会计的职能

会计的职能是指会计所具有的功能，是会计本质的体现。从会计的产生及发展中我们了解到会计的基本职能是核算（也称反映）和监督。即进行会计核算，实行会计监督。

1.进行会计核算

会计核算贯穿于经济活动的全过程。它是会计最基本的职能。会计核算职能，主要是通过确认、计量、记录、报告，从数量方面反映企业单位已经发生或者已经完成的各项经济活动，为经营管理提供信息的功能，它是会计最基础的工作。会计的核算职能具有如下特点：

会计主要是利用货币计量，综合反映各企业单位的经济活动情况，为经济管理提供可靠的信息。根据需要，会计有时也利用非货币量形式（如实物量度、劳务量度）提供一些非财务信息。

会计核算不仅记录已发生的经济业务，还应面向未来，为企业单位的经营决策和管理控制提供依据。传统会计的核算职能主要体现在对已经发生的经济业务进行事后核算。随着社会经济的发展，现代会计要求对企业或单位的经济活动进行全过程的核算，包括事后、事中和事前核算，这样才能为信息使用者提供有用的信息，为会计监督职能的实现创造条件。

会计核算应具有全面性、连续性和系统性。全面性是指凡是会计核算的内容都必须加以记录，不能遗漏。连续性是指对各种经济业务都应当按照其发生的时间顺序依次进行登记，而不能中断。系统性是指会计提供的数据资料必须在科学分类的基础上形成相互联系的有序整体，而不能杂乱无章。全面、连续和系统三者相辅相成，缺一不可。

2.实行会计监督

会计对经济活动进行会计核算的过程，也是实行会计监督的过程。会计监督是企业单位内部的一种自我约束机制，主要是利用会计资料对经济活动加以控制和指导，它要求各项经济业务必须遵守国家财政、财务制度及其他财经纪律，同时还应遵守企业单位的经营方针、政策。其内容包括合法性监督和合理性监督两个方面。会计的监督职能具有如下特点：

(1)会计监督主要利用价值指标进行货币监督。会计监督主要是对会计核算职能提供的各种价值指标进行监督，这样不仅可以比较全面地控制各企业单位的经济活动，而且还可以经常和及时地对经济活动进行指导和调节。此外，根据需要，有时也利用实物量度进行实物监督。

(2)会计监督是在会计反映各项经济活动的同时进行的，包括事前、事中和事后监督。事前监督是在过程之初，对原始凭证、计划、合同的合法性、合理性所作的审查；事中监督就是在过程之中对计划、预算执行等所作的控制；事后监督就是在过程之后，对会计资料进行分析检查。监督的依据是各种法规、制度、计划、预算、定额和合同等。

会计的核算和监督职能的关系是十分密切，两者相辅相成。会计核算是会计监督的前提，没有会计核算提供的数据资料，会计监督就没有客观依据；如果只有核算而不进行监督，就不能发挥会计在管理经济中的作用。核算和监督是会计的最基本职能，它体现了会计的本质特征。会计核算居于主导地位，而会计监督则寓于核算的过程中。

四、会计目标

会计目标是会计行为的最终目的，也是会计循环的起点和终点，或者说是会计系统所要达到的境地和标准。会计应当发挥的作用，是会计工作的基本服务方向。会计目标是会计系统和外部环境相连的纽带。

在一定的社会经济环境下，任何会计活动都要符合会计目标。由于会计是整个经济管理的重要组成部分，因此会计管理的目标也要从属于经济管理的目标。在社会主义市场经济条件下，经济管理的总目标是提高经济效益，作为经济管理的重要组成部分的会计管理工作，也应该以提高经济效益作为自己的总目标，这是中外会计具有的共性。从提供信息的角度来说，会计基本目标不是一成不变的，它要受经济环境变动的影响而发生变化，特别是不同的社会制度和经济体制下，对会计提出不同的目标。在总目标的前提下，会计的基本目标是通过编制财务报告的方式向有关方面提供有用的会计信息，以满足经济决策的需要。根据我国2006年《企业会计准则》精神，指出财务报告的目标是向财务报告使用者（包括投资人、债权人、政府及其有关部门和社会公众等）提供财务状况、经营成果和现金流量等有关的会计信息，反映企业管理层受托责任履行情况，有助于财务会计报告使用者做出正确经济决策。

（一）向财务报告使用者提供会计信息

向财务报告使用者及时提供有用的信息，是会计的基本目标之一，满足投资者的信息需求是企业财务报告编制的首要出发点，投资者是企业财务报告的首要使用者。除投资者之外，企业财务报告的使用者还包括债权人、政府及有关部门。根据企业对外提供的会计信息，投资者可以分析企业的理财能力、盈利能力和发展趋势，预测投资风险，做出投资决策；作为债权人的银行或其他金融机构，可以分析企业的偿债能力，衡量贷款风险，做出贷款决策；社会公众可以了解企业产品质量和价格的变动情况，企业在同行业中所处的地位，企业所承担的社会责任及其信誉情况，监督企业的生产经营活动，从而保护自身的合法权益。

(二)反映企业管理层受托责任履行情况

现代企业制度强调企业所有权和经营权相分离,企业管理层是受委托人的委托经营管理企业及其各项资产的,负有受托责任。企业的投资者和债权人等也需要及时或者经常地了解企业管理层保管、使用资产的情况,以便于评价企业管理层业绩与责任的履行情况。会计能够为企业内部经营管理者提供日常经济活动的会计信息、企业总体发展计划和特定目标决策的会计信息以及计划、预算执行情况的会计信息等。通过分析、利用会计信息,企业内部经营管理者可以全面、系统、总括地了解企业的生产经营情况,财务状况和经营成果,并在此基础上,总结过去、分析现状、预测未来,采取有效措施强化内部经营管理,以便更好地履行经营管理的受托责任。

五、会计的特点

会计在执行核算和监督职能时有两个显著的特点,一是以货币计量为主要基本形式;二是连续、系统和完整地对经济活动进行核算和监督。

在商品经济条件下,一切商品都有价值,社会再生产过程中的产品的生产、交换、分配和消费等经济活动,都是通过货币计量来综合反映的。会计管理中离不开计算,要计算就需要运用一定的计量尺度,计量尺度有三类:一类是实物量度,如台、件、千克、米、尺等;一类是劳动量度,如工时、工作日等;一类是货币量度。由于实物量度和劳动量度本身有着不同的计量单位,无法进行综合,不便于相互比较,具有一定的局限性,不能满足会计在经济管理中的需要,只有利用价值形式,通过货币计量,来取得经营管理所必需的综合性指标,据以对企业单位的经济活动进行总体评价,确定和考核经济效益。这是实物计量和劳动计量都无法达到的。因此,现代会计的一个重要特征就是以货币计量为基本形式,即对数据的处理以价值指标为主,并辅之文字说明和其他计量指标。

会计的另一个主要特点,就是对经济活动的核算监督具有连续性、系统性、完整性。也就是说,会计作为一种管理活动,不是时有时无的。它是连续、系统、完整地对经济活动进行核算和监督。所谓连续性,就是在核算时按照经济业务发生时间的先后顺序,不间断地进行记录、计算和反映;所谓系统性,就是在核算中从开始记录一项经济业务到最后编制会计报表要逐步把会计资料加以系统化,先分类汇总,然后进行加工整理,以取得综合性的指标;所谓完整性,就是在核算中凡是会计进行记录和计算的事项都要毫无遗漏地加以记录和计算,不允许任意取舍,这样才能获得真实全面地反映经济活动的综合性指标。为了达到这一目的,在会计产生和发展过程中,形成了一个完整的方法体系,比如通过确认、计量、记录、报告程序,运用凭证、账簿、报表等方法对发生的经济业务进行记录核算，分类汇总，加工整理。

充分利用会计信息的反馈，分析和预测经济前景，提供反映未来经济活动的数据与资料，也是现代会计的另一个特征。

第二节 会计的对象与会计要素

一、会计对象

会计的对象是指会计所核算和监督的内容。会计对象分为一般对象和具体对象。

(一)一般对象

会计的一般对象是指通过价值形式表现的有关社会再生产过程中生产、交换、分配、消费等方面的经济活动。这些能用货币表现的经济活动就是会计要核算和监督的内容，也就是构成会计核算的一般对象。

社会再生产过程是由生产、分配、交换和消费四个相互联系的环节所构成，它包括各种各样的经济活动。但是，在再生产过程中有些经济活动是不能用价值形式来表现的。因此，会计并不能核算和监督再生产过程中的全部经济活动，而只能核算和监督再生产过程中可以用货币表现的那些内容。因此，在商品经济条件下，会计的一般对象概括地说可以表述为价值运动，或者是能用货币表现的经济活动。

(二)具体对象

前已述及，能用货币表现的经济活动，就是会计要核算和监督的内容，构成了会计核算的一般对象。但是，能用货币表现的经济活动作为会计核算对象只是对会计对象的一般描述，而且也比较抽象。为了便于会计确认、计量、记录和报告，必须按照经济业务不同方面的影响而将其分为具体的类别，这就形成了会计的具体对象，即会计要素，因此可以说，会计要素是对会计对象所作的基本分类，通过会计要素的形式，使会计核算内容更加具体化。因为只有通过会计要素才能使会计核算的内容同会计凭证、账簿、报表具体联系起来，使会计信息更清晰明了地反映会计主体经营活动的特点。由于各国会计所处的具体环境不同，对会计对象的分类标准也不尽相同，因此，不同国家和地区对会计要素的界定不完全统一，但由于会计对象是一致的，各国的会计要素又有很多相同之处。我国《企业会计准则》、《企业财务会计报告条例》及《企业会计制度》将企业会计要素分为资产、负债、所有者权益、收入、费用、利润等六项。同时在我国，由于企业、事业、行政单位经济活动的具体内容不同，因此其会计核算内容的具体表现形式也不一样。企业是从事商品生产经营活动的实体，其会计核算的具体内容可以分为资产、负债、所有者权益、收入、费用、利润六会计要素来表现。其中：资产、负债和所有者权益，是企业财务状况的静态反映，也可以视为资产负债表的要素；收入、费用、利润是从动态方面来反映企业的经营成果，也可以视为利润表的要素。人们利用这六个要素，就可以从静态和动态来描述企业的经济活动。对行政、事业单位会计要素的内容，不在此展开说明。

由此可见，会计要素是会计核算内容的具体化，是构筑会计报表的基本组件，也是账户所要反映和监督的内容的高度归并与概括。

按照《企业会计准则》的规定，企业会计要素包括资产、负债、所有者权益、收入、费用和利润六项，其中资产、负债、所有者权益三个要素构成一组，形成反映一定日期财务状况的平衡公式，即：

资产＝负债＋所有者权益

收入、费用、利润三个要素构成另一组，形成反映一定期间经营成果的基本公式，即：

收入－费用＝利润

通过复式记账，使这些会计要素之间发生了相互联系。

二、会计要素的主要内容

(一)资产

资产是会计要素中最核心的内容，是会计最基本要素之一，目前，我国对资产的认识定义是，认为资产是指过去的交易、事项形成并由企业拥有或者控制的资源，该资源预期会给企业带来经济利益。资产具有以下一些特征：

(1)资产必须是由企业现在所拥有或能够加以控制的经济资源，如果不是企业拥有或企业不能加以控制使用的经济资源，则不能算企业的资产。

(2)资产必须是企业由于过去的经济业务所形成或取得的，或者说先有经济业务的发生才能形成或取得资产，如企业准备购买一台设备，但还未发生这项经济业务，因而还不形成企业的资产。

(3)资产必须能以货币加以计算的，如不能用货币计量的资源即使有用但也不能算是资产。

(4)资产必须能为企业带来未来经济利益，满足企业的特定需要，具有直接或间接为企业未来经济利益做出贡献的能力，具有有用性特征，如果一项资产失去了有用性的特征，不能再为企业带来未来的经济利益时，就不能再作为资产来处理，而应该转化为当期的费用和损失来处理。

根据资产要素应具备的上述特征，完整的资产定义是：资产是指企业由于过去的经济业务所形成的、现在拥有或能加以控制的并可望将来为企业带来经济利益的能以货币计量的经济资源。资产的本质是带来未来经济利益，因此未来经济利益的可控制性及现在的掌握性是资产的本质特点，也是资产的基本判断依据。

资产按其流动性，即按其转变为现金的速度和能力可分为流动资产和非流动资产。

流动资产是指可以在一年内或者超过一年的一个营业周期内变现或者耗用的资产。流动资产按其变现能力的大小，又可分为库存现金及各种存款、交易性金融资产、应收预付款项、存货等。

库存现金及各种存在银行及其他金融机构的存款，统称为货币资金。

交易性金融资产是指企业为交易目的而持有的投资，包括债券投资、股票投资和基金投资。

应收及预付款项，包括应收票据、应收账款、其他应收款、预付货款、待摊费用等。

存货是指企业生产经营过程中为销售或者耗用而储存的各种资产，包括商品、产成品、在产品以及各类材料、燃料、低值易耗品等。

非流动资产主要有持有至到期投资、长期股权投资、可供出售金融资产、固定资产、无形资产、商誉等。

持有至到期投资是指到期日固定、回收金额固定或可确定，且企业有明确意图和能力持有至到期的非衍生金融资产，如债券投资。

长期股权投资是指出于对被投资单位实施控制、共同控制和施加重大影响的权益性投资，以及对被投资单位不具有控制、共同控制或重大影响、在活跃市场没有明确报价且公允价值不能可靠计量的权益性投资，如股票投资。

可供出售金融资产是指初始确认时即被指定为可供出售的非衍生金融资产。如企业购入的在活跃市场上有报价的股票、债券和基金等，没有划分为交易性金融资产和持有至到期投资的金融资产等。

固定资产是指企业用于生产商品或提供劳务，出租给他人；或为了行政管理目的而持有的，预计使用年限超过一年的具有实物形态的资产，包括房屋、建筑物、机器设备、运输设备、工具器具等。

无形资产是指企业长期使用而没有实物形态的资产，包括专利权、非专利技术、商标权、著作权、土地使用权等。

我国《企业会计准则——基本准则》中规定，资产的确认除了符合资产定义的资源外，还应同时满足以下条件：一是与该资源有关的经济利益很可能流入企业；二是该资源的成本或价值能够可靠地计量。

（二）负债

负债是企业债权人对企业资产的要求权，即债权人的权益，它是会计基本要素之一。我国目前认为，负债是指企业过去的交易、事项形成的现时义务，履行该义务预期会导致经济利益流出企业。它是过去发生的交易事项而在现在承担的将来需要以资产或劳务偿还的责任和义务。负债与资产相反，它会导致企业经济利益的流出。负债具有以下几个特征：

(1)负债的产生是由于过去交易和过去的事项，即过去的经济业务所引起的；

(2)负债是一种承诺的义务，将来需要兑现的，并有明确的兑现日期和受款人；

(3)负债代表未来经济利益的流出；

(4)负债是可以用货币计量的。

负债按其偿还期的长短，可以分为流动负债和非流动负债。

流动负债是指将在一年或超过一年的一个营业周期内偿还的债务，包括短期借款、应付票据、应付账款、应付职工薪酬、应交税费、预收账款、预提费用等。

非流动负债一般也称长期负债，是指偿还期在一年或者超过一年的一个营业周期以上的债务，包括长期借款、应付债券、长期应付款项等。

我国《企业会计准则——基本准则》中规定，在符合负债定义的义务，还应同时满足以下条件：一是与该义务有关的经济利益很可能流出企业；二是未来流出的经济利益的金额能够可靠地计量。

（三）所有者权益

所有者权益是指企业资产扣除负债后由所有者享有的剩余权益。公司的所有者权益又称股东权益。所有者权益的来源包括所有者投入的资本、直接计入所有者权益的利得和损失、留存收益。

直接计入所有者权益的利得和损失，是指不应计入当期损益、会导致所有者权益发生增减变动的、与所有者投入资本或者向所有者分配利润无关的利得或损失。

利得是指由企业非日常活动所形成的、会导致所有者权益增加的、与所有者投入资本无关的经济利益的流入。

损失是指由企业非日常活动所发生的、会导致所有者权益减少的、与向所有者分配利润无关的经济利益的流出。

所有者权益按其构成不同，分为投入资本、资本公积金、盈余公积金和未分配利润。

所有者权益有如下特征：

(1)所有者权益表明的企业产权关系，反映了企业投资人对其净资产的要求权、所有权；

(2)在数量上，所有者权益是企业资产中减去负债总额的净额，应全部归企业投资人所有；

(3)所有者权益与负债共同构成企业资产的来源；

(4)所有者权益的内容，由投资人投入的资本和企业实现的利润(或亏损)构成；

(5)所有者权益的数额的大小取决于企业获利能力。

所有者权益表明企业的产权关系，即企业归谁所有。企业的全部资产，除了归债权人所有外，应归投资者所有。在企业中，所有者权益与企业特定的具体资产并无直接关系，也就是说它并不与企业特定的具体的资产项目发生相对应的关系。例如，一定数额的所有者权益并不代表相应数额的货币资产或者存货。所有者权益只是在整体上，在抽象的意义上与企业资产保持数量的关系。

(四)收入

收入有广义和狭义之分，广义的收入是指企业在经营活动和非经营活动中能够导致企业净资产的增加都看成是收入；狭义的收入仅指企业在经营活动中所取得的营业收入，而不包括在偶然性的非经营活动中所取得的收入。我国的收入是指企业日常活动中形成的、会导致所有者权益增加的、与所有者投入资本无关的经济利益的总流入。这显然是一种狭义收入的说法。

收入要素有以下特征：

(1)收入代表着一个会计期间的经济利益的增加，表现为企业资产的流入或增值以及负债的减少，从而最终导致企业净资产的增加。

(2)收入与费用、利润要素相联系，而与负债、所有者权益相区别，收入与费用相配比后产生利润(亏损)，三者有直接关系。收入与负债、所有者权益必须加以区别，投资人投入资本引起资产的增加不是企业的收入，企业从银行借款引起资产的增加也不是企业的收入而是负债。

(3)收入影响利润要素的增量，最终必然导致所有者权益的增加。

由于我国的收入定义为企业在日常活动中所形成的、会导致所有者权益增加的、与所有者投入资本无关的经济利益的总流入。所以收入不包括为第三方或客户代收的款项。收入会引起货币资产的流入，其他资产的增加或负债的减少或者两者兼而有之。但并非所有资产流入都是收入，例如股东追加投资，向银行取得借款，收到购货单位预付款等。

（五）费用

费用是指资金的耗费，也有广义和狭义之分。广义费用是指企业在经营活动或非经营活动中导致企业净资产减少的耗费，包括营业费用和非营业费用（投资损失和营业外支出）；狭义费用仅指在经营活动中的营业费用。我国对费用的定义是指企业在日常活动中发生的会导致所有者权益减少的、与向所有者分配利润无关的经济利益的总流出。

费用从其实质讲都表现为企业经济利益的减少，引起净资产的耗费。分广义和狭义只是说明它们产生的原因不同，一个与经营性活动有关，一个与非经营性活动有关，但有时费用和损失的界限很难加以区分，如应收账款中的坏账损失、外币交易中的汇兑损失，就难以划分，都作费用核算。费用应有以下特征：

（1）费用和损失的发生代表着企业在一个会计期间内经济利益的减少，表现为企业资产的减少或负债的增加，最终导致所有者权益的减少。

（2）费用与收入具有直接的联系，费用的高低直接影响到利润的大小，费月与收入存在一定的因果关系，企业承担了费用目的是为了收入，收入的取得必须付出代价（费用）。不是为了取得收入而形成的资产的减少或负债的增加不属于费用的范围。收入大于费用便产生利润，反之将发生亏损。但这种因果关系并不意味着费用发生就一定会带来收入，有时不会取得收入。

由于费用的特征是为取得收入而付出的代价，因此费用一定要与收入配比才能确定，不是为取得收入而形成的各类资产的减少或负债的增加不属于费用的范围。例如，向投资者分配利润，向银行归还借款，预付供应单位款项等。

费用按经济用途不同，可以分为生产成本和期间费用。生产成本是指企业为生产一定数量的产品而发生的费用，也称为产品的制造成本，包括直接材料、直接人工和制造费用。期间费用是指不能计入产品生产成本而直接计入当期损益的费用，包括销售费用、管理费用、财务费用。

（六）利润

利润是指企业在一定期间的经营成果。利润包括收入减去费用后的净额、直接计入当期利润的利得和损失等。

净利润是指利润总额减去所得税费用后的金额。

直接计入当期利润的利得和损失,是指应当计入当期损益、会导致所有者权益发生变动的、与所有者投入资本或向投资者分配利润无关的利得和损失。

利润金额取决于收入和费用、直接计入当期利润的利得和损失金额的计量。

利润有以下明显特征:利润是收入与费用两个会计要素相配比的结果,表明最终可导致所有者权益发生变动。收入大于费用表现为利润;反之则表现为亏损。因为收入是企业资产的增加和负债的减少,由此导致所有的权益的增加;而费用是指企业资产的减少和负债的增加,由此导致所有者权益的减少。因而利润实际上是资产、负债、所有者权益、收入、费用五个要素按一定规则共同配比结果。

以上会计要素可用图 1-1 表示。

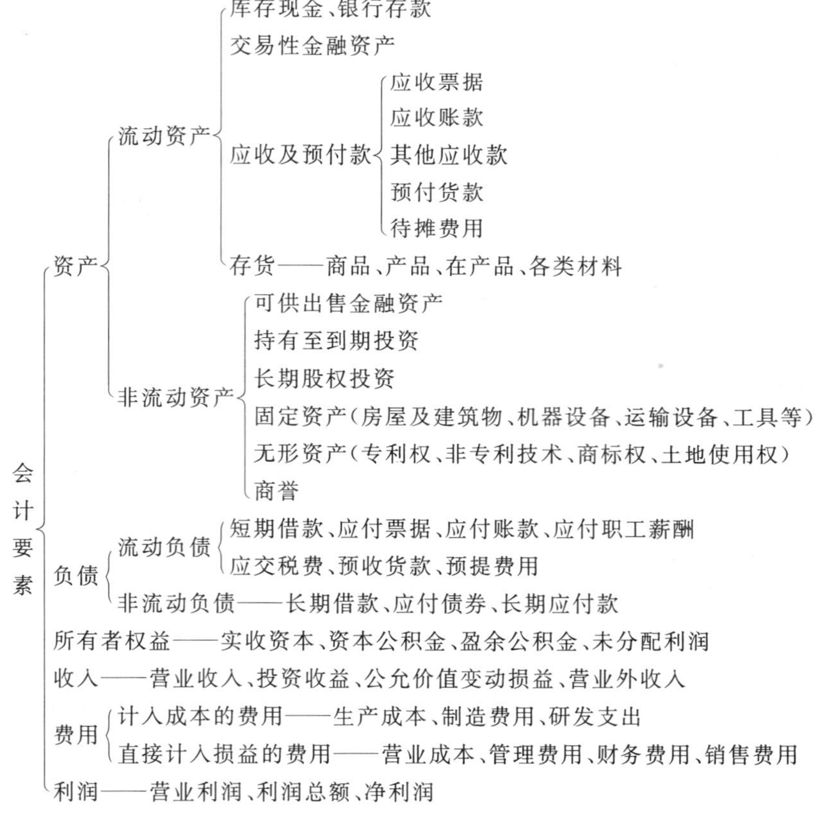

图 1-1　会计要素

第三节 会计核算的基本前提和会计信息质量要求

一、会计核算的基本前提

会计核算的基本前提又称会计基本假设,是企业会计确认、计量和报告的前提,是对会计核算所处时间、空间环境等所作的合理假定,即对会计核算的范围、内容、要求等作出规定,把会计核算限定在一定的条件下。会计核算的主要目标是向有关各方提供决策有用的会计信息,而信息的产生必须在一定的空间和时间范围内进行,并按一定的内容和形式,通过会计核算的程序和方法取得。会计核算的基本前提是限定会计核算的范围、内容,据以对收集、加工处理的会计信息加以过滤和筛选,以保证会计工作的正常进行和会计信息的质量。我国《企业会计准则》把会计核算的基本前提分为会计主体、持续经营、会计分期、货币计量,它是规范会计核算行为的基础。

(一)会计主体

会计主体是指企业会计确认、计量和报告的空间范围,也是会计为之服务的特定单位,会计主体从空间上限定了会计工作的具体范围。只有规定了会计主体,才使会计核算有明确的范围,在这基础上资产、负债、所有者权益、收入、费用、利润等会计要素才有了空间的归属,才能使一个企业财务状况和经营成果独立地反映出来,会计核算并不是漫无边际的,而是严格限制在一个经营上或经济上独立性或相对独立性的单位之内。在这个主体界限内,会计记录和会计报表涉及的只是该主体范围的经济活动,而不反映所有者和其他会计主体的经济活动。通过界定会计核算的范围,才能正确反映会计主体的资产、负债和所有者权益的增减变化,以及收入、费用和损益情况,为有关各方提供所需要的信息。

会计主体可以是独立法人,也可以是非法人,如合伙企业。典型的会计主体是经营企业,但事业单位和行政机关也是会计主体。一般来说,法律主体必然是一个会计主体,但会计主体不一定是法律主体。

(二)持续经营

持续经营是指在正常的情况下,会计主体的生产经营活动将按照既定的目标持续不断地经营下去,在可以预见的将来,不会面临破产,进行清算。即会计主体的经济活动将无限期继续存在下去,这样才能开展常规的会计核算工作,持续经营为会计的正常工作规定了时间范围。只有在持续经营前提下企业的再生产过程才得以进行,企业资本才能正常循环和周转,才能用会计特有的程序和方法,全面、系统地反映企业的资产负债增减变化情况，反映企业经济活动情况。任何企业、会计主体都有“生”和“死”两种状态，如面临破产清算，则持续经营就失去存在的事实，那以此为基础的会计理论、原则、程序方法就失去了效用。在持续经营的前提下，企业才能选择会计确认、计量和报告原则与方法对企业资产、负债等进行会计核算，并提供相关的会计信息，如对固定资产采用在规定的期限内分期计提折旧，对各种债务按预先承诺的条件偿还等。由此可见，会计核算所使用的一系列原则、程序、方法都是建立在持续经营基础之上的。

（三）会计分期

会计分期，又称为会计期间，是指将一个企业持续经营的生产经营活动划分为一个个连续的、长短相同的期间，以便分期结算账目，编制会计报表，及时向有关方面提供反映财务状况和经营成果的会计信息，并按时向政府缴纳税金。如果不划分会计期间，企业只能等到结束其经营活动时才去结算账目计算盈亏，这实际上是不允许的，也是行不通的。会计期间是对持续经营前提的必要补充。

会计期间，提出会计核算从何时开始到何时截止的问题，分阶段来连续、系统、全面反映会计主体的经济活动，解决企业生产连续性和信息需求者对会计信息定期性需求的矛盾。会计期间可以按日历年度，也可以根据经营特点或纳税需要来划分，但会计期间时间跨度应相等，以便于各期互相比较分析。

会计期间的划分是正确计算收入、费用和损益的前提，有了会计分期，才产生了本期与非本期的区别。由于有了本期和非本期的区别，才产生了权责发生制和收付实现制，才能把收入和费用在各个会计期间进行合理分配。

会计期间通常为一年，称为会计年度。我国《企业会计准则——基本准则》规定以日历年度作为会计年度。为了及时提供信息，在年度内还可以划分为若干较短的时间，如季度和月份。

（四）货币计量

货币计量是对会计计量尺度的规定，在会计核算中以货币作为计量单位，综合反映会计主体经营成果和财务状况。把经济活动、财务状况、经营成果转化为价值来反映，统一量度，以无差别的价值计量尺度衡量企业的资产、负债、收入、费用等，这样使会计核算所提供的信息具有可比性，满足信息使用者的需要。这里以货币作为统一计量单位包含着币值稳定即币值保持不变或变化甚微为条件，只有在币值稳定的情况下，会计核算提供的不同时期资产的价值才具有可比性，不同时期的收入和费用才能进行比较，才有可能把会计主体发生经济活动进行连续、系统的记录，综合汇总，计算确定其经营成果，并对不同时期的会计信息进行比较、分析和评价。如果出现异常情况，例如出现持续的，特别是恶性的通货膨胀，就应修正这个前提条件。

在我国，货币度量采用的是以人民币为记账本位币，有外币收支业务的企业也可采用某种外币作为记账本位币，但向有关方面编报的会计报表必须折算为人民币反映。

二、会计信息质量要求

会计信息质量要求是对企业财务报告中所提供会计信息质量的基本要求，是财务报告中所提供信息应具备的基本特征。根据《企业会计准则——基本准则》规定，会计信息质量要求包括：可靠性、相关性、可理解性、可比性、实质重于形式、重要性、谨慎性、及时性。其中，可靠性、相关性、可理解性和可比性是会计信息的首要质量要求，是企业财务报告中所提供会计信息应具备的基本质量特征；实质重于形式、重要性、谨慎性和及时性是会计信息的次级质量要求，是对可靠性、相关性、可理解性和可比性等首要质量信息的补充和完善，尤其是在对某些特殊的交易或者事项进行处理时，需要根据这些质量要求来把握其会计处理原则。另外，及时性还是会计信息相关性和可靠性的制约因素，企业需要在相关性与可靠性之间需求一种平衡，以确定信息及时披露的时间。

(一) 可靠性

可靠性亦称真实性，它要求企业应当以实际发生的交易或者事项进行确认、计量和报告，如实反映符合确认和计量要求的各项会计要素及其他相关信息，保证会计信息真实可靠、内容完整。为了贯彻可靠性要求，企业应做到：

(1)以实际发生的交易或事项为依据进行确认、计量，将符合会计要素定义及其确认条件的资产、负债、所有者权益、收入、费用和利润等如实反映在财务报表中，不得根据虚构的、没有发生的或者尚未发生的交易或者事项进行确认、计量和报告。

(2)在符合重要性和成本效益原则的前提下，保证会计信息的完整性，其中包括应当编报的报表及其附注内容等应当保持完整，不能随意遗漏或者减少应予披露的信息，与使用者决策相关的有用的信息都应当充分披露。

(二)相关性

相关性亦称有用性，它要求企业提供的会计信息应当与投资者等财务报告使用者的经济决策需要相关，有助于投资者等财务报告使用者对企业过去、现在或者未来的情况作出评价或者预测。

会计信息是否有用，是否有价值，关键是看其与使用者的决策需要是否相关，是否有助于决策或提高决策水平。相关的会计信息应当能够有助于使用者评价企业过去的决策，证实或者修正过去的有关预测，因而具有反馈价值。相关的会计信息还应当具有预测价值，有助于使用者根据财务报告所提供的会计信息预测企业未来的财务状况、经营成果和现金流量。

会计信息的相关性要求企业在确认、计量和报告会计信息的过程中，充分考虑使用者的决策模式和信息的需要。但是，相关性是以可靠性为基础的，也就是说，会计信息在可靠性的前提下，尽可能地做到相关性，以满足投资者等财务报告使用者的决策需要。

（三）可理解性

可理解性要求企业提供的会计信息应当清晰、明了，便于投资者等财务报告使用者理解和使用。

企业编制财务报告、提供会计信息的目的在于使用，而要使用者有效使用会计信息，应当让其了解会计信息的内涵，弄懂会计信息的内容，这就要求财务报告所提供的会计信息应当清晰明了，易于理解。只有这样，才能提高会计信息的有用性，实现财务报告的目标，满足向投资者等财务报告使用者提供决策有用信息的要求。

（四）可比性

可比性要求企业提供的会计信息应当相互可比。这主要包含两层含义：

(1)同一企业不同时期可比。为了便于投资者等财务报告使用者了解企业财务状况、经营成果和现金流量的变化趋势，比较企业在不同时期的财务报告信息，全面、客观地评价过去、预测未来，从而做出决策。会计信息质量的可比性要求同一企业不同时期发生相同或者相似的交易或者事项，应当采用一致的会计政策，不得随意变更。但是，满足会计信息可比性要求，并非表明企业不得变更会计政策，如果按照规定或者在会计政策变更后可以提供更可靠、更相关的会计信息，可以变更会计政策。有关会计政策变更的情况，应当在附注中予以说明。

(2)不同企业相同会计期间可比。为了便于投资者等财务报告使用者评价不同企业的财务状况、经营成果和现金流量及其变动情况，会计信息质量的可比性要求不同的企业同一会计期间发生的相同或者相似的交易或者事项，应当采用规定的会计政策，确保会计信息口径一致、相互可比，以使不同企业按照一致的确认、计量和报告要求提供有关会计信息。

（五）实质重于形式原则

实质重于形式要求企业应当按照交易或者事项的经济实质进行确认、计量和报告，不仅仅以交易或者事项的法律形式为依据。

企业发生的交易或事项在大多数情况下其经济实质和法律形式是一致的，但在有些情况下也会出现不一致。当经济实质与法律形式不一致时，按经济实质进行确认、计量和报告。

（六）重要性

重要性要求企业提供的会计信息应当反映与企业财务状况、经营成果和现金流量有关的所有重要交易或者事项。

凡是对资产、负债和损益等有较大影响，并进而影响投资者等财务报告使用者做出合理判断的会计事项，为重要事项，必须按照规定的会计方法和程序进行处理，并在财务会计报告中予以充分、准确地披露；而对于次要的会计事项，在不影响会计信息真实性的情况下，则可适当简化，合并反映。重要性与会计信息的成本效益直接相关，坚持重要性，有助于简化核算，提高会计工作效率。

（七）谨慎性

谨慎性，亦称稳健性，它要求企业对交易或者事项进行会计确认、计量和报告时保持应有的谨慎，不应高估资产或者收益、低估负债或者费用。

在市场经济条件下，企业经营活动存在着不确定因素和风险因素，如应收款项的可收回性、固定资产的使用寿命、无形资产的使用寿命等。会计信息的谨慎性要求，需要企业在面临不确定性因素的情况下做出职业判断时，应当保持应有的谨慎，充分估计到各种风险和损失。

需要注意的是，谨慎性并不意味着企业可以任意设置各种秘密准备，影响会计核算可靠性的要求，造成会计核算秩序的混乱。

（八）及时性

及时性要求企业对于已经发生的交易或者事项，应当及时进行确认、计量和报告，不得提前或者拖后。会计信息的价值在于帮助投资者等财务报告使用者做出经济决策，具有时效性。即使是可靠的、相关的、可比的会计信息，如果不及时提供，对于会计信息使用者也没有任何的意义，甚至可能误导会计信息使用者。会计提供信息有时间性，失去时效，成为历史资料，将无助于决策。任何信息的使用价值不仅要求真实可靠，而且还必须保证时效，及时提供，及时记录，及时传送，及时利用。及时性包括两个方面：一是会计事项的账务处理应当在当期内进行，不得拖延；二是会计报表应当在会计期间结束后按规定的日期内报送有关部门。

第四节　会计核算基础和会计计量属性

一、会计核算基础

会计核算基础又称为会计的结账基础，即以什么数字作为会计结账的数字基础。在会计核算时，由于各种原因，经济业务的发生时间与相应的现金收支行为的发生时间不一致，往往会发生一些应收未收、应付未付的经济事项，这就产生了两种会计核算基础：权责发生制和收付实现制。以收入和费用的归属期间为标准确认收入和费用的方法，称为权责发生制；以收入和费用的收支期间为确认收入和费用的方法，称为收付实现制。《企业会计准则——基本准则》规定："企业应当以权责发生制为核算基础进行会计确认、计量和报告。"

（一）权责发生制

权责发生制，又称应计制，它是以收入和费用是否发生为标准来确认本期收入和费用的一种方法。权责发生制会计核算基础要求：凡是当期已经实现的收入和已经发生或应负担的费用，无论款项是否收付，都应作为当期的收入和费用，计入利润表；凡是不属于当期的收入和费用，即使款项已在当期收付，也不应当作为当期的收入和费用。

权责发生制基础主要是从权责发生的时间上规定会计确认的基础，其核心是根据权责关系的实际发生期间来确认企业收入和费用。按照权责发生制的要求，收入的归属期间应是产生收入的会计期间，费用的归属期间应是费用所服务的会计期间。

【例如】 某公司在20××年6月销售商品10 000元，货款于20××年7月收到。在权责发生制下，商品已经提供，销售商品10 000元应归属于6月份的收入。这部分已经获得尚未收到的商品销售收入，在6月份就称为应计收入。

（二）收付实现制

收付实现制亦称现金制，是与权责发生制相对应的一种会计基础。它是以现金实际收付为标准来确认本期收入和费用的一种方法。其主要内容是：凡是在本期收到的收入和付出的费用，不论是否属于本期，都应作为本期的收入和费用处理，而对于应收、应付、预收、预付等款项不予调整。

【例如】 某公司在20××年6月销售商品10 000元，货款于20××年7月收到。在收付实现制下，货款在7月份收到，6月份不确认此商品销售收入，10 000元应确认为7月份的收入。

二、会计计量属性

会计计量属性亦称会计计量模式。会计计量是为了将符合确认条件的会计要素登记日账并列报于财务报表而确定其金额的过程。计量属性是指被计量对象(即会计要素)的数量化特征或外在的表现形式。企业应当按照规定的会计计量属性进行计量、确定相关金额。从会计角度,计量属性反映的是会计要素金额的确认基础。计量属性的不同选择会使相同的计量对象表现为不同的货币数额。按照《企业会计准则——基本准则》的规定,我国采用的会计计量属性有历史成本、重置成本、可变现净值、现值和公允价值等。

(一)历史成本

历史成本又称为实际成本,是指取得或制造某项财产物资时所实际支付的现金或其他等价物。在历史成本计量下,资产按照其购置时支付的现金或者现金等价物的金额,或者按照购置资产时所付出的对价的公允价值计量。负债按照其因承担现时义务而实际收到的款项或者资产的金额,或者承担现时义务的合同金额,或者按照日常活动中为偿还负债预期需要支付的现金或者现金等价物的金额计量。

(二)重置成本

重置成本又称现行成本,是指按照当前市场条件,重新取得同样一项资产所需支付的现金或现金等价物金额。在重置成本计量下,资产按照现在购买相同或者相似的资产所需支付的现金或者现金等价物的金额计量。负债按照现在偿付该项债务所需支付的现金或者现金等价物的金额计量。在实务中,重置成本多用于盘盈固定资产的计量等。

(三)可变现净值

可变现净值,是指在正常生产经营过程中,以预计售价减去进一步加工成本和预计销售费用以及相关税费后的净值。在可变现净值计量下,资产按照其正常对外销售所能收到的现金或者现金等价物的金额扣减该资产至完工时估计将要发生的成本、估计的销售费用以及相关的金额计量。可变现净值通常用于存货资产减值情况下的后续计量。

(四)现值

现值是指对未来现金流量以恰当的折现率进行折现后价值,是考虑货币时间价值的一种计量属性。在现值计量下,资产按照预计从其持续使用和最终处置中所产生的未来净现金流入量的折现金额计量。负债按照预计期限内需要偿还的未来净现金流出量的折现金额计量。

（五）公允价值

公允价值是指在公平交易中，熟悉情况的交易双方自愿进行资产交换或者债务清偿的金额。在公允价值计量下，资产和负债按照公平交易中熟悉情况的交易双方自愿进行资产交换或者债务清偿的金额计量。公允价值主要应用于交易性金融资产等的计量。

一般情况下，历史成本通常反映的是资产或者负债过去的价值，而重置成本、可变现净值、现值以及公允价值通常反映的是资产或者负债的现时成本或者现时价值，是历史成本相对应的计量属性。

第五节　会计核算的基本程序与方法

会计核算的基本程序与方法是指企业单位为了实现会计目标而对经济业务进行处理与加工的程序与方法。会计核算的基本程序包括会计确认、会计计量、会计记录和会计报告四个环节；会计核算的方法包括设置会计科目、复式记账、填制和审核会计凭证、登记账簿、成本计算、财产清查和编制会计报表七种方法。它们之间既有区别，又有联系，构成一个处理、加工会计信息的程序与方法。

一、会计核算的基本程序

（一）会计确认

会计确认是指依据一定的标准，对企业单位发生的各项经济业务，用会计要素来归属，辨认并确定哪些数据是否能够和何时进入会计处理过程的工作。会计确认的实质是指根据发生的经济业务用会计要素来归属，通过一定的标准和程序记入账户或列入会计报表的过程。会计确认要进行两次。第一次解决会计记录问题；第二次解决在报表中揭示问题。会计确认贯穿于会计核算的全过程。

1. 确认的基本标准是会计要素

会计是反映和核算经济业务的，但企业单位发生的经济活动多种多样，其内容也十分广泛，伴随着大量的经济业务和数据，这些经济业务和数据并非都是能够用货币表现的经济活动，不能全部由会计进行加工处理。只有那些能以货币或价值形式表现的经济活动的业务才构成会计核算内容和对象，因此首先必须经过会计确认，进行必要的识别、判断，排除那些非会计对象的业务和数据。把发生的经济业务所表现的内容用会计要素来判断、识别、归类。会计要确认的是属于资产、负债、所有者权益、收入、费用等会计要素的具体内容。这是确认最基本的标准。

2.确认的一般标准是会计假设和确认原则

对属于会计要素范围的内容，能否进行会计处理，何时进行会计处理，还要受到会计假设和确认原则的制约。例如，企业为外单位代保管的物资，虽属于会计要素的内容，但不能确认为本企业的资产；有些收入和费用，既可在本期确认，也可以在下期确认，等等。

此外，会计确认的过程，同时也是会计监督的过程。因此，会计确认既是正确核算会计要素的基础，也是进行会计监督的基础，同时也是做好会计计量的前提。

（二）会计计量

会计计量是对经济活动进行量化的过程，是对会计对象的内在数量关系加以衡量、计算、确定，使其转化为能以货币表现的财务信息和其他有关的经济信息，以便集中综合反映企业的财务状况及其变动和财务成果的过程，会计计量是会计运行过程中的第二个环节，会计核算和反映离不开计量，计量是会计核算中的主要内容，贯穿整个会计核算系统全过程，对经济业务的核算和反映，除了会计确认之外必须经过会计计量来进行。可以说会计核算过程基本上是一个会计计量的过程。它是指在会计核算中，运用一定的计量单位，选择被计量对象的合理属性，计算、确定予以记录的各项经济业务的金额的过程。

会计计量的对象是会计要素，对会计要素进行计量，一是要运用计量单位，即主要以货币为计量单位；二是选择计量标准，即计量属性，如历史成本、现行成本等计量标准。现在，世界各国会计实务通行的是采用历史成本计量属性，在特定的情况下，也可采用其他计量属性，如重置成本、可变现净值、公允价值等。

（三）会计记录

会计记录是指根据一定的账务处理程序，对经过确认、计量的经济业务在账簿上进行登记，以便对会计数据进一步加工处理的过程。

（四）会计报告

会计报告是指根据会计信息使用者的要求，按照一定的格式，把账簿记录加工成财务指标体系，提供给信息使用者，据以进行分析、预测和决策。

二、会计核算的方法

会计方法，指会计在核算和监督经济活动过程中所使用的各种技术方法。它是从会计实践中总结出来的，并为经济管理这个总目标服务。会计的方法不是一成不变的，随着会计核算和监督内容的不断发展和对会计工作不断提出新的要求，会计方法也在不断地改进和发展。从会计发展历史看，会计方法经历了由简单到复杂，由不完善到逐步完善的漫长发展过程。

与会计的职能相适应，一般认为，会计的方法可分为会计核算的方法，会计监督的方法，会计分析和预测、决策的方法等多种，其中会计核算方法是会计方法中最基本的方法，这也是初学会计者必须掌握的基本知识。本书只讲述会计核算的方法。

会计核算的方法是对企业单位经济活动进行连续、系统、完整地核算和监督所应用的专门方法，它是完成会计核算任务的手段。主要包括：设置会计科目和账户、复式记账、填制和审核凭证、登记账簿、成本计算、财产清查和编制会计报表等七种方法。

（一）设置会计科目和账户

设置会计科目和账户是对会计核算的具体内容进行分类核算和监督的一种专门方法。会计核算的具体内容，不同性质的会计主体不同。企业为资产、负债、所有者权益、收入、费用和利润六大要素。会计科目是对会计要素所作的进一步分类，是根据会计核算具体内容，即会计要素进行分类核算的项目。同时会计科目又是在账簿中开设账户的依据，会计科目是账户的名称。通过账户可以分类、连续、系统地记录各项经济业务，以提供各种不同性质的核算指标。

（二）复式记账

复式记账是一种具有科学原理的记账方法。应用这种方法对于每一项经济业务的发生，都要以相等的金额，在两个或两个以上相互联系的账户中进行登记，表明它们的对应关系。通过复式记账，可以了解每笔经济业务的来龙去脉及其相互关系，核对账簿记录是否正确。

（三）填制和审核凭证

记账必须有根有据，这种根据就是凭证。凭证是会计凭证的简称，是用来记录经济业务，明确经济责任的书面证明。每发生一项经济业务，都应取得或填制原始凭证，并经过审核无误后，应用复式记账原理，将经济业务填制在记账凭证上，作为登记账簿的依据。通过凭证的填制和审核，可以提供既真实可靠、又合理合法的原始依据。它是保证会计核算质量的必要手段，也是实行会计监督的重要方面。填制和审核会计凭证是会计核算的开始。

（四）登记账簿

登记账簿就是在账簿上连续、完整、科学地记录和反映经济业务的一种方法。登记账簿必须以凭证为依据，利用账户和复式记账的方法，将经济业务分门别类地登记到账簿中去，并定期进行结账和对账，为编制会计报表提供完整而又系统的会计数据。

(五)成本计算

成本计算主要应用于工农业生产部门,它是按照一定对象归集和分配生产经营各阶段中所发生的各项费用,确定各该对象的总成本和单位成本的一种专门方法。进行成本计算,可以确定材料采购、生产和销售的成本。通过成本计算可以核算和监督生产经营过程中所发生的各项费用是否节约和超支,并据以确定企业盈亏。随着经营管理的需要,成本计算范围也从工农业生产部门扩大到非工农业生产部门。

(六)财产清查

财产清查就是通过盘点实物、核实账面数额来确定账实是否相符的一种方法。在清查财产时,如发现财产物资和资金的实有数与账面数不一致时,应查明原因,通过一定审批手续后,进行必要的处理,并及时调整账簿记录,使账面数额与实际数额保持一致,以保证会计核算指标的正确性和真实性。

(七)编制会计报表

编制会计报表是定期总括地反映企业单位的经济活动和财务收支情况,考核计划、预算执行结果的一种专门方法。会计报表主要是根据账簿记录,经过加工整理而产生的一套完整的指标体系。会计报表所提供的各项指标,不仅是上级有关部门及投资者考核、分析财务计划和预算以及进行投资决策的重要依据,而且也是企业管理和国家进行宏观管理及调控的重要参考资料。

三、会计核算程序和方法的关系

以上会计核算的四个基本程序和会计核算的七种方法,它们之间不是孤立存在的,而是相互联系的,一环扣一环地构成了一个完整的会计信息加工处理的程序和方法体系。在这个体系中,会计核算的方法是通过会计基本程序来实现的。

(1)在确认过程中,首先确认某一项经济业务属于哪项会计要素及其具体科目,并用文字加以描述,如××资产科目或××负债科目,并确定记账方向,作成会计分录,然后用货币加以计量;同时还要对已确认属于会计要素的经济业务是否合法、合规进行确认。这个过程就是运用填制和审核会计凭证的方法。

如前所述,会计确认、计量两者虽是不同的概念,但关系密不可分,会计确认不仅为正确进行会计计量做准备,而且会计计量的过程也是会计确认的过程。

(2)经过确认、计量的经济业务,要进行选择分类,运用预先设置的账户,按照复式记账法的要求,根据会计凭证上所反映的会计分录,把经济业务分门别类地记录到账簿中去。通过会计记录,把会计对象的具体内容进行详细的描述和量化,又对会计数据进行分类汇总及加工处理,使之转化为初始的会计信息。总之,会计记录程序要运用设置会计科目、复式记账、登记账簿和成本计算等方法。

(3)会计的目标是把信息传递给使用者,其传递的手段就是会计报告。通过会计记录生成的信息,即账簿中的数据,信息量既多,又很分散,不便信息使用者直接使用,因此必须对账簿信息进行加工提炼,重新归类汇总,并按规定的格式编制会计报表,这才便于信息使用者使用。

为了保证会计报表的数字真实可靠,在会计报告程序中,除了运用编制会计报表的方法外,还要运用财产清查的方法。

以上会计核算的程序和方法的关系,如图 1-2 所示。

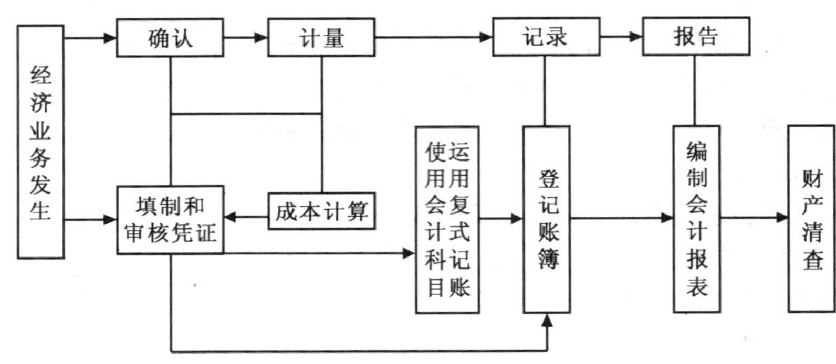

图 1-2 会计核算程序和方法的关系

从图 1-2 可以看出,通过会计基本程序实现的会计核算方法体系中,就其主要工作程序或工作过程来说,有三个环节,即填制会计凭证、登记会计账簿和编制会计报表。在一个会计期间内,所有经济业务的发生,都要通过这三个环节来处理会计核算工作,前一个会计期间结束,后一个会计期间开始,这三个环节循环往复。因此,一般就把这三个会计核算工作的程序,称为会计核算工作循环,简称会计循环。所有的会计指标,都是通过这个会计循环来取得。脱离这个循环的正常轨道,会计核算工作就会发生混乱。

会计循环的基本内容是:经济业务发生后,首先,由业务经办人填制原始凭证,并由会计人员遵循有关财政、财务制度的规定,认真加以审核和整理。按照所设置的账户,运用复式记账法,编制记账凭证。其次,根据审核的记账凭证,按照凭证上指明账户的名称(即会计科目)、记账方向、实际金额和对应关系,登记各种账簿。在会计期末,对账项进行调整和结算。在工业企业等单位还要进行产品成本计算,同时通过财产清查,将账面金额和实际金额进行核对,核对无误后进行结账,并编制试算平衡表。最后，在此基础上，定期编制会计报表。这样。一个会计期间的核算工作就告结束，下一会计期间的核算，又这样周而复始，循环不已。

本章小结

本章主要阐述会计的基本理论，对初学者来讲，难度比较大，但这些问题对学习会计核算方法又非常重要。因此学习时可对这些理论先作一般了解，随着学习进度，逐步加深理解和掌握。

本章学习时应注意的问题如下：

1. 会计的含义

会计是经济管理的重要组成部分，它是以货币计量为基本形式，对会计主体（企业、事业、机关、团体等单位）的经济活动进行核算和监督的一种管理活动。

上面所提到会计是一种管理活动，是说明会计的本质；经济活动是会计的核算对象；对经济活动进行核算和监督是会计的基本职能；为有关各方提供决策有用的信息，是会计的基本目标；以货币计量为基本形式是会计的重要特点。

2. 会计的基本职能

会计的职能是指会计所具有的功能，是会计本质的体现。从会计的产生及发展中我们了解到会计的基本职能是核算和监督。即进行会计核算，实行会计监督。

3. 会计目标

会计目标是会计行为的最终目的，也是会计循环的起点和终点，或者说是会计系统所要达到的境地和标准。会计目标是会计系统和外部环境相连的纽带。

根据我国《企业会计准则——基本准则》规定，会计目标是向财务报告使用者（包括投资人、债权人、政府及其有关部门和社会公众等）提供财务状况、经营成果和现金流量等有关的会计信息，反映企业管理层受托责任履行情况，有助于财务会计报告使用者做出正确经济决策。

4. 会计对象

会计对象是指会计所核算和监督的内容，分为一般对象和具体对象。

在商品经济条件下，会计的一般对象概括地说可以表述为价值运动，或者是能用货币表现的经济活动。会计的具体对象是对一般对象的进一步划分所形成的要素，即会计要素。

我国《企业会计准则——基本准则》将企业会计要素分为资产、负债、所有者权益、收入、费用、利润等六类。其中：资产、负债和所有者权益，是企业财务状况的静态反映，也可以视为资产负债表的要素；收入、费用、利润是从动态方面来反映企业的经营成果，也可以视为利润表的要素。

5.会计要素及其之间的关系

(1)资产　资产是指过去的交易、事项形成并由企业拥有或者控制的资源，该资源预期会给企业带来经济利益。资产的本质是带来未来经济利益，因此未来经济利益的可控制性及现在的掌握性是资产的本质特点，也是资产的基本判断依据。

(2)负债　负债是指企业过去的交易、事项形成的现时义务，履行该义务预期会导致经济利益流出企业。它是过去发生的交易事项而在现在承担的将来需要以资产或劳务偿还的责任和义务。负债是企业债权人对企业资产的要求权，即债权人的权益。

(3)所有者权益　所有者权益是指企业资产扣除负债后由所有者享有的剩余权益。其金额为资产减去负债的余额。公司的所有者权益又称股东权益。所有者权益的来源包括所有者投入的资本、直接计入所有者权益的利得和损失、留存收益。

(4)收入　收入有广义和狭义之分，广义的收入是指企业在经营活动和非经营活动中能够导致企业净资产的增加；狭义的收入仅指企业在经营活动中所取得的营业收入，而不包括在偶然性的非经营活动中所取得的收入。我国的收入是指企业日常活动中形成的、会导致所有者权益增加的、与所有者投入资本无关的经济利益的总流入。

(5)费用　费用是指资金的耗费，也有广义和狭义之分。广义费用是指企业在经营活动或非经营活动中导致企业净资产减少的耗费都看作费用，包括营业费用和非营业费用(投资损失和营业外支出)；狭义费用仅指在经营活动中的营业费用。我国对费用的定义是指企业在日常活动中发生的会导致所有者权益减少的、与向所有者分配利润无关的经济利益的总流出。

(6)利润　利润是指企业在一定期间的经营成果。利润包括收入减去反映后的净额、直接计入当期利润的利得和损失等。

资产、负债、所有者权益反映一定日期财务状况，它们的关系是：

资产＝负债＋所有者权益

收入、费用、利润反映一定期间经营成果，它们的关系是：

收入－费用＝利润

在一定会计期间内，会计要素之间的关系是：

资产＝负债＋所有者权益＋(收入－ 费用)

6.会计核算的基本前提

会计核算的基本前提又称会计基本假设，它是对进行会计核算的基本条件，即会计核算的范围、内容、要求等作出规定，把会计核算限定在一定的条件下。

(1)会计主体　会计主体是指会计为之服务的特定单位，会计主体从空间上限定了会计工作的具体范围。

(2)持续经营　持续经营是指在正常的情况下，会计主体的生产经营活动将按照既定的目标持续不断地经营下去，在可以预见的将来，不会面临破产，进行清算。持续经营为会计的正常工作规定了时间范围。

(3)会计分期　会计分期是对持续经营前提的必要补充，是在持续经营的时间长河中，根据信息使用者的需要，人为地截取一段相等的时间间隔，即会计期间，以便分期结算账目，编制会计报表，及时向有关方面提供反映财务状况和经营成果的会计信息，并按时向政府缴纳税金。

(4)货币计量　货币计量是对会计计量尺度的规定，在会计核算中以货币作为计量单位，综合反映会计主体经营成果和财务状况。货币作为统一计量单位包含着币值稳定，以及记账本位币假设。在我国，货币度量采用的是以人民币为记账本位币，编报的会计报表必须以人民币反映。

7.会计信息质量要求

会计信息质量要求是对企业财务报告中所提供会计信息质量的基本要求，是财务报告中所提供信息应具备的基本特征。根据《企业会计准则——基本准则》规定，会计信息质量要求包括：可靠性、相关性、可理解性、可比性、实质重于形式、重要性、谨慎性、及时性。

其中，可靠性、相关性、可理解性和可比性是会计信息的首要质量要求，是企业财务报告中所提供会计信息应具备的基本质量特征；实质重于形式、重要性、谨慎性和及时性是会计信息的次级质量要求，是对可靠性、相关性、可理解性和可比性等首要质量信息的补充和完善。

8.会计核算基础

会计核算基础又称为会计的结账基础，即以什么数字作为会计结账的数字基础。《企业会计准则——基本准则》规定："企业应当以权责发生制为核算基础进行会计确认、计量和报告。"

权责发生制，又称应计制，它是以收入和费用是否发生为标准来确认本期收入和费用的一种方法。权责发生制会计核算基础要求：凡是当期已经实现的收入和已经发生或应负担的费用，无论款项是否收付，都应作为当期的收入和费用，计入利润表；凡是不属于当期的收入和费用，即使款项已在当期收付，也不应当作为当期的收入和费用。

9. 会计计量属性

会计计量属性亦称会计计量模式。会计计量是为了将符合确认条件的会计要素登记日账并列报于财务报表而确定其金额的过程。计量属性是指被计量对象(即会计要素)的数量化特征或外在的表现形式。企业应当按照规定的会计计量属性进行计量、确定相关金额。从会计角度,计量属性反映的是会计要素金额的确认基础。计量属性的不同选择会使相同的计量对象表现为不同的货币数额。按照《企业会计准则——基本准则》的规定,我国采用的会计计量属性有历史成本、重置成本、可变现净值、现值和公允价值等。

10. 会计核算方法

会计核算的方法是对企业单位经济活动进行连续、系统、完整的核算和监督所应用的专门方法,它是完成会计核算任务的手段。主要包括:设置会计科目和账户、复式记账、填制和审核凭证、登记账簿、成本计算、财产清查和编制会计报表等七种方法。

就其主要工作程序或工作过程来说,有三个环节,即填制会计凭证、登记会计账簿和编制会计报表是会计核算的主要环节。

复 习 题

一、判断题

1. 会计的基本职能是核算和监督,而核算职能则是会计的最基本职能。( )

2. 由于会计的特点是综合反映,因而只利用货币计量。( )

3. 可比性要求解决的不仅是企业之间横向比较的问题,也包括同一企业纵向可比的问题。( )

4. 会计主体与法人主体是同一概念。( )

5. 谨慎性要求是指在会计核算中应尽量低估企业的资产和可能发生的损失和费用。( )

6. 采用历史成本计量下,物价变动时,也不得任意调整账面的历史成本。( )

7. 在会计核算方法体系中,就其主要工作程序来说,就是登记账簿和编制会计报表。( )

二、单项选择题

1. 会计的基本职能是(　　)。

A. 记录和核算　　B. 考核收支

C. 核算和监督　　D. 分析和考核

2. 会计主要利用的计量单位是(　　)。

A. 实物计量单位　　B. 货币计量单位

C. 劳动计量单位　　D. 工时计量单位

3. 划分各会计期间收入和费用的是(　　)。

A. 配比性　　B. 权责发生制

C. 谨慎性　　D. 历史成本

4. 会计监督主要通过(　　)来进行。

A. 实物量指标　　B. 价值量指标

C. 劳动量指标　　D. 数量指标

5. 会计对象在企业中的具体表现为(　　)。

A. 会计科目　　B. 会计要素

C. 各种经济业务　　D. 以货币表现的经济业务

6. 会计主体对会计工作范围从(　　)上进行了限定。

A. 时间　　B. 内容

C. 空间　　D. 空间和时间

7. 会计分期是从(　　)引申出来的。

A. 会计主体　　B. 权责发生制

C. 会计目标　　D. 持续经营

8. 按照权责发生制的要求，应作为本期收入或费用的是(　　)。

A. 当期销售商品实现收入，但款项未收

B. 收回前期的应收账款

C. 预付购买材料款

D. 预收销售货款

9. 因购买而取得财产物资时应选择的计量属性是(　　)。

A. 历史成本　　B. 可变现净值

C. 重置价值　　D. 现值

10. 要求企业提供的会计信息应当相互可比的会计信息质量要求是(　　)。

A. 可比性　　B. 重要性

C. 真实性　　D. 谨慎性

三、多项选择题

1. 会计的基本职能是(　　)。

A. 会计核算　B. 会计计量　C. 会计决策　D. 会计监督

2. 会计反映职能的特点是(　　)。

A. 核算已发生的经济业务　B. 具有完整性、连续性、系统性

C. 主要利用货币计量　D. 预测未来

3. 会计监督职能的特点是(　　)。

A. 事后监督　B. 事前监督　C. 事中监督　D. 通过价值指标监督

4. 根据权责发生制要求,应记入本期的收入和费用有(　　)。

A. 本期实现的收入,并已收款　B. 本期实现的收入,尚未收款

C. 属于本期的费用,但尚未支付　D. 属于以后各期的费用,但已支付

5. 可比性要求是指(　　)应当相互可比。

A. 不同企业之间会计处理方法　B. 同行业会计指标计算口径

C. 同行业各企业的会计报表　D. 同一企业不同时期的会计处理方法

6. 会计核算方法包括(　　)。

A. 成本计算　B. 会计凭证　C. 编制会计报表　D. 分析会计报表

7. 会计的目标是向有关方面提供有用的信息,具体到企业来说,会计信息应当(　　)。

A. 符合国家宏观经济管理的要求

B. 满足有关各方了解企业财务状况和经营成果的需要

C. 满足有关各方了解企业成本情况的需要

D. 反映企业管理层受托责任履行情况

四、简答题

1. 什么是会计的核算职能和监督职能? 它们之间的关系如何?

2. 什么是资产? 其特征有哪些?

3. 什么是负债? 其特征有哪些?

4. 什么是所有者权益? 其特征有哪些?

5. 什么是权责发生制? 其内容是什么?

五、计算题

某企业20××年7月份发生如下经济业务,要求分别按权责发生指和收付实现制计算本期的收入、费用和利润。

(1)销售产品一批,取得收入9 000元,货款收到存入银行。

(2)销售产品一批,实现收入 10 000 元,已收到货款 6 000 元,其余款尚未收到。

(3)用银行存款支付 7～12 月份的房租 12 000 元。

(4)本期应负担的银行借款利息 2 000 元。

(5)收到 5 月份的应收销售货款 5 000 元。

(6)收到购货单位预付的购货款 7 000 元,下月交货。

(7)用银行存款支付本期电费 4 000 元。

思 考 题

1.什么是会计?为什么说会计是一种管理活动?

2.什么是会计职能,它包括哪些职能?它们的关系如何?

3.在社会主义市场经济条件下,会计目标是什么?

4.为什么说以货币计量作为基本形式是会计的主要特点?

5.如何理解六大会计要素的内容特征及其相互之间的关系?

6.会计核算的基本前提有哪些?它们对会计核算作了怎样的限定?

7.什么是权责发生制?其内容是什么?

8.什么是会计计量属性?其计量属性有哪些?

9.什么是会计核算方法?它包括哪些核算方法?

10.什么叫会计循环?循环各步骤的主要内容是什么?

第二章　会计科目和账户

内容摘要

本章主要介绍会计基本等式及其原理,各种经济业务与会计基本等式的关系,设置会计科目的原则和方法,账户的基本结构。

学习目标

通过本章的学习,应掌握如下知识:

1. 会计等式的基本原理;
2. 经济业务与会计等式的关系;
3. 会计科目的类别;
4. 账户的基本结构。

学习提示

本章的重点是会计等式的应用,难点是经济业务的类型与会计等式的关系。

第一节　会计等式

会计等式，又称会计平衡公式，它是会计在反映经济业务和进行有关计量时所表现的经济内容及其等量关系。从形式上看，会计等式是会计对象的具体内容即会计要素之间关系的表达式，反映会计对象各要素之间的内在联系；从内容看，它揭示了会计主体的产权关系和基本财务状况。

在我国会计等式表现为：资产＝负债＋所有者权益。

一个会计主体要开展其经营业务活动，就必须拥有一定数量规模的经济资源，这是进行生产活动或开展业务活动的基本前提和物质基础。在会计上，我们把企业拥有或控制的并能以货币计量的经济资源称为资产，它的最初来源是由投资者提供的，但是，这种投入不是无偿的，而是拥有一定的要求权和求偿权，即在经济利益上要求从企业经济活动中得到补偿，要求收回投资本金数并享有投资所得，我们把对企业资产所拥有的这种权利称为权益。这样，在资产和权益之间就存在着相互依存和等量关系，即资产不能离开权益而存在，没有无权益的资产；而权益也不能离开资产而存在，没有无资产的权益，从数量上看两者是一致和相等的，有一定数量的资产必然有一定数额的权益，在任何一个时点来说，资产和权益之间永远是保持一种数量上的平衡关系。这时，会计等式表现为：资产＝权益。

由于权益是对资产所拥有的要求权和求偿权，而企业资产的来源渠道，随着商品经济的深入发展和信用活动的扩大而多样化，归纳起来不外乎来源于两种渠道：一种是由投资者提供的，另一种是由债权人提供的。因此，权益的归属也分为两种：一种是债权人的权益，另一种是投资者的权益。在会计上，把债权人的权益称为负债，因为从企业来看它是一种债务，从权益持有者来看是一种债权，即企业债权人的权益。投资者的权益称为所有者权益，即企业股东的权益。这时，会计等式变化为：资产＝负债＋所有者权益。负债和所有者权益从其性质看，都表现为对企业资产的要求权和求偿权。但是，在一个会计主体中，这两种权益是有很大区别的：从投入的时间看，债权人的投入是一种暂时性的投入，并有明确的归还日期；而投资者的投入，是一种永久性的投入，也是一种永不返还的投入。从偿还的顺序看，债权人要求偿还本金和利息的权益是在股东求偿权之前。从求偿所得看，债权人所得的利息是一个固定数，而投资者所得的利润不是一个固定数。它取决于企业盈利多少而定。从承担风险看，债权人不承担企业的经营风险，不参与企业的经营管理；而投资者有权参与企业的经营管理，并承担企业经营风险。

从以上的分析看，作为对企业资产拥有的权益表现为负债和所有者权益，而占主导地位的是所有者权益，它是企业经济活动的动力和源泉，也是企业经济效益的主要标志。所有者权益在数量上表现为资产减负债的净额，即资产－负债＝所有者权益。

“资产＝负债＋所有者权益”这一平衡公式是整个会计核算的基础，它制约着和决定着整个会计核算工作，是设置会计科目、复式记账及编制会计报表的理论基础。

第二节　经济业务与会计等式

在一个会计主体中，即企业、事业和行政等单位，在开展各项业务过程中，必然会发生各种各样的经济活动，如投入资金购买原材料，进行生产活动，支付工资，销售产品，交纳税款，上缴利润等，这些经济活动都必须通过会计来记录和反映，在会计上称为经济业务或会计事项。经济业务的发生必然会引起会计要素在数量上的增减变化。以企业为例，企业在一定时期内发生的全部经济业务，按其对会计要素的影响不同，分为两大类，一类经济业务只涉及资产、负债和所有者权益数量上的增减变化；另一类经济业务涉及收入、费用和利润的增减变化。但无论它们怎样变化，其结果都不会破坏会计等式的平衡关系。也就是说，任何经济业务的发生所引起的会计等式中各要素的增减变化，都不会破坏会计等式的成立。每一时点上企业所有的资产总额必然等于权益总额，即永远是资产总额＝负债总额＋所有者权益总额。为什么任何一项经济业务的发生所引起会计要素的各种变化，都不会打破会计等式的恒等关系呢？这是因为，无论经济业务多么复杂和千变万化，它所引起的会计要素的变化，归纳起来不外乎以下几种情况，以企业为例。

【例 2.1】 假设某一学校投资 1 000 000 元开办三星公司，经会计师事务所验资，工商部门批准注册登记，投资款项存入银行，公司营业用房从外租借。三星公司作为一个会计主体，开办之初，拥有资产总额为 1 000 000 元银行存款。学校作为投资者拥有三星公司全部资产的所有权。即公司的所有者权益 1 000 000 元，这时三星公司的资产和权益相等，用会计等式表示为：资产 1 000 000 元＝权益 1 000 000 元。

资产	＝ 负债	＋	所有者权益
银行存款 1 000 000	＝ 0	＋	学校投资 1 000 000
合计　1 000 000	＝ 0	＋	1 000 000

【例 2.2】 三星公司为了扩大经营规模，向银行借款 800 000 元，存入银行。

此项业务表现为公司的资产增加 800 000 元，即银行存款由原来的 1 000 000

元再增加 800 000 元合计为 1 800 000 元；另一方面公司的负债（银行借款）增加了 800 000 元。资产和负债同时增加了 800 000 元。因此，此项业务发生之后，上述会计等式变为：

资产 1 800 000 元　＝负债 800 000 元　＋　所有者权益 1 000 000 元，等式两边保持平衡。

资产　＝负债　＋　所有者权益

银行存款 1 800 000　银行借款 800 000　学校投资 1 000 000

（1 000 000＋800 000）

合计 1 800 000　＝800 000　＋　1 000 000

【例 2.3】　三星公司从银行提取现金 50 000 元备用。

此项业务表现为公司的一项资产（库存现金）增加 50 000 元，另一项资产（银行存款）减少 50 000 元，即由 1 800 000 元减少到 1 750 000 元。资产内部项目一个增加、一个减少，总额不变。因此，这项业务发生之后，上述会计等式变为：

资产 1 800 000 元　＝负债 800 000 元　＋所有者权益 1 000 000 元，等式两边保持平衡。

资产　＝负债　＋　所有者权益

库存现金 50 000　银行借款 800 000　学校投资 1 000 000

银行存款 1 750 000

（1 800 000－50 000）

合计 1 800 000　＝800 000　＋　1 000 000

【例 2.4】　三星公司向某企业赊购甲种材料一批，价值 40 000 元。

这项业务表现为公司的一项资产（原材料）增加了 40 000 元；另一方面公司增加了一项新的负债（应付账款）40 000 元。资产和负债同时增加 40 000 元。因此，这项业务发生之后，上述会计等式变为：

资产 1 840 000 元　＝负债 840 000 元　＋　所有者权益 1 000 000 元，等式两边保持平衡。

资产　＝负债　＋　所有者权益

库存现金 50 000　银行借款 800 000　学校投资 1 000 000

银行存款 1 750 000　应付账款 40 000

原材料 40 000

合计 1 840 000　＝840 000　＋　1 000 000

【例 2.5】　三星公司以银行存款 20 000 元归还部分赊购货款。

这项业务一方面表现为公司的一项资产（银行存款）减少了 20 000 元，即由原来的1 750 000 元减少到 1 730 000 元；另一方面公司的一项负债(应付账款)减少了 20 000 元，即由原来的 40 000 元减少到 20 000 元。资产和负债同时减少 20 000 元。因此，这项业务发生之后，会计等式变为：

资产 1 820 000 元＝负债 820 000 元 ＋ 所有者权益 1 000 000 元，等式两边保持平衡。

资产 ＝负债 ＋ 所有者权益

库存现金 50 000 银行借款 800 000 学校投资 1 000 000

银行存款 1 730 000 应付账款 20 000

原材料 40 000

合计 1 820 000 ＝820 000 ＋ 1 000 000

【例 2.6】 三星公司向银行借款 20 000 元支付所欠的赊购货款。

这项业务表现为公司的一项负债(银行借款)增加了 20 000 元，即由原来的 800 000 元增加到 820 000 元，另一项负债(应付账款)减少了 20 000 元，即由原来的 20 000 元减少为 0。负债项目内部一增一减。因此，这项经济业务发生之后，会计等式变为：

资产 1 820 000 元＝负债 820 000 元 ＋ 所有者权益 1 000 000 元，等式两边保持平衡。

资产 ＝负债 ＋ 所有者权益

库存现金 50 000 银行借款 820 000 学校投资 1 000 000

银行存款 1 730 000

原材料 40 000

合计 1 820 000 ＝820 000 ＋ 1 000 000

【例 2.7】 学校代三星公司归还 500 000 元的银行借款，并同意作为学校对三星公司的追加投资。已办理有关追加投资手续。

这项业务表现为公司的一项负债(银行借款)减少了 500 000 元，即由原来的 820 000 元减少到 320 000 元，同时该公司的所有者权益(学校投资)增加了 500 000 元，即由原来的 1 000 000 元增加到 1 500 000 元。负债减少，所有者权益增加。因此，这项经济业务发生之后，会计等式变为：

资产 1 820 000 元＝负债 320 000 元 ＋ 所有者权益 1 500 000 元，等式两边保持平衡。

资产 ＝负债 ＋ 所有者权益

库存现金 50 000 银行借款 320 000 学校投资 1 500 000

银行存款 1 730 000

原材料 40 000

合计 1 820 000　＝320 000　＋　1 500 000

【例 2.8】 学校所欠外单位一笔债务 300 000 元，委托三星公司代为偿还，并作为学校对公司投资的减少，已办理减少投资有关手续，三星公司尚未偿还这笔欠款。

这项业务表现为公司的一项负债（应付账款）增加了 300 000 元，另一方面使所有者权益（学校投资）减少了 300 000 元，即由原来的 1 500 000 元减少到 1 200 000 元，所有者权益减少，负债增加。因此，这项业务发生之后，会计等式变为：

资产 1 820 000 元＝负债 620 000 元　＋　所有者权益 1 200 000 元，等式两边保持平衡。

资产　＝负债　＋　所有者权益

库存现金 50 000　银行借款 320 000　学校投资 1 200 000

银行存款 1 730 000 应付账款 300 000

原材料 40 000

合计 1 820 000　＝620 000　＋　1 200 000

【例 2.9】 学校决定从三星公司抽回投资 200 000 元，在办理减少投资的有关手续后，由三星公司用银行存款支付。

这项业务表现为公司的一项资产（银行存款）减少了 200 000 元，即由原来的 1 730 000 元减少到 1 530 000 元。所有者权益（学校投资）也减少了 200 000 元，即由原来的 1 200 000 元减少到 1 000 000 元，资产和所有者权益同时减少。因此，这项业务发生之后，会计等式变为：

资产 1 620 000 元＝负债 620 000 元　＋　所有者权益 1 000 000 元，等式两边保持平衡。

资产　＝负债　＋　所有者权益

库存现金 50 000　银行借款 320 000　学校投资 1 000 000

银行存款 1 530 000 应付账款 300 000

原材料 40 000

合计 1 620 000　＝620 000　＋　1 000 000

【例 2.10】 学校将其对三星公司投资的一半 500 000 元转让给振兴经济研究所，已办理有关手续。

这项业务表现为三星公司的一项所有者权益（学校投资）减少 500 000 元，即由原来的 1 000 000 元减少到 500 000 元，同时公司的另一项所有者权益（振兴经济研究所投资）增加了 500 000 元，所有者权益内一增一减。因此，这项经济业务发生之后，会计等式变为：

资产 1 620 000 元＝负债 620 000 元 ＋ 所有者权益 1 000 000 元，等式两边保持平衡。

资产	＝负债	＋ 所有者权益
库存现金 50 000	银行借款 320 000	学校投资 500 000
银行存款 1 530 000	应付账款 300 000	经济所投资 500 000
原材料 40 000		
合计 1 620 000	＝620 000	＋ 1 000 000

（注：为了完整地说明企业经济业务发生的九种类型，我们假设 8、9、10 三笔经济业务是可行的。）

上述举例说明，无论一个企业发生的经济业务引起资产、负债和所有者权益发生怎样的变化，都不会破坏"资产＝负债＋所有者权益"这一会计等式的平衡关系。企业的经济业务多种多样，但从它们对资产、负债和所有者权益的影响来看，可概括为以下九种基本类型：

（1）一项资产增加，一项所有者权益增加（例 2.1），等式两边增加金额相等；

（2）一项资产增加，一项负债增加（例 2.2，例 2.4），等式两边增加金额相等；

（3）一项资产增加，另一项资产减少（例 2.3），资产内部项目一增一减，增减金额相等；

（4）一项资产减少，一项负债减少（例 2.5），等式两边减少金额相等；

（5）一项负债减少，另一项负债增加（例 2.6），负债内部项目一增一减，增减金额相等；

（6）一项负债减少，一项所有者权益增加（例 2.7），等式右边一增一减，增减金额相等；

（7）一项所有者权益减少，一项负债增加（例 2.8），等式右边一减一增，增减金额相等；

（8）一项所有者权益减少，一项资产减少（例 2.9），等式两边减少金额相等；

（9）一项所有者权益减少，另一项所有者权益增加（例 2.10），所有者权益内部项目一增一减，增减金额相等。

以上九种类型的变化，可用图 2-1 表示。

企业的各项经济业务都会直接影响到资产、负债和所有者权益在数量上的增减变化，但始终不会破坏会计等式的平衡关系。

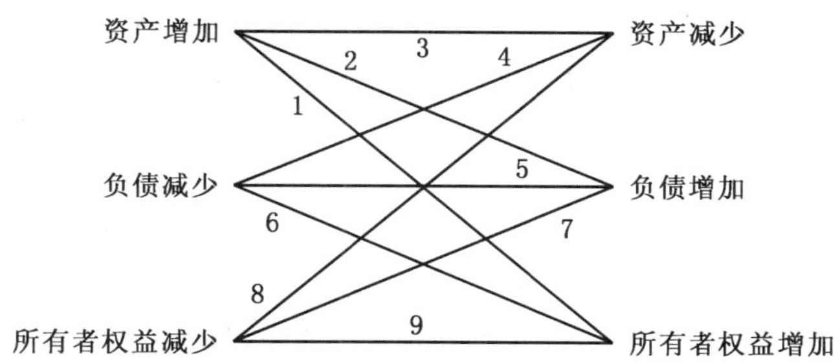

图 2-1　企业经济业务的九种基本类型

上述经济业务都还未涉及收入、费用、利润要素，企业在生产经营活动中，经常会发生收入与费用的经济业务，这些业务也会影响到资产、负债和所有者权益数量上的变化，下面我们来作进一步的分析。企业在一定时期内发生的收入和费用，如收入大于费用，其差额表现为利润；如费用大于收入，其差额为亏损。由于企业的利润是属于所有者的，所发生的亏损最终要由所有者承担，因此，利润的产生表现为所有者权益的增加，亏损的发生表现为所有者权益的减少。按照收入、费用与利润的关系看，收入的发生，也可以看作是所有者权益的增加；费用的发生，也可以看作是所有者权益的减少。从收入、费用与资产、负债、所有者权益的关系看，收入的发生往往会引起资产的增加，或负债的减少，或所有者权益的增加。费用的发生往往会引起资产的减少，或负债的增加，或所有者权益的减少。从会计等式与收入、费用、利润的关系看，企业在营业开始或会计期初时，没有发生收入和费用，此时会计等式为：资产＝负债＋所有者权益。随着经营活动的开展，发生了收入与费用，此时会计等式为：

　　资产＝负债＋所有者权益＋收入－费用

或　资产＋费用＝负债＋所有者权益＋收入

到会计期末，将收入与费用相配比后，计算出利润，在利润未分配之前会计等式为：

　　资产＝负债＋所有者权益＋利润

当利润分配以后全部并入所有者权益项目，此时会计等式恢复为资产＝负债＋所有者权益。

现在上述例 2.10 业务的基础上进一步说明收入、费用发生时与会计等式之间的关系。例 2.10 的会计等式为：

资产	=负债	+所有者权益
库存现金 50 000	银行借款 320 000	学校投资 500 000
银行存款 1 530 000	应付账款 300 000	经济所投资 500 000
原材料 40 000		
合计 1 620 000	=620 000	+1 000 000

假设本月发生有关收入和费用的经济业务如下：

【例 2.11】 三星公司为客户提供咨询服务，收到现金 7 000 元。这项经济业务使公司的一项资产（库存现金）增加了 7 000 元，则由原来的 50 000 元增加到 57 000 元，同时公司获得了营业收入 7 000 元，发生这项经济业务之后，上述会计等式变为：

资产 1 627 000 元 =负债 620 000 元+所有者权益 1 000 000 元+收入 7 000 元一费用 0 元。

资产	=负债	+	所有者权益	+	收入	−	费用
库存现金	银行借款		学校投资		营业收入		费用
57 000	320 000		500 000		7 000		0
银行存款	应付账款		经济所投资				
1 530 000	300 000		500 000				
原材料 40 000							
合计 1 627 000	=620 000	+	1 000 000	+	7 000	−	0

【例 2.12】 三星公司用银行存款 1 000 元支付本月的房屋租金。

这项经济业务使三星公司的一项资产（银行存款）减少了 1 000 元，即由原来的 1 530 000 元减少到 1 529 000 元；另一方面使公司的费用（管理费用）增加了 1 000 元，因此发生这项业务之后，会计等式变为：

资产 1 626 000 元 =负债 620 000 元+ 所有者权益 1 000 000 + 收入 7 000 元一费用 1 000 元。

资产	=负债	+ 所有者权益	+收入−	费用
库存现金	银行借款	学校投资	营业收入	管理费用
57 000	320 000	500 000	7 000	1 000
银行存款	应付账款	经济所投资		
1 529 000	300 000	500 000		
原材料 40 000				
合计 1 626 000	=620 000	+ 1 000 000 +	7 000 −	1 000

【例 2.13】 三星公司为客户提供咨询服务，应收取收入 13 000 元，款项尚未收到。

这项经济业务的发生，虽然款项尚未收到，但按权责发生制要求，也应作为公司的本期收入，使公司的一项资产（应收账款）增加 13 000 元，同时使公司的营业收入也增加 13 000 元，即由原来的 7 000 元增加到 20 000 元。这项经济业务发生之后，会计等式变为：

资产 1 639 000 元　＝负债 620 000 元＋所有者权益 1 000 000 元＋收入 20 000 元－费用 1 000 元。

资产	＝负债	＋所有者权益＋	收入－	费用
库存现金	银行借款	学校投资	营业收入	管理费用
57 000	320 000	500 000	20 000	1 000
银行存款	应付账款	经济所投资		
1 529 000	300 000	500 000		
原材料 40 000				
应收账款 13 000				
合计 1 639 000	＝620 000	＋1 000 000 ＋	20 000 －	1 000

【例 2.14】　三星公司耗用甲种材料 1 500 元。

这项业务使公司的一项资产（原材料）减少了 1 500 元，同时使费用（管理费用）增加了 1 500 元，即由原来的 1 000 元增加到 2 500 元。这项业务发生之后，会计等式变为：

资产 1 637 500 元　＝负债 620 000 元＋所有者权益 1 000 000 元＋收入 20 000 元－费用 2 500 元。

资产	＝负债	＋所有者权益＋	收入－	费用
库存现金	银行借款	学校投资	营业收入	管理费用
57 000	320 000	500 000	20 000	2 500
银行存款	应付账款	经济所投资		
1 529 000	300 000	500 000		
原材料 38 500				
应收账款 13 000				
合计 1 637 500	＝ 620 000	＋1 000 000 ＋	20 000 －	2 500

【例 2.15】　三星公司计算本月应付职工薪酬 2 000 元，款项尚未支付。

这项经济业务的发生，按照权责发生制要求，本月职工薪酬虽然尚未支付，但应属于本月费用；因此，一方面使公司的费用（管理费用）增加了 2 000 元，即由原来的 2 500 元增加到 4 500 元；另一方面使是公司的一项负债（应付职工薪酬）增加了2 000 元。这项经济业务发生之后，会计等式变为：

资产 1 637 500 元　＝负债 622 000 元＋所有者权益 1 000 000 元＋收入

20 000 元－费用 4 500 元。

资产	＝负债	＋所有者权益＋	收入－	费用
库存现金	银行借款	学校投资	营业收入	管理费用
57 000	320 000	500 000	20 000	4 500
银行存款	应付账款	经济所投资		
1 529 000	300 000	500 000		
原材料 38 500	应付职工薪酬 2 000			
应收账款 13 000				
合计 1 637 500	＝622 000	＋1 000 000 ＋	20 000 －	4 500

【例 2.16】 计算本月应上交的所得税 3 500 元。

计算本月应交所得税这一会计事项，虽然尚未支付，但在权责发生制下，应属于本期的费用。这项业务使公司的一项费用(所得税费用)增加了 3 500 元，同时使公司的一项负债(应交税费)增加了 3 500 元，发生这项业务之后，会计等式变为：

资产 1 637 500 元　＝负债 625 500 元＋所有者权益 1 000 000 元＋收入 20 000 元－费用 8 000 元。

资产	＝负债	＋所有者权益＋	收入－	费用
库存现金	银行借款	学校投资	营业收入	所得税费用
57 000	320 000	500 000	20 000	8 000
银行存款	应付账款	经济所投资		
1 529 000	300 000	500 000		
原材料 38 500	应付职工薪酬 2 000			
应收账款 13 000	应交税金 3 500			
合计 1 637 500	＝625 500	＋1 000 000 ＋	20 000 －	8 000

【例 2.17】 月终计算本月净利润为 12 000 元。

由于税后利润是公司所有者权益的一个项目，待年终时再进行分配。因此，在本期全部收入与费用相配比以后的利润转为所有者权益之后，会计等式又变为：

资产 1 637 500 元　＝负债 625 500 元＋　所有者权益 1 012 000 元。

资产	＝负债	＋	所有者权益
库存现金 57 000	银行借款 320 000		学校投资 500 000
银行存款 1 529 000	应付账款 300 000		经济所投资 500 000
原材料 38 500	应付职工薪酬 2 000		净利润 12 000
应收账款 13 000	应交税金 3 500		
合计 1 637 500	＝625 500	＋	1 012 000

从以上分析看,企业所发生的经济业务,有的只涉及资产、负债、所有者权益的变化;有的由于收入和费用的发生也引起资产、负债和所有者权益的变化。但所有这些变为都包含在以上九种类型之中。

综上所述,通过对会计基本等式这九种数量上的典型变化可以囊括企业所有的经济业务。也就是说,无论企业发生什么经济业务,或者经济业务多么复杂,他们所引起会计要素在量上的变化都离不开这九种变化,或者说都是这九种基本典型变化的组合。

上述九种类型的变化用会计等式表示为:

资产	=	负债	+	所有者权益
①+	=	0	+	+
②+	=	+	+	0
③−	=	0	+	−
④−	=	−	+	0
⑤±	=	0	+	0
⑥0	=	0	+	±
⑦0	=	±	+	0
⑧0	=	+	+	−
⑨0	=	−	+	+

第三节　会 计 科 目

一、设置会计科目的意义

会计科目是对会计对象进行第二层次的划分,即对资产、负债、所有者权益、收入、费用、利润六大会计要素的具体内容进行科学的分类,每一类确定一个合适的名称,这就形成了会计科目。如资产的具体内容有哪些?负债的内容有哪些?所有者权益有哪些内容?由于企业的经济业务错综复杂,即使涉及同一种会计要素也往往具有不同性质的内容。例如,固定资产和材料虽然都属于资产,但它们的经济内容以及在经济活动中的周转方式和所起的作用各不相同。又如,应付款和长期借款虽然都是负债,但它们形成的原因和偿付期限也是各不相同。再如,所有者投资和利润,虽然都是所有者权益,但它们形成的原因和用途却不一样。因此,必须将会计要素按不同经济性质的内容进行分类。如同是资产类中有:库存现金、银行存款、固定资产、原材料等；同是负债类中有：短期借款、长期借款、其他应付款等。会计科目就是按照经济内容对各会计要素所作的进一步分类核算项目，它是以客观存在的会计要素的具体内容为基础，同时根据核算和管理的需要而设置的。企业发生的各项经济业务必然会引起各会计要素的增减变化，会计核算不仅是只满足会计要素总括数量上的增减变化，而且还要进一步核算企业经济活动具体内容的变化情况，提供一系列分类指标和会计信息，以反映企业的财务状况和经营成果。因此，会计科目的设置可以把各项会计要素的增减变化分门别类地记录在账户中，使之一目了然，以便为企业内部经营管理和向有关方面提供一系列具体分类核算指标，满足会计信息使用者的需要。

为了全面、系统、连续地分类核算反映企业各项经济业务的发生情况，以及由此而引起的各会计要素具体内容的增减变化情况，在会计核算之前，各企业单位都要合理地设置会计科目，将所有的经济业务的内容按会计要素的要求进行分类，用确切的会计科目来反映，合理设置会计科目是正确组织会计核算的前提。

二、会计科目设置的原则

设置会计科目是会计核算的一种专门方法，为了更好地发挥会计科目在核算中的作用，正确使用会计科目，在设置会计科目时应遵守下列原则：

1.要有利于企业经营管理和经济核算

会计科目的设置应当能全面正确地反映企业单位的财务状况和经营成果，便于提供经济核算指标，确定内部经济责任，有利于核算和理财活动的开展。

2.贯彻统一性和灵活性相结合的原则

为了保证会计核算指标口径的一致，便于指标的可比及能逐级汇总，提供宏观经济管理所需要的会计信息，企业单位应统一按会计准则要求设置会计科目。同时，由于各企业单位的经营特点不同，内部经营管理对会计信息的要求不同，允许企业单位在不违背会计准则的前提下，在不影响会计核算要求和会计报表指标汇总的条件下，根据实际情况自行设置一些科目进行会计核算。

3.会计科目的名称含义要确切，内涵要清楚，外延要明确，以利于对会计确认的正确性

同时，会计科目的设置不宜分得过细，以避免会计核算过于烦琐，但也不能设置过少，使会计核算指标不能满足经济管理的要求。

三、会计科目的分类

会计科目按经济内容的性质不同，可分为资产类科目、负债类科目、所有者权益类科目，损益类科目。有成本核算的工业企业中还有成本类科目；有特殊经济业务的企业，如金融企业中还有资产负债共同类科目等。企业基本会计科目见表 2-1。

表 2-1　　企业基本会计科目表

编号	会计科目名称	编号	会计科目名称
略	一、资产类	略	累计折旧
	库存现金		固定资产减值准备
	银行存款		在建工程
	其他货币资金		工程物资
	存出保证金		固定资产清理
	交易性金融资产		无形资产
	应收票据		累计摊销
	应收账款		无形资产减值准备
	预付账款		商誉
	应收股利		长期待摊费用
	应收利息		递延所得税资产
	其他应收款		待处理财产损溢
	坏账准备		二、负债类
	材料采购		短期借款
	在途物资		存入保证金
	原材料		交易性金融负债
	材料成本差异		应付票据
	库存商品		应付账款
	发出商品		预收账款
	商品进销差价		应付职工薪酬
	委托加工物资		应付福利费
	周转材料		应交税费
	存货跌价准备		应付利息
	持有至到期投资		应付股利
	持有至到期投资减值准备		其他应付款
	可供出售金融资产		长期借款
	长期股权投资		应付债券
	长期股权投资减值准备		长期应付款
	投资性房地产		未确认融资费用
	长期应收款		专项应付款
	未实现融资收益		预计负债
	固定资产		递延所得税负债

续表 2-1

编号	会计科目名称	编号	会计科目名称
略	三、共同类	略	工程结算
	清算资金往来		机械作业
	货币兑换		六、损益类
	衍生工具		主营业务收入
	套期工具		其他业务收入
	四、所有者权益类		公允价值变动损益
	实收资本		投资收益
	资本公积		营业外收入
	盈余公积		主营业务成本
	本年利润		其他业务成本
	利润分配		营业税金及附加
	库存股		销售费用
	五、成本类		管理费用
	生产成本		财务费用
	制造费用		资产减值损失
	劳务成本		营业外支出
	研发支出		所得税费用
	工程施工		以前年度损益调整

会计科目按提供核算指标详细程度不同,分为总分类科目和明细分类科目。总分类科目又称一级科目,是提供总括核算的指标,亦称总账科目,是总括反映会计要素具体内容的科目,如库存现金、银行存款、固定资产、生产成本等。明细分类科目又称二级科目,或明细科目,是提供详细核算指标,亦称明细分类账科目,它是反映会计要素的具体详细内容的科目。按照核算需要,明细分类科目还可以分层次设置,如子目、细目。子目是介于总分类科目与明细分类科目之间的科目,它比总分类科目提供的核算指标详细,但又比明细科目提供的核算指标概括。

第四节 账户及其基本结构

一、账户的含义

账户是用来记录会计科目所反映经济业务内容的工具,它是根据会计科目来开设的。账户以会计科目作为它的名称，同时它又具备一定的格式，即结构。会计科目是对会计对象的具体内容进行分类，但它只有分类的名称而没有一定的格式，还不能把发生的经济业务连续、系统地记录下来，以取得经营管理所需的信息资料。因此，还必须根据规定的会计科目来设置账户，利用账户来记账，有利于分门别类地、连续系统地记录和反映各项经济业务，以及由此而引起的有关会计要素具体内容的增减变化及其结果。

账户与会计科目是既有联系，又有区别的两个不同概念。会计科目和账户所反映的会计对象的具体内容是相同的，都是体现对会计要素具体内容的分类，会计科目是账户的名称，而账户是根据会计科目来设置的。因此，会计科目的性质决定了账户的性质，账户的分类和会计科目的分类一样，可分为资产类账户、负债类账户、所有者权益类账户、收入类账户、费用类账户、利润类账户等。按会计科目提供核算资料的详细程度分类，相应地分为总分类账户和明细分类账户等。会计科目和账户对会计对象的经济内容分类的方法和分类的用途及分类的结果是完全相同的。但是，账户除了有与会计科目相同的方面以外，还具有其自身的特征，即有自己的格式或结构，用来连续、系统、全面地记录反映某种经济业务的增减变化及其结果。不过，在实际工作中，账户和会计科目这两个概念已不加严格区别，往往是互相通用的。

二、账户的结构

账户是用来记录经济业务的，有三方面的作用：一是分门别类地记载各项经济业务；二是提供日常会计核算资料和数据；三是为编制会计报表提供依据。为此，账户不但要有明确的核算内容，而且还应该具有一定的格式，即结构。账户所记载的各项经济业务，它们所引起的会计要素数量上的变动，不外乎是增加和减少两种情况。因此，用来记录经济业务的账户也相应地划分为两个部分，以便分别登记会计要素的增加额和减少额，即账户的一方记增加，另一方记减少。至于哪一方记增加，哪一方记减少，则取决于账户的性质和类型。账户的基本结构，通常分为左右两方，同时还应具备以下内容：

(1)账户的名称，即会计科目；

(2)日期和摘要，即记载经济业务的日期和概括说明经济业务的内容；

(3)增加方和减少方的金额及余额；

(4)凭证号数，即说明记载账户记录的依据。

在会计实务中，账户是根据以上的基本内容来设置账簿格式的。为了教学方便，账户的基本结构通常用 T 形账户表示：

左方	账户名称(会计科目)	右方

上列T形账户格式分左右两方，分别用来记录经济业务发生所引起的会计要素的增加额和减少额。增加额和减少额相抵的差额，形成账户的余额，余额按其表现的不同时间，分为期初余额和期末余额。为此，通过账户记录的金额可以提供期初余额、本期增加额、本期减少额和期末余额四个会计核算指标。本期增加额是指在一定时期内(月、季、年)记入账户增加金额的合计数，也叫本期增加发生额。本期减少额是指在一定时期内(月、季、年)记入账户减少金额的合计数，也叫本期减少发生额。本期发生额是一个动态指标，它说明资产或权益的增减变动情况。本期增加发生额与本期减少发生额相抵以后的差额，叫期末余额。余额是一个静态指标，它说明资产或权益在某一时日增减变动的结果。本期的期末余额就是下期的期初余额。上述四项金额的关系是：

本期期初余额＋本期增加发生额－本期减少发生额＝本期期末余额

本期增加发生额和本期减少发生额是记在账户的左方还是右方？账户的余额反映在左方还是右方？取决于账户的性质和类型(详见下章内容)。

本章小结

本章主要阐述会计核算的基本方法——会计科目和账户及其基本原理——会计等式。

本章学习时应注意的问题如下：

1.会计等式

会计等式，又称会计平衡公式，它是会计在反映经济业务和进行有关计量时所表现的经济内容及其等量关系。从形式上看，会等式是会计对象的具体内容即会计要素之间关系的表达式，反映会计对象各要素之间的内在联系；从内容看，它揭示了会计主体的产权关系和基本财务状况。

会计等式表现为：资产＝权益

或：资产＝债权人权益＋所有者权益

或：资产＝负债＋所有者权益

这一等式反映了企业特定日期静态的财务状况，是整个会计核算的基础，它制约着和决定着整个会计核算工作，也是会计复式记账的理论基础。

2. 经济业务类型

企业的经济业务多种多样，这些经济业务在会计核算中称为“会计事项”。从它们对资产、负债和所有者权益的影响来看，可概括为以下九种基本类型：

(1)一项资产增加，一项所有者权益增加，等式两边增加金额相等；

(2)一项资产增加，一项负债增加，等式两边增加金额相等；

(3)一项资产增加，另一项资产减少，资产内部项目一增一减，增减金额相等；

(4)一项资产减少，一项负债减少，等式两边减少金额相等；

(5)一项负债减少，另一项负债增加，负债内部项目一增一减，增减金额相等；

(6)一项负债减少，一项所有者权益增加，等式右边一增一减，增减金额相等；

(7)一项所有者权益减少，一项负债增加，等式右边一减一增，增减金额相等；

(8)一项所有者权益减少，一项资产减少，等式两边减少金额相等；

(9)一项所有者权益减少，另一项所有者权益增加，所有者权益内部项目一增一减，增减金额相等。

上述九种业务类型可概括为两大类：一类是不改变等式两边金额的业务类型，即(3)、(5)、(6)、(7)、(9)；另一类是改变等式两边金额的业务类型，即(1)、(2)、(4)、(8)。

3. 会计科目

会计科目是对会计对象进行第二层次的划分，即对资产、负债、所有者权益、收入、费用、利润六大会计要素的具体内容进行科学的分类，每一类确定一个合适的名称，这就形成了会计科目。合理设置会计科目是正确组织会计核算的前提。

会计科目按提供核算指标详细程度不同，分为总分类科目和明细分类科目。总分类科目又称一级科目，是提供总括核算的指标，亦称总账科目，是总括反映会计要素具体内容的科目。明细分类科目又称二级科目或明细科目，是提供详细核算指标，亦称明细分类账科目，它是反映会计要素的具体详细内容的科目。

4. 账户

账户是用来记录会计科目所反映经济业务内容的工具，它是根据会计科目来开设的。账户以会计科目作为它的名称，同时它又具备一定的格式，即结构。

5. 账户与会计科目的关系

账户与会计科目是既有联系，又有区别的两个不同概念。会计科目和账户所反映的会计对象的具体内容是相同的，都是体现对会计要素具体内容的分类，会计科目是账户的名称，而账户是根据会计科目来设置的。账户是会计科目的形式和结构，用来连续、系统、全面地记录反映某种经济业务的增减变化及其结果。在实际工作中,账户和会计科目这两个概念已不加严格区别,往往是互相通用的。

复 习 题

一、判断题

1. 会计等式揭示了会计要素之间的联系,因而成为设置会计科目、复式记账、编制会计报表的理论依据。( )

2. 在所有的账户中,左方均登记增加额,右方均登记减少额。( )

3. 所有经济业务的发生,都会引起会计等式两边发生变化。( )

4. 一般说来,各类账户的期末余额与记录增加额的一方,属同一方向。( )

5. 取得了收入,会表现为资产要素和收入要素同时增加,或者是在增加收入的同时减少负债。( )

6. 发生了费用,会表现为费用要素的增加和资产要素的减少,或者是在增加费用的同时增加负债。( )

二、单项选择题

1. 企业从银行取得借款直接偿还应付购货款,属于哪一种类型变化的业务。( )

A. 资产项目之间此增彼减　　B. 权益项目之间此增彼减

C. 资产项目和权益项目同增　　D. 资产项目和权益项目同减

2. 下列经济业务发生,不会使会计等式两边总额发生变化的有( )。

A. 收到应收账款存入银行　　B. 从银行取得借款存入银行

C. 收到投资者以固定资产的投资　　D. 以银行存款偿还应付账款

3. 下列经济业务发生,使资产和权益项目同时增加的是( )。

A. 生产产品发放材料　　B. 以现金发放工资

C. 收到购买单位预付的购货款存入银行　　D. 以资本公积转增资本

4. 会计科目是( )。

A. 会计要素的名称　　B. 会计报表的项目名称

C. 账簿的名称　　D. 账户的名称

5. 某企业月初资产总额 300 万元,本月发生下列经济业务:(1)赊购材料 10 万元;(2)用银行存款偿还短期借款 20 万元;(3)收到购货单位偿还的欠款 15 万元,存入银行。月末资产总额为( )。

A. 310 万元　　B. 290 万元

C. 295 万元　　D. 305 万元

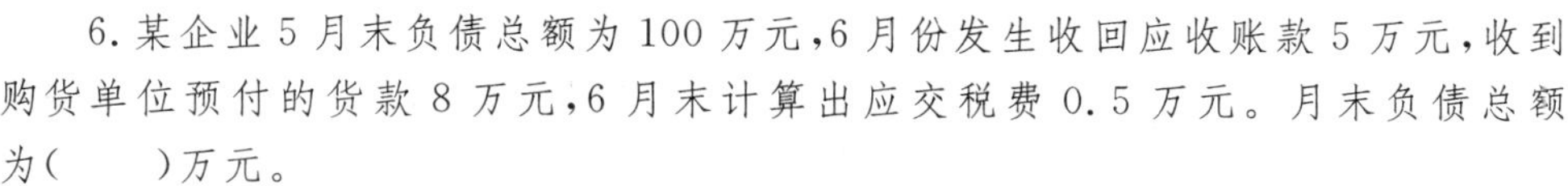

6. 某企业5月末负债总额为100万元，6月份发生收回应收账款5万元，收到购货单位预付的货款8万元，6月末计算出应交税费0.5万元。月末负债总额为(　　)万元。

A. 108.5　　B. 103.5

C. 113.5　　D. 106.5

三、多项选择题

1. 下列经济业务发生，使资产与权益项目同时减少的有(　　)。

A. 收到短期借款存入银行　　B. 以银行存款偿还应付账款

C. 以银行存款支付预提费用　　D. 以银行存款支付应付利润

2. 下列经济业务发生，使资产项目之间此增彼减的有(　　)。

A. 生产产品领用原材料　　B. 以现金支付工资

C. 以银行存款支付购买固定资产的款项　　D. 以银行存款偿还前欠购料款

3. 账户的左右两方，哪一方登记增加数，哪一方登记减少数，取决于(　　)。

A. 账户的类型　　B. 账户的级别

C. 记账方法　　D. 账户的性质

4. 下列经济业务中，不会引起会计等式左右两边同时发生增减变动的有(　　)。

A. 收到应收销货款存入银行　　B. 购进材料尚未付款

C. 从银行提取现金　　D. 从银行取得借款，直接偿还应付账款

5. 下列经济业务中，会引起会计等式左右两边同时发生增减变动的有(　　)。

A. 收到应收销货款存入银行　　B. 购进材料尚未付款

C. 用银行存款偿还长期借款　　D. 接受投资人的投资

四、简答题

1. 设置会计科目应遵循哪些原则？

2. 为什么要设置账户？账户与会计科目是什么关系？

五、计算题

某企业4月末账面资产总额850 000元。5月份发生下列经济业务：

(1)开出支票16 320元，购进一台设备。

(2)开出现金支票，从银行提取现金1 000元，以备日常开支。

(3)开出支票35 000元，偿还应付账款。

(4)开出支票预付第二季度保险费24 000元，本月摊销8 000元。

(5)收到4月份销售产品的货款8 280元，存入银行。

(6)收到客户预付的货款10 000元，存入银行。

(7)收回应收账款 50 000 元，存入银行。

要求：逐项说明该项经济业务发生对资产总额的影响，并计算 5 月末企业资产总额。

思　考　题

1. 什么是会计等式？会计等式的作用如何？
2. 为什么企业各种经济业务的变化都不会破坏会计等式的平衡关系？
3. 什么是会计科目？会计科目设置的原则是什么？
4. 会计科目按其性质分成哪几类？
5. 什么是账户？
6. 账户与会计科目有何区别和联系？
7. 账户有什么作用？

第三章　复式记账

内容摘要

本章主要介绍了复式记账法原理，借贷记账法的内容及其简单应用。

学习目标

通过本章的学习，应掌握如下知识：

1. 复式记账的概念；
2. 复式记账的理论基础和意义；
3. 借贷记账法的基本内容；
4. 借贷记账法的简单运用。

学习提示

本章重点是借贷记账法的内容。难点是借贷记账法下账户的结构。

第一节　复式记账原理和意义

一、记账方法

为了核算和监督会计对象的具体内容，会计主体发生的各项经济业务，都要采用一定的记账方法，在相应的账户中加以记录。所谓记账方法，就是在账户中记录各项经济业务的方法。记账方法按其记账方式的不同，分为单式记账法和复式记账法两大类。

单式记账法是对发生的每一项经济业务只在一个账户中进行登记的方法。采用单式记账法，通常只登记库存现金、银行存款收付业务和应收、应付等往来账款业务，对于实物收发业务以及费用的发生情况则一般不做记录。例如，用现金 100 元购买材料，记账时，一般只在库存现金账户登记现金减少 100 元，而不登记材料的增加。再如，购买材料 1 000 元，尚未付款，记账时，通常只登记债务增加 1 000 元。单式记账法手续简便，但账户之间的记录没有直接联系，不存在内在平衡关系，不能全面地、系统地反映经济业务的来龙去脉，也不便于检查账户记录的正确性。因此，单式记账法是一种不完整、不科学的记账方法。

复式记账法是对发生的每一项经济业务，都要以相等的金额，在两个或两个以上的账户中相互联系地进行登记的一种记账方法。例如，用银行存款 2 000 元购买材料，根据复式记账方法，这项经济业务发生后，要以相等的金额(2 000 元)同时在“银行存款”和“原材料”这两个相互联系的账户中进行登记，即一方面要在“银行存款”账户中登记减少 2 000 元，另一方面要在“原材料”账户中登记增加 2 000 元。复式记账法使每项经济业务所涉及的两个或两个以上相互联系的账户发生对应关系，而且对应账户上登记的金额相等，从而可以完整地、系统地反映各项经济业务的来龙去脉，也便于检查账户记录的正确性。因此，复式记账法是一种科学的记账方法。

二、复式记账的理论基础

在第二章介绍会计等式以及经济业务对会计等式的影响时已经说明：任何一笔经济业务的发生，都会引起相关会计要素及其具体项目发生增减变动，但是，经济业务发生后所引起的会计要素及其具体项目在数量上的变化，不外乎四种情况：资产与权益(负债和所有者权益)等额同增；资产与权益等额同减；资产内部有增有减，增减的金额相等；权益内部有增有减，增减的金额相等。也就是说，任何经济业务的发生，都会引起两个或两个以上的会计要素具体项目发生增减变动，但增减金额相等,不会破坏会计等式的平衡关系。依据会计等式的平衡原理,当经济业务发生时,就可以对其所引起的会计要素具体项目的增减变动,在两个或两个以上相互联系的账户中进行双重、等额记录,这种双重等额记录就是复式记账。因此,复式记账是以"资产=负债+所有者权益"这一会计恒等式为依据所设计的一种记账方法,即复式记账的理论基础是会计恒等式。

三、复式记账的意义

复式记账法作为一种科学的记账方法,其意义主要表现在以下两个方面:

(1)复式记账法可以全面地、系统地、完整地反映会计主体经济活动的全过程及其结果。

复式记账法对发生的每项经济业务都要在两个或两个以上相互联系的账户中进行登记,全部经济业务登记入账后,根据账户记录的结果,不仅可以了解每一项经济业务的来龙去脉,而且能使账户体系全面清晰地反映出所有经济业务的来龙去脉,从而可以全面地、系统地、完整地反映会计主体经济活动的全过程及其结果,为经济管理提供所需的信息。

(2)复式记账法可以进行试算平衡,检查账户记录的正确性。

复式记账法要求对每项经济业务都要以相等的金额在两个或两个以上相互联系的账户中进行双重等额记录,一定会计期间的全部经济业务登记入账后,可以根据账户记录的结果,进行试算平衡,以检查账户记录是否正确。

我国会计实务中曾经采用过的复式记账法主要是借贷记账法。借贷记账法是我国学习借鉴的一种国际上通用的记账方法,是世界各国普遍采用的一种复式记账法。为了适应改革开放的需要,与国际惯例相协调,我国财政部于 1992 年颁布、1993 年 7 月 1 日开始实施的《企业会计准则》规定,会计记账采用借贷记账法,要求我国所有企业在进行会计核算时,都必须统一采用借贷记账法。随后,我国财政部颁布的《行政事业单位会计准则》也规定:各行政事业单位会计记账都要采用借贷记账法。目前,我国企业、行政、事业单位会计核算所采用的记账方法,都是借贷记账法。

第二节 借贷记账法

一、借贷记账法的由来

借贷记账法是以"借"、"贷"作为记账符号的一种复式记账方法。根据史料记载,借贷记账法产生于公元 13 世纪的意大利。当时,意大利的海上贸易比较发达,沿海城市已经形成了许多贸易中心，在当地出现了一些银钱商，专门从事借贷业务，兑换各种不同货币以及为其他商人办理转账业务。银钱商为了记录吸收的存款和贷出的款项以及转账业务，创设了借贷记账法的原始形态——佛罗伦萨式簿记法。这种记账方法分别按人名设户，账户分上下两个部分登记，一方登记债权，另一方登记债务；若办理借贷业务，对于吸收的存款记在“贷主”名下，表示自身的债务增加；对于贷出的款项，则记在“借主”名下，表示自身的债权增加；若办理转账业务，对于收进的存款，记在“贷主”名下，对于付出的存款记在“借主”名下。这就是借贷记账法借贷二字的由来。但是，原始形态的借贷记账法只局限于记录债权债务的结算情况。后来随着商品经济的发展，借贷记账法逐渐扩展到了记录实物以及现金的结算，账户的结构也由原来的上下两部分演变为左右两方，分别表示“借方”和“贷方”，原来的“借主”和“贷主”这时已被抽象出来，形成借贷记账法记账方向的符号。这时期，以意大利的热那亚式簿记为代表。到 15 世纪，借贷记账法在热那亚式簿记的基础上又增设了资本账户、损益账户及余额账户，进行全部账户的试算平衡，发展为威尼斯式簿记，逐步形成比较完备的借贷记账法。1494 年意大利数学家巴其阿勒的《算术、几何、比及比例概要》一书，全面介绍了意大利的复式记账法。随后借贷记账法逐步推广到欧洲、美洲等世界各国，成为世界通用的记账方法。并在 20 世纪初经日本传入我国，目前，成为我国法定的记账方法。

二、借贷记账法的基本内容

（一）记账符号

借贷记账法以“借”、“贷”作为记账符号。“借”、“贷”二字最初是从借贷资本家的角度来解释的，具有特定的含义，分别表示债权（应收款）、债务（应付款）。这是借贷记账法“借”、“贷”二字的由来。以后随着商品经济的发展，经济活动的范围日益扩大，经济活动内容日益复杂，记账内容也随之扩大，在账簿中记录的经济业务不再局限于货币资金的借贷业务，而是逐渐扩展到了财产物资、经营损益和经营资本等的增减变化。这时，为了求得记账的一致，对于非货币资金借贷业务，也利用“借”、“贷”二字说明经济业务的变化情况。这样，“借”、“贷”二字就逐渐失去了它原来的含义，成了单纯的记账符号，用以表示在账户中的两个对立的记账部位和记账方向。

（二）账户结构

账户的基本结构分为左右两方，一方登记增加，一方登记减少。借贷记账法规定：账户的左方为借方，右方为贷方。其一般格式如表 3-1 所示。

表 3-1　　账户名称(会计科目名称)

借方(左方)　　贷方(右方)

年		凭证号数	摘要	金额	年		凭证号数	摘要	金额
月	日				月	日			

实际工作中,为了便于计算余额,账户的基本结构通常采用如表 3-2 所示的三栏式。

表 3-2　　账户名称(会计科目名称)

年		凭证号数	摘　要	借　方	贷　方	借或贷	余　额
月	日						

为便于教学,将账户的一般格式用"T"形账户的形式表示,如图 3-1 所示。

借方　　账户名称(会计科目名称)　　贷方

图 3-1　账户的一般格式

在借贷记账法下,账户的借方和贷方都要按相反的方向记录增减变动。即如果规定某账户的借方用来登记增加额,则贷方一定登记减少额;相反,如果规定某账户的借方登记减少额,则贷方一定登记增加额。也就是说,在借贷记账法下,"借"、"贷"二字作为记账符号,它所表示的增加、减少含义并不固定,究竟账户的哪一方登记增加额,哪一方登记减少额,取决于账户的性质(即账户所要反映的经济内容)。不同性质的账户,其结构是不同的。账户的期初、期末余额一般在账户登记增加金额的一方。

下面分别说明各类不同性质账户的结构。

1. 资产类账户的结构

资产类账户的借方记录资产的增加额，贷方记录资产的减少额。每一会计期间借方记录的金额合计称为借方本期发生额，贷方记录的金额合计称为贷方本期发生额。资产类账户的期末余额一般为借方余额，其借方期末余额的计算公式如下：

资产类账户借方期末余额＝借方期初余额＋借方本期发生额－贷方本期发生额

资产类账户的一般结构用 T 形账户表示，如图 3-2 所示。

借方		账户名称（会计科目名称）	贷方
期初余额	×××	本期减少额	×××
本期增加额	×××		×××
	×××		×××
本期发生额	×××	本期发生额	×××
期末余额	×××		

图 3-2 资产类账户的一般结构

2. 负债类账户的结构

负债类账户的贷方记录负债的增加额，借方记录负债的减少额，期末余额一般为贷方余额。其贷方期末余额的计算公式如下：

负债类账户贷方期末余额 ＝ 贷方期初余额 ＋ 贷方本期发生额 － 借方本期发生额

负债类账户的一般结构如图 3-3 所示。

借方		账户名称（会计科目名称）	贷方
本期减少额	×××	期初余额	×××
	×××	本期增加额	×××
	×××		×××
			×××
本期发生额	×××	本期发生额	×××
		期末余额	×××

图 3-3 负债类账户的一般结构

3. 所有者权益类账户的一般结构

所有者权益类账户的结构与负债类账户的结构相同，即贷方记录所有者权益的增加额，借方记录所有者权益的减少额，期末余额一般为贷方余额。所有者权益类账户期末余额的计算公式与负债类账户相同。

所有者权益类账户的一般结构如图 3-4 所示。

借方	账户名称（会计科目名称）		贷方
本期减少额	××× ×××	期初余额 本期增加额	××× ××× ×××
本期发生额	×××	本期发生额 期末余额	××× ×××

图 3-4　所有者权益类账户的一般结构

4. 成本类账户的结构

成本类账户是反映产品生产成本或劳务成本形成情况的账户，包括生产成本、制造费用等账户。成本类账户的借方记录成本的增加额，贷方记录成本的转出额，期末借方余额，表示在产品的成本。成本类账户的一般结构如图 3-5 所示。

借方	账户名称（会计科目名称）		贷方
期初余额 本期增加额	××× ××× ×××	本期转出额	××× ××× ×××
本期发生额 期末余额	××× ×××	本期发生额	×××

图 3-5　成本类账户的一般结构

5. 损益类账户的结构

损益类账户按其反映的经济内容不同，又可分为收入类账户和费用类账户两类。收入类账户反映会计主体在某一会计期间收入的取得情况，费用类账户反映会计主体为取得收入而消耗的各项费用的发生情况。由于收入最终会导致所有者权益增加，费用最终会导致所有者权益减少，所以，收入类账户的结构与所有者权益类账户的结构类似，费用类账户的结构与所有者权益类账户的结构相反。

(1)收入类账户的结构　收入类账户的贷方记录收入的增加额,借方记录收入的减少额或转出额。期末时,本期收入的增加额减去减少额后的差额,应转入有关所有者权益类账户(“本年利润”账户),期末结转后,收入类账户没有余额。收入类账户的一般结构如图 3-6 所示。

借方	账户名称(会计科目名称)		贷方
本期减少额或转出额	×××	本期增加额	×××
			×××
			×××
本期发生额	×××	本期发生额	×××

图 3-6　收入类账户的一般结构

(2)费用类账户的结构　费用类账户的借方记录费用的增加额,贷方记录费用的减少额或转出额。期末时,本期费用的增加额减去费用的减少额或转出额后的差额,应转入有关所有者权益类账户(即“本年利润”账户),以便与收入配比后计算本期损益。期末结转后,费用类账户一般没有余额。费用类账户的一般结构如图 3-7 所示。

借方	账户名称(会计科目名称)		贷方
本期增加额	×××	本期减少额或转出额	×××
	×××		
	×××		
本期发生额	×××	本期发生额	×××

图 3-7　费用类账户的一般结构

由于损益类账户本期借方发生额与贷方发生额的差额在期末要转入所有者权益类账户(即“本年利润”账户),所以,损益类账户期末一般没有余额。

综上所述,在借贷记账法下,借、贷二字作为记账符号,表示记账方向,实际上规定了经济业务发生后所引起的会计对象具体内容的增加金额和减少金额的记录方向。资产类、成本类、费用类账户的借方登记增加额,贷方登记减少额(或转出额),期末如有余额,一般应为借方余额。负债类、所有者权益类、收入类账户的贷方登记增加额,借方登记减少额(或转出额),期末如有余额,一般应为贷方余额。而各类账户的期初余额、期末余额一般与账户记录增加金额的一方在同一方向。

在借贷记账法下，账户余额的方向，表示账户的性质，可以通过账户余额的方向来判断账户的性质，有期末借方余额的账户一般是资产类账户；有期末贷方余额的账户一般是负债类账户或所有者权益类账户。

（三）记账规则

借贷记账法是一种复式记账法，它要求对发生的每一笔经济业务都要以相等的金额在两个或两个以上相互联系的账户中进行登记。又由于借贷记账法规定账户的左方为借方，账户的右方为贷方，借方和贷方哪一方登记增加金额，哪一方登记减少金额，则取决于所发生的经济业务的内容和涉及的账户性质。因此，运用借贷记账法记账时，应该从以下三个方面来考虑：

第一，某项经济业务发生后涉及哪几个账户；

第二，所涉及的账户是属于哪类性质的账户；

第三，根据账户的结构，确定经济业务的增加金额或减少金额应该记入账户的借方还是账户的贷方。

下面先通过实例来分析借贷记账法的记账规则。

【例 3.1】 某企业 20××年 9 月份发生下列经济业务：

（1）收到甲投资者投入资本 200 000 元，已存入银行。

这项经济业务的发生，一方面使企业的银行存款这一资产项目增加了 200 000 元，另一方面使企业的实收资本这一所有者权益项目增加了 200 000 元。这项经济业务涉及“银行存款”和“实收资本”两个账户。“银行存款”账户是资产类账户，增加应记入该账户的借方；“实收资本”账户是所有者权益类账户，增加应记入该账户的贷方。这项经济业务的登账结果如图 3-8 所示。

图 3-8

（2）购买原材料 50 000 元，货款尚未支付，材料已验收入库。

这项经济业务的发生，一方面使企业的原材料这一资产项目增加了 50 000 元，另一方面使企业的应付账款这一负债项目增加了 50 000 元，这项经济业务涉及“原材料”和“应付账款”两个账户，“原材料”账户是资产类账户，原材料的增加，应记入“原材料”账户的借方；“应付账款”是负债类账户，应付账款的增加，应记入“应付账款”账户的贷方。这项经济业务的登账结果如图 3-9 所示。

图 3-9

(3)开出转账支票一张,金额 10 000 元,用于偿还上月所欠购料款。

这项经济业务的发生,一方面使应付账款这一负债项目减少了 10 000 元,另一方面使银行存款这一资产项目减少了 10 000 元。这项经济业务涉及"应付账款"和"银行存款"两个账户。"应付账款"账户是负债类账户,减少应记入该账户的借方,"银行存款"账户是资产类账户,减少应记入该账户的贷方。这项经济业务登账的结果如图 3-10 所示。

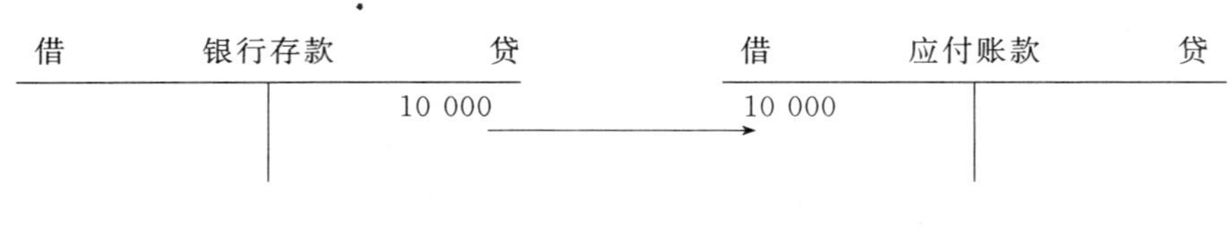

图 3-10

(4)购入机器设备一台,价款 60 000 元,已用银行存款支付。

这项经济业务的发生,一方面使固定资产这一资产项目增加了 60 000 元,另一方面使银行存款这一资产项目相应地减少了 60 000 元。这项经济业务涉及"固定资产"和"银行存款"两个账户。这两个账户都是资产类账户,固定资产增加,应记在"固定资产"账户的借方,银行存款减少,应记在"银行存款"账户的贷方。这项经济业务的登账结果如图 3-11 所示。

图 3-11

(5)向银行借入短期借款 20 000 元,偿还前欠外单位的购料款。

这项经济业务的发生,一方面使短期借款这一负债项目增加了 20 000 元,另一方面使应付账款这一负债项目减少了 20 000 元。这项经济业务涉及"短期借款”和“应付账款”两个账户。“短期借款”账户是负债类账户，增加应记入该账户的贷方；“应付账款”账户是负债类账户，减少应记入该账户的借方。这项经济业务登账的结果如图 3-12 所示。

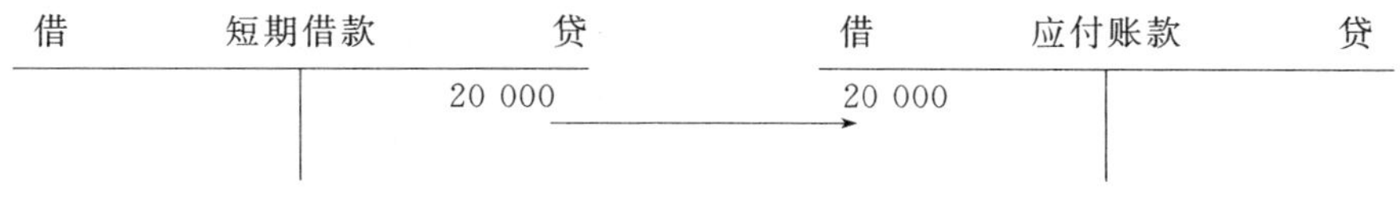

图 3-12

(6)购入原材料一批，价款 100 000 元，其中 60 000 元以银行存款支付，余下的 40 000 元尚未支付。

这项经济业务的发生，一方面使企业的原材料这一资产项目增加了 100 000 元，另一方面使企业的银行存款这一资产项目减少了 60 000 元，同时使应付账款这一负债项目增加了 40 000 元。这项经济业务涉及“原材料”、“银行存款”和“应付账款”三个账户。“原材料”账户是资产类账户，增加应记入该账户的借方，“银行存款”账户是资产类账户，减少应计入该账户的贷方；“应付账款”账户是负债类账户，增加应记入该账户的贷方。这项经济业务的登账结果如图 3-13 所示。

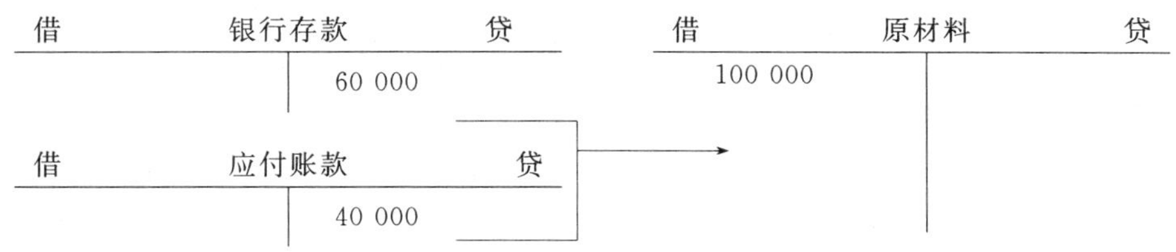

图 3-13

(7)收到乙投资人投入资本 800 000 元，其中银行存款 200 000 元已存入企业存款户，机器设备 600 000 元也已收妥。

这项经济业务的发生，一方面使企业的银行存款和固定资产这两个资产项目分别增加了 200 000 元和 600 000 元，另一方面使企业的实收资本这一所有者权益项目增加了 800 000 元。这项经济业务涉及“银行存款”、“固定资产”和“实收资本”三个账户。“银行存款”账户和“固定资产”账户是资产类账户，增加应记入账户的借方；“实收资本”账户是所有者权益类账户，增加应记入该账户的贷方。这项经济业务的登账结果如图 3-14 所示。

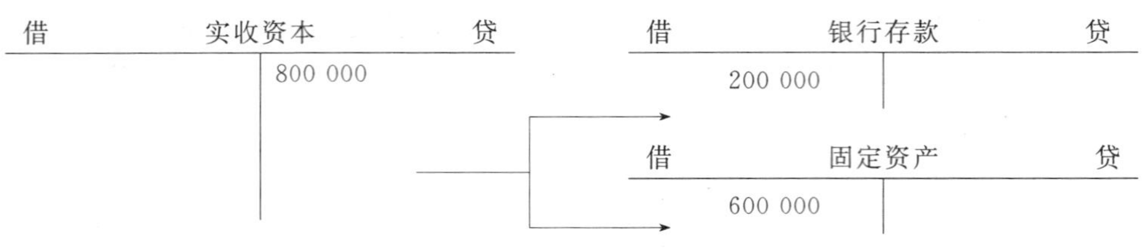

图 3-14

通过对某企业发生的上述 7 笔经济业务的登账结果，我们发现：借贷记账法对发生的每一笔经济业务都要以相等的金额，借贷相反的方向，在两个或两个以上相互联系的账户中进行登记，即在一个账户中记借方，必须同时在另一个或几个账户中记贷方；在一个账户中记贷方，必须同时在另一个或几个账户中记借方；记入账户借方的金额与记入账户贷方的金额相等。借贷记账法的记账规则可以概括为：有借必有贷，借贷必相等。

借贷记账法的记账规则是由复式记账原理以及借贷记账法的账户结构决定的。如第二章所述，各单位的经济业务虽然多种多样，但归纳起来不外乎资产和权益同增（如例 3.1 中第 1、7 笔经济业务）；资产和权益同减（如例 3.1 中第 3 笔经济业务）；资产内部一增一减（如 例 3.1 中第 4 笔经济业务）；权益内部一增一减（如例 3.1 中第 5 笔经济业务）这四大类。任何一项经济业务的发生，都会引起两个或两个以上的会计要素具体项目的变动，根据复式记账原理就要在相互联系的两个或两个以上的账户中进行双重等额记录，又由于借贷记账法账户结构的规定性，使得“有借必有贷，借贷必相等”成为一种必然。企业各类经济业务发生后，记账结果可概括如图 3-15 所示。

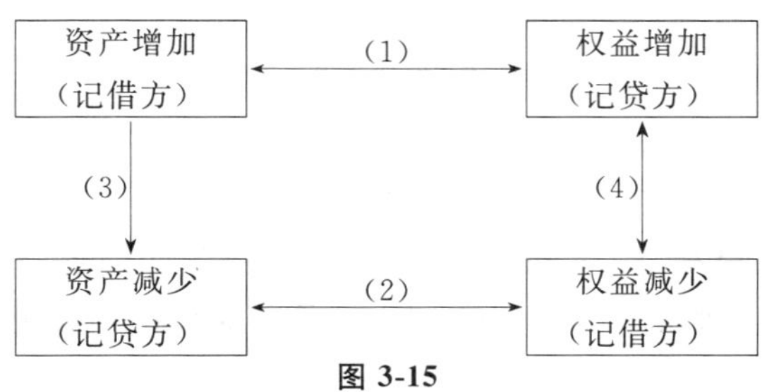

图 3-15

运用借贷记账法，根据“有借必有贷，借贷必相等”的记账规则，在每项经济业务发生时，总会在有关账户之间形成应借、应贷的相互关系。账户之间的这种应借、应贷的相互关系，称为账户的对应关系。发生对应关系的账户，称为对应账户。例如，以银行存款 30 000 元偿还应付账款，这项经济业务发生后，应在“应付账款”账户的借方登记 30 000 元，在“银行存款”账户的贷方登记 30 000 元。这项经济业务使“应付账款”和“银行存款”这两个账户发生了应借、应贷的相互关系，这两个账户也就成了对应账户。通过账户的对应关系，可以了解经济业务的内容，并检查该业务内容的发生及其处理是否符合国家有关法规和制度的规定。例如，记入“应付账款”账户借方 60 000 元和“库存现金”账户贷方 60 000 元。这两个账户的对应关系表明是以库存现金 60 000 元偿还前欠外单位货款。对这项经济业务所做的会计处理并无错误，但这项经济业务却违反了国家现金管理制度的规定。因为偿付大额的货款，必须通过银行办理结算，不得直接用现金支付。

实际工作中，经济业务发生后，首先要根据经济业务的内容，运用借贷记账法的记账规则，在记账凭证中编制会计分录，然后根据会计分录登记入账。所谓会计分录，是指在记账凭证中标明某项经济业务应借、应贷的账户名称及其金额的一种记录。根据编制的会计分录再登记入账，能够保证账户记录的正确性，也便于日后检查和分析。

会计分录的一般格式为：

先借后贷（即应借账户排列在上，应贷账户排列在下）；贷方的文字和数字要比借方后退数个字节；在有多借或多贷的情况下，借方或贷方的文字应左对齐，借方或贷方的金额应右对齐。

编制会计分录，一般经过以下步骤：

首先，分析经济业务的内容涉及哪些对应账户，确定该项经济业务应记入的对应账户名称及账户性质；

其次，根据该项经济业务引起的会计要素的增减变化和借贷记账法的账户结构，确定对应账户的记账方向（记借方还是记贷方）；

然后，根据会计要素增减变化的数量确定对应账户应登记的金额；

最后，根据借贷记账法“有借必有贷，借贷必相等”的记账规则，检查所编制的会计分录借贷金额是否平衡，有无差错。

【例 3.2】　根据例 3.1 的资料，将某企业发生的七笔经济业务的会计分录编制如下：

(1)借：银行存款　　200 000
　　贷：实收资产　　　　200 000

(2)借：原材料　　50 000
　　贷：应付账款　　　　50 000

(3)借:应付账款 10 000
　　贷:银行存款 10 000
(4)借:固定资产 60 000
　　贷:银行存款 60 000
(5)借:应付账款 20 000
　　贷:短期借款 20 000
(6)借:原材料 100 000
　　贷:银行存款 60 000
　　　应付账款 40 000
(7)借:银行存款 200 000
　　固定资产 600 000
　　贷:实收资本 800 000

以上七笔会计分录中,前五笔分录都是以一个账户的借方与另一个账户的贷方相对应组成的,这种由两个对应账户(一借一贷)组成的会计分录,称为简单会计分录。后两笔分录是由两个以上对应的账户(一借多贷、一贷多借)组成的,这种由两个以上相互联系的账户组成的会计分录,称为复合会计分录。

复合会计分录实际上是由若干个简单会计分录合并组成的。如例3.2中根据第六笔经济业务编制的复合会计分录是由以下两个简单会计分录合并组成的:

借:原材料 60 000
　贷:银行存款 60 000
借:原材料 40 000
　贷:应付账款 40 000

编制复合会计分录,既可以集中反映某项经济业务的全貌,又可以简化记账工作,提高会计核算工作效率。实际工作中,如果一项经济业务涉及两个以上的借方账户与两个以上的贷方账户相对应,为全面反映该项经济业务,可以编制"多借多贷"的会计分录,但不能把不同类型的经济业务合并后编制多借多贷的会计分录。

编制会计分录是会计核算中的一项重要工作。实际工作中,会计分录是根据反映经济业务的原始凭证,在记账凭证上编制的(关于记账凭证的编制将在第五章中详细说明)。将本期发生的经济业务在记账凭证上编制会计分录,仅仅确定了每项经济业务发生后应记入的账户名称、记账方向和入账金额,还不能连续、系统地反映企业一定会计期间的经济业务情况,为了实现这一目的,还需要将会计分录的数据过入有关账户,这一过程称为过账。

(四)试算平衡

所谓试算平衡,就是根据“资产＝负债＋所有者权益”这一会计恒等式和借贷记账法的记账规则来检查账户记录是否正确的一种验证方法。会计人员在日常的记账过程中,由于各种原因,有时会使账户记录出现错误,为了检查和验证账户记录是否正确,以便及时找出差错及其原因,并予以更正,必须定期进行试算平衡。借贷记账法下,试算平衡方法有发生额试算平衡法和余额试算平衡法两种。

1.发生额试算平衡法

发生额试算平衡法是用来检查本期记录的全部账户的借方和贷方发生额是否正确的一种试算平衡方法。其试算平衡公式如下:

全部账户借方本期发生额合计 ＝ 全部账户贷方本期发生额合计

在借贷记账法下,按照“有借必有贷,借贷必相等”的记账规则,为每一项经济业务所编制的会计分录的借方发生额和贷方发生额必然相等。将一定时期内反映全部经济业务的所有会计分录都登记入有关账户后,所有账户的借方本期发生额合计与所有账户的贷方本期发生额合计也必然相等。如果不相等,则说明记账有错误,应对账户记录进行检查、更正。

检查账户发生额是否平衡,可通过编制“账户发生额试算平衡表”进行。“账户发生额试算平衡表”的一般格式如表3-3所示。

表3-3　　账户发生额试算平衡表

20××年9月30日

账户名称	借方发生额	贷方发生额
库存现金	1 000	1 000
银行存款	130 000	181 000
应收账款	0	30 000
其他应收款	1 000	0
原材料	30 000	0
固定资产	80 000	0
短期借款	20 000	0
应付账款	50 000	0
预收账款	0	100 000
实收资本	0	0
合　计	312 000	312 000

2. 余额试算平衡法

余额试算平衡法是用来检查结出的账户余额是否正确的一种方法。在实际工作中，有时会存在记入各账户的发生额是正确的，但账户的期末余额可能结计错误的情况。为了保证各账户期末余额的正确性，除了检查账户发生额是否平衡外，还应检查账户的余额是否平衡。余额试算平衡的平衡公式如下：

全部账户借方期末余额合计 ＝ 全部账户贷方期末余额合计

在借贷记账法下，根据记账规则记账后，所有账户的借方本期发生额合计与所有账户的贷方本期发生额合计必然相等。而所有账户的期末余额又是根据一定时期的本期借方发生额和本期贷方发生额计算得出的结果，因此，所有账户的借方期末余额合计和所有账户的贷方期末余额合计也必然相等，如果不相等，则说明结出的账户期末余额有错误，应对账户记录进行检查、更正。

检查账户余额是否平衡，可通过编制"账户余额试算平衡表"进行。"账户余额试算平衡表"的一般格式如表 3-4 所示。

表 3-4　　账户余额试算平衡表

20××年 9 月 30 日

账户名称	借方余额	贷方余额
库存现金	100	
银行存款	172 000	
应收账款	26 900	
其他应收款	1 000	
原材料	180 000	
固定资产	740 000	
短期借款		0
应付账款		20 000
预收账款		100 000
实收资本		1 000 000
合　　计	1 120 000	1 120 000

"账户余额试算平衡表"也可以与"账户发生额试算平衡表"合并编制"账户发生额和余额试算平衡表"，其一般格式如表 3-5 所示。

表 3-5 **账户发生额和余额试算平衡表**

20××年9月30日

账户名称	期初余额		本期发生额		期末余额	
	借方	贷方	借方	贷方	借方	贷方
库存现金	100		1 000	1 000	100	
银行存款	223 000		130 000	181 000	172 000	
应收账款	56 900		0	30 000	26 900	
其他应收款	0		1 000	0	1 000	
原材料	150 000		30 000	0	180 000	
固定资产	660 000		80 000	0	740 000	
短期借款		20 000	20 000	0		0
应付账款		70 000	50 000	0		20 000
预收账款		0	0	100 000		100 000
实收资本		1 000 000	0	0		1 000 000
合计	1 090 000	1 090 000	312 000	312 000	1 120 000	1 120 000

实际工作中，试算平衡通常是在月末结出各个账户的本月发生额和月末余额后，通过编制总分类账户的期初、期末余额和本期发生额试算平衡表来进行的。

现举例说明借贷记账法的会计处理过程如下：

【例 3.3】 假定某企业20××年10月1日有关账户的期初余额如图3-16各T形账户所示，该企业10月份内发生下列经济业务：

(1)从银行提取现金1 000元。

(2)购入材料一批，货款30 000元已用银行存款支付，材料也已验收入库。

(3)购入生产用设备一台，价款80 000元已用银行存款支付。

(4)以现金1 000元给付职工王某暂借差旅费。

(5)收回某公司上月所欠购货款30 000元，存入银行。

(6)预收某单位购货款100 000元，存入银行。

(7)以银行存款20 000元偿还银行短期借款。

(8)以银行存款50 000元偿付以前所欠某单位购货款。

借	库存现金		贷
期初余额	100	④	1 000
①	1 000		
本期发生额	1 000	本期发生额	1 000
期末余额	100		

借	短期借款		贷
⑦	20 000	期初余额	20 000
本期发生额	20 000	本期发生额	0
		期末余额	0

借	银行存款		贷
期初余额	223 000	①	1 000
⑤	30 000	②	30 000
⑥	100 000	③	80 000
		⑦	20 000
		⑧	50 000
本期发生额	130 000	本期发生额	181 000
期末余额	172 000		

借	应付账款		贷
⑧	50 000	期初余额	70 000
本期发生额	50 000	本期发生额	0
		期末余额	20 000

借	原材料		贷
期初余额	150 000		
②	30 000		
本期发生额	30 000	本期发生额	0
期末余额	180 000		

借	预收账款		贷
		期初余额	0
		⑥	100 000
本期发生额	0	本期发生额	100 000
		期末余额	10 000

借	应收账款		贷
期初余额	56 900	⑤	30 000
本期发生额	0	本期发生额	30 000
期末余额	26 900		

借	实收资本		贷
		期初余额	1 000 000
本期发生额	0	本期发生额	0
		期末余额	1 000 000

借	其他应收款		贷
期初余额	0		
④	1 000		
本期发生额	1 000	本期发生额	0
期末余额	1 000		

借	固定资产		贷
期初余额	660 000		
③	80 000		
本期发生额	80 000	本期发生额	0
期末余额	740 000		

图 3-16

其会计处理过程如下：

第一，根据发生的各项经济业务编制会计分录。

(1)借：库存现金　　　　1 000

　　贷：银行存款　　　　1 000

(2)借:原材料　30 000
　　贷:银行存款　30 000
(3)借:固定资产　80 000
　　贷:银行存款　80 000
(4)借:其他应收款　1 000
　　贷:库存现金　1 000
(5)借:银行存款　30 000
　　贷:应收账款　30 000
(6)借:银行存款　100 000
　　贷:预收账款　100 000
(7)借:短期借款　20 000
　　贷:银行存款　20 000
(8)借:应付账款　50 000
　　贷:银行存款　50 000

第二,根据会计分录过账和结账,如图 3-16 所示。

必须指出,通过试算平衡可以检查账户的记录是否正确。如果发生额和余额不平衡,就可以肯定账户记录或计算有错误,应该查明原因并予以更正。但是,发生额和余额平衡,并不能说明账户记录绝对正确,因为有些记账错误并不影响发生额或余额的平衡。例如某项经济业务在有关账户中全部漏记(或重记),将使本期借方发生额和贷方发生额等额减少(或增加);某项经济业务应借应贷的账户记账方向颠倒;某项经济业务所涉及的账户的借贷金额多记或少记相等的数额等。这些错误,并不能通过试算平衡发现。因此,只根据试算平衡的结果,并不能肯定账户的记录没有错误。为保证账户记录的正确性,必须对会计记录进行日常或定期的复核。

本章小结

本章主要阐述复式记账的理论与方法。

学习本章应注意的问题如下:

1.复式记账原理及其理论基础

复式记账法是对发生的每一项经济业务,都要以相等的金额,在两个或两个以上的账户中相互联系地进行登记的一种记账方法。

复式记账是以“资产=负债+所有者权益”这一会计恒等式为依据所设计的

一种记账方法，即复式记账的理论基础是会计恒等式。

2.借贷记账法

借贷记账法是以“借”、“贷”作为记账符号的一种复式记账方法。其基本内容包括：

(1)记账符号　即：“借”和“贷”。

(2)记账规则　即：“有借必有贷，借贷必相等”。

(3)账户结构　账户的结构取决于账户的性质和类型。账户按其性质一般分为资产类、负债类、所有者权益类、成本类和损益类。其中损益类又分为收入类和费用类。

资产、成本和费用类账户结构类似，即借方登记增加额，贷方登记减少额，期末有余额一般在借方。

负债、所有者权益和收入类账户结构类似，即贷方登记增加额，借方登记减少额，期末有余额一般在贷方。

(4)试算平衡　所谓试算平衡，就是根据“资产＝负债＋所有者权益”这一会计恒等式和借贷记账法的记账规则来检查账户记录是否正确的一种验证方法。借贷记账法下，试算平衡方法有发生额试算平衡法和余额试算平衡法两种。

一种是发生额试算平衡，即：

全部账户借方本期发生额合计 ＝ 全部账户贷方本期发生额合计

该种试算平衡的理论依据是“有借必有贷，借贷必相等”的记账规则。

另一种是余额试算平衡，即：

全部账户借方期末余额合计 ＝ 全部账户贷方期末余额合计

该种试算平衡的理论依据是借贷记账法的记账规则和会计等式。

复　习　题

一、判断题

1.复式记账法是指对发生的每一项经济业务，都以相等的金额在相互联系的两个账户中进行记录的一种记账方法。(　　)

2.复式记账由于是以相等的金额在相互关联的两个账户中进行登记，所以能检查账簿记录是否正确。(　　)

3.借贷记账法下账户的基本结构，左方为借方，登记资产、费用的增加，权益的减少和收入的结转。(　　)

4. 账户期末余额的方向(借方或贷方),与本期增加额登记的方向肯定是一致的。(　　)

5. 通过试算平衡表检查账户记录是否正确,如果借贷平衡,就说明记账没有错误。(　　)

6. 某一账户的借方发生额与贷方发生额一定相等。(　　)

7. 所有账户期末借方余额合计一定等于所有账户期末贷方余额合计。(　　)

二、单项选择题

1. 复式记账法对每项经济业务都以相等的金额在(　　)账户中进行登记。

A. 一个　　B. 两个或两个以上

C. 两个　　D. 有关

2. 对每一个账户来说,期末余额(　　)。

A. 只能在借方　　B. 只能在账户的一方

C. 只能在贷方　　D. 可能在借方或贷方

3. 借贷记账法下,账户的借方登记(　　)。

A. 资产的增加　　B. 资产的减少

C. 费用的转销　　D. 收入的增加

4. 借贷记账法下,账户的贷方(　　)。

A. 资产的增加　　B. 负债的增加

C. 费用的增加　　D. 负债的减少

5. 对于费用类账户,下列说法中正确的是(　　)。

A. 借方登记转销数　　B. 余额在借方

C. 余额在贷方　　D. 借方登记费用的发生额

三、多项选择题

1. 复式记账法的特点是(　　)。

A. 可以系统、全面反映经济业务内容　　B. 可以简化登记账簿的工作

C. 可以清楚地反映经济业务的来龙去脉　　D. 便于核对账户的记录

2. 在借贷记账法下账户的借方登记(　　)。

A. 资产的增加　　B. 成本费用的增加

C. 收入的增加　　D. 所有者权益的增加

3. 在借贷记账法下账户的贷方登记(　　)。

A. 资产的增加　　B. 负债的增加

C. 收入的增加　　D. 所有者权益的增加

4. 期末余额在账户借方的有(　　)。

A. 资产类账户　　B. 负债类账户

C. 成本类账户　　D. 所有者权益类账户

5. 期末余额在账户贷方的有(　　)。

A. 资产类账户　　B. 负债类账户

C. 成本类账户　　D. 所有者权益类账户

6. 借贷记账法的试算平衡法有(　　)。

A. 发生额平衡　　B. 余额平衡

C. 会计要素平衡　　D. 借贷平衡

7. 下列借贷记账法试算平衡公式正确的有(　　)。

A. 资产账户借方发生额合计＝负债账户贷方发生额合计

B. 全部账户借方发生额合计＝全部账户贷方发生额合计

C. 全部账户借方余额合计＝全部账户贷方余额合计

D. 资产账户借方发生额合计＝资产账户贷方发生额合计

8. 下列错误中哪些不能通过试算平衡发现(　　)。

A. 某项经济业务未登记入账　　B. 只登记借方金额,未登记贷方金额

C. 借贷双方同时多记了相等的金额　　D. 应借应贷的账户中借贷方向记反

9. 借贷记账法下,账户的基本结构是(　　)。

A. 左方为借方,右方为贷方

B. 资产增加记借方,负债和所有者权益增加记贷方

C. 收入增加记贷方,费用增加记借方

D. 借方余额,表示资产;贷方余额,表示负债或所有者权益

四、简答题

1. 举例说明什么是复试记账法?

2. 简述借贷记账法的账户结构。

3. 什么是会计分录? 会计分录的一般格式如何?

五、综合题

某企业6月份发生如下经济业务:

1. 从银行提取现金2 000元,以零星之用。

2. 收到投资人投入的资金50 000元,存入银行。

3. 购买材料一批,价款6 000元,材料已入库,料款已支付。

4. 收到购货单位偿还的前欠货款7 000元,存入银行。

5. 从银行取得短期借款40 000元,存入银行。

6.用银行存款 20 000 元购买机器设备一台。

7.采购员预借差旅费 1 500 元，以现金付讫。

8.销售产品一批，价款 5 000 元，收到款项存入银行。

要求：(1)根据上述业务编制会计分录；

(2)编制发生额试算平衡表。

思考题

1.什么是复试记账法？复式记账法有哪些优点？

2.什么是借贷记账法？

3.试述借贷记账法下各类不同性质账户的基本结构。

4.借贷记账法的记账规则是什么？怎样理解借贷记账法的记账规则？

5.什么是账户的对应关系？什么是对应账户？

6.什么是会计分录？如何编制会计分录？

7.什么是试算平衡？借贷记账法如何进行试算平衡？为什么说试算平衡不能保证账户记录绝对正确？

第四章　账户与复式记账法的运用

内容摘要

本章主要介绍借贷记账法在企业基本经济活动过程的应用。企业的基本经济活动包括筹资活动、采购活动、生产活动、销售活动等。

学习目标

通过本章的学习，应掌握如下知识：

1. 企业经济业务的类型；
2. 企业筹资业务的会计账务处理方法；
3. 材料采购业务的会计账务处理方法；
4. 产品生产业务的会计账务处理方法；
5. 产品销售业务的会计账务处理方法；
6. 企业利润形成的会计账务处理方法；
7. 利润分配业务的会计账务处理方法；
8. 其他业务的会计处理方法。

学习提示

本章重点是企业筹资业务、材料采购业务、产品生产业务、销售业务、企业利润形成和分配等业务的会计核算。难点是材料采购成本、产品生产成本及利润分配的计算。

第一节　制造企业主要经济业务及核算内容

产品制造企业也叫工业企业，是市场经济体系中的生产单位，其基本任务是按照市场经济的要求，生产出满足经济发展需要以及人民生活消费需要的社会产品，通过销售，以收抵支，不断增加企业的价值。因此，产品制造企业的主要经济业务就是产品的生产经营活动，其基本内容可以概括为：

一、筹集生产所需资金

筹集资金的目的是为企业组织生产经营活动提供资金准备。

任何一个经济实体存在和发展的首要条件是拥有一定数量的资金。所以，为正常的生产经营活动筹集必需的资金就成为产品制造业的首要经济活动。企业集资可以通过筹集权益性资金（如发行股票、联营集资等）和筹集债权性资金（如从银行借款）方式进行。筹集到的资金可以是货币形式、非货币形式，也可以是有形资产或无形资产；可以是流动资产，也可以是长期资产。对筹集资金的取得、利息（或股票红利）计算分配、归还就成为会计核算的主要内容。

二、将筹集到的资金投放于企业生产经营的各个环节，实现生产经营的连续性

产品制造企业生产产品的过程就是生产者利用劳动手段对劳动对象进行加工、制造出社会所需产品的过程。它由原材料的采购过程、产品制造过程和产品销售过程三部分组成。

（一）原材料的采购过程

原材料的采购过程又称为供应过程或生产储备过程。在该过程中，企业需要不断地动用货币资金购买各种生产原料或赊购原料、建立生产储备，并及时与供货单位结算货款及各项采购费用。所以支付购货款及采购费用，正确计算和确定各种材料的采购成本是企业供应过程的主要经济业务和核算内容。在供应过程中，企业的资金由货币形式转化为材料储备资金形式。

（二）产品的制造过程

产品的制造过程即为产品的生产过程，它包括归集发生在产品制造过程的各项制造费用和分配产品制造费用至各加工产品的生产成本两个环节。其具体经济业务和核算内容包括：①产品制造过程中，生产工人首先借助于劳动手段（机器、设

备、厂房、技术)对各种原材料进行加工形成材料的耗费;②同时生产过程还要支付人工费用;③归集发生的其他生产费用如固定资产折旧费、车间管理费等,生产过程中发生的材料费用、人工费用、财产磨损费用以及为管理生产过程而发生的其他必需的费用统称为生产费用;④将生产费用按加工产品的对象进行分配计算完工产品和未完工产品的生产成本。

整个产品的生产过程中,企业的材料资金、货币资金及有关财产资金首先转化为在产品资金形式,然后再由在产品资金转化为产成品资金形式。

(三)产品的销售过程

产品销售过程中,企业按照销售合同出售产成品,并按照销售价格与购货单位办理货款结算,收回销货款,形成了销售过程的主要经济业务。所以,确认销售收入、结转销售成本、归集和分配销售费用、计算销售税金、确定销售成果是销售过程主要的核算内容。销售过程使企业的资金从产成品资金形式转化为货币资金形式,又回到了生产经营过程的起点,使生产经营完成了一次循环。

从空间角度认识企业的产品制造过程,供应过程、生产过程和销售过程永不间断地交替进行着,具有一定的并存性。

从资金运动的时间角度认识产品的经营过程,从供应过程到生产过程再到销售过程,各个过程是相互连续进行的,并具有一定的继起性。企业的资金从货币资金形式开始,顺次经过供应、生产、销售三个阶段,分别转化为在产品资金、产成品资金,最后又回到货币资金形式周而复始的资金循环,会计上称之为资金周转。

三、确定和分配企业的经营成果

产品销售以后,企业取得了产品销售收入,销售收入补偿了生产经营过程的相关费用后形成了企业的利润总额。按照企业所得税法规定,企业应按利润总额的一定比例(我国目前所得税率为25%)向国家上交所得税。所得税后利润即为企业的净利润。按照《公司法》、《企业会计准则》和《企业会计制度》等的要求,企业实现了净利润后,按照法定的程序应将净利润在企业与投资者之间分配,一部分留归企业形成盈余公积,作为企业扩大生产和发展职工集体福利事业的资金来源,一部分向企业的所有者分配。

会计应反映企业能够用货币表示的一切方面。产品制造企业必须根据企业各项经济业务的具体内容,运用复式记账原理,设置和运用不同的账户,对企业的筹资及生产经营全过程进行全面、系统地核算。

第二节　筹集资金业务的核算

一、企业筹集资金业务核算的内容

企业筹资主要有两大渠道：一是向企业权益投资者（以下统称为“投资者”）筹集权益性资金；二是向债权人筹集债务性资金。

（1）筹集权益性资金　权益性资金主是指企业的所有者投入企业的资本。《公司法》规定，现代企业应建立资本金制度。企业成立时，投资者必须首先按照其占企业注册资本的份额向企业投入财产物资，形成企业的资本，作为企业从事生产经营活动的基础，同时也作为企业未来向投资者分配利润的依据。如股份制企业发行股票筹集的资金、有限责任公司的实收资本等。企业收到的资本，依据《公司法》的要求，除非依法办理减资手续，企业不得任意返还投资者投资。

筹集权益性资金一方面增加了企业的各项财产物资，另一方面增加了企业所有者权益。

（2）筹集债务性资金　债务性资金也叫负债，主要包括企业通过举债经营，向银行或非银行金融机构取得的银行借款和生产经营过程中形成的各项应付款项。

银行借款是指企业为了临时性、季节性或长期性需要向银行或非银行金融机构取得的各种借款，按照借款期限长短，将银行借款分为长期借款和短期借款。企业应对取得的各项债务性资金加强管理。正确计算借款利息，保证及时偿还。

所以，资本的形成、负债的取得与偿还、利息（或红利）的计算与分配形成了筹资业务的主要核算内容。

二、筹集资金业务的核算

需要设置和运用的账户主要有：

1.“实收资本”账户

（1）账户性质　该账户属于所有者权益性质；股份制企业开设“股本”账户。

（2）账户用途　设置该账户主要用来核算企业实际收到投资者投入企业注册资本份额的变动情况及其结果。企业收到投资者投入的资金，超过其在注册资本所占份额的部分，作为资本溢价或股本溢价，在“资本公积”账户核算，不在本账户核算。

（3）账户结构　该账户的贷方登记投资者投入企业资本的增加额（股份制企业的“股本”反映股票面值），借方登记投资人投资的减少额，期末余额在贷方，反映投资者投入企业注册资本的实有数。

(4)明细账　该账户应按照投资人(国家、法人或个人)设置明细账,进行明细分类核算。

2.“资本公积”账户

(1)账户性质　该账户属于所有者权益类。

(2)账户用途　设置该账户主要用来核算企业取得的资本公积变动情况。

(3)账户结构　该账户的贷方登记企业投资者投入企业资本中超过注册资本的溢价、接受现金、非现金捐赠、外币投资折算差价、其他转入等原因增加的资本公积数额;借方登记按法定程序资本公积转增注册资本或其他减少资本公积的数额,期末余额在贷方,表示企业资本公积的结余数。

(4)明细账　企业应按照资本公积项目设置明细账,进行明细分类核算。

3.“短期借款”账户

(1)账户性质　该账户属于负债类账户。

(2)账户用途　该账户用来核算企业向银行或非银行金融机构借入的用于企业经营活动、归还期在一年或超过一年的一个营业周期以内的各种借款的取得、归还情况。

(3)账户结构　该账户贷方登记借入的各项短期借款的本金,借方登记归还的短期借款,期末余额在贷方,表示期末尚未归还的短期借款数额。

(4)明细账　企业应按照债权人名称设置明细账,结合借款种类进行明细分类核算。

在我国,企业从银行取得的短期借款所应支付的利息采用按季结算办法。短期借款利息支出较大的企业可以采用按月预提的方式计入各月期间费用,于季度末一次支付。利息费用计入企业的财务费用。

4.“长期借款”账户

(1)账户性质　该账户属于负债类账户。

(2)账户用途　该账户主要核算企业借入的归还期在一年或长于一年的一个营业周期以上的各种借款的取得、利息和偿还情况。

(3)账户结构　该账户贷方登记企业取得的各种借款本金及应付未付的借款利息,借方登记到期归还的长期借款本金和利息,期末余额在贷方,表示尚未归还的长期借款的本金和利息。

另外,核算企业的筹资业务还应设置“库存现金”、“银行存款”、“原材料”、“固定资产”等资产类账户。

三、筹集资金业务会计核算举例

(一)权益性资本的核算

通达公司20××年11月30日有关账户余额资料如表4-1所示。

表4-1 **通达公司11月30日账户余额** 单位:元

科目名称	借方余额	贷方余额	科目名称	借方余额	贷方余额
库存现金	10 000		短期借款		25 000
银行存款	160 000		应付账款		15 000
应收账款	40 000		应付职工薪酬		20 000
坏账准备		1 000	长期借款		50 000
原材料	81 000		实收资本		400 000
在途物资	20 000		资本公积		10 000
库存商品	110 000		盈余公积		10 000
固定资产	315 000		本年利润		60 000
累计折旧		115 000	未分配利润		40 000
合计	736 000	116 000	合计		620 000

20××年12月份公司发生下列经济业务:

【例4.1】 1日,公司增资,吸收A企业投入货币资金200 000元,该款存入银行。

分析:该项业务发生,一方面使企业银行存款增加200 000元,记入“银行存款”账户的借方,另一方面增加了企业的资本200 000元,应记入“实收资本”账户的贷方。会计分录为:

借:银行存款　　200 000

　贷:实收资本——A公司　　200 000

【例4.2】 1日,公司增资,吸收B企业投入新设备一台,该设备价值200 000元。公司注册资本总额为760 000元,按照协议B企业所占投资比例为20%。该设备已办妥了产权交接手续。

分析:该项业务发生使得企业增加固定资产200 000元,同时资本增加200 000元,其中,实收资本152 000元,资本公积(溢价)增加48 000元,会计分录为:

借:固定资产　　200 000

　贷:实收资本——B公司　　152 000

　　资本公积——资本溢价　　48 000

(二)银行借款的核算

【例4.3】 2日,公司向某专业银行借入短期借款50 000元,存入银行。

分析:公司取得短期借款,一方面使企业增加了银行存款 50 000 元,应记入“银行存款”账户的借方,同时增加了企业的负债 50 000 元,应记入“短期借款”账户的贷方,会计分录为:

借:银行存款　　50 000
　贷:短期借款　　50 000

【例 4.4】 3 日,公司以银行存款归还上期短期借款本金 25 000 元,利息 1 000 元。

分析:该项业务发生,使公司负债减少 25 000 元,记入“短期借款” 账户的借方,支付的利息费用 1 000 元,记入“财务费用” 账户的借方,同时使公司减少银行存款 26 000 元,记入“银行存款” 账户的贷方,会计分录为:

借:短期借款　　25 000
　财务费用　　1 000
　贷:银行存款　　26 000

【例 4.5】 8 日,公司为购买一项设备,从银行取得一项长期借款 200 000 元存入银行,期限为两年,年利率为 12%。

分析:公司取得固定资产专项借款,一方面使企业增加了银行存款 200 000 元,应记入“银行存款”账户的借方,同时增加了企业的长期负债 200 000 元,应记入“长期借款”账户的贷方,会计分录为:

借:银行存款　　200 000
　贷:长期借款　　200 000

【例 4.6】 10 日,公司归还前期长期借款本金 40 000 及利息 10 000 元,共计 50 000 元。

分析:归还上期长期借款本金及利息,一方面使得企业负债减少,记入“长期借款” 账户的借方;另一方面使银行存款减少,记入“银行存款” 账户的贷方。会计分录为:

借:长期借款　　50 000
　贷:银行存款　　50 000

【例 4.7】 31 日,计算本月长期借款利息,记入在建工程。

分析:本月应计利息=200 000×12%×1/12=2 000(元)

公司取得的长期借款,一般都用于公司的某项专项工程,按照《企业会计准则第 17 号——借款费用》的要求,公司的在建工程达到可使用状态之前,已动用长期借款的利息应记入工程成本,在“在建工程” 账户中核算,同时,未付的利息记入长期借款,会计分录为:

借:在建工程　　2 000

　贷:长期借款　　2 000

筹资业务核算如图 4-1 和图 4-2 所示。

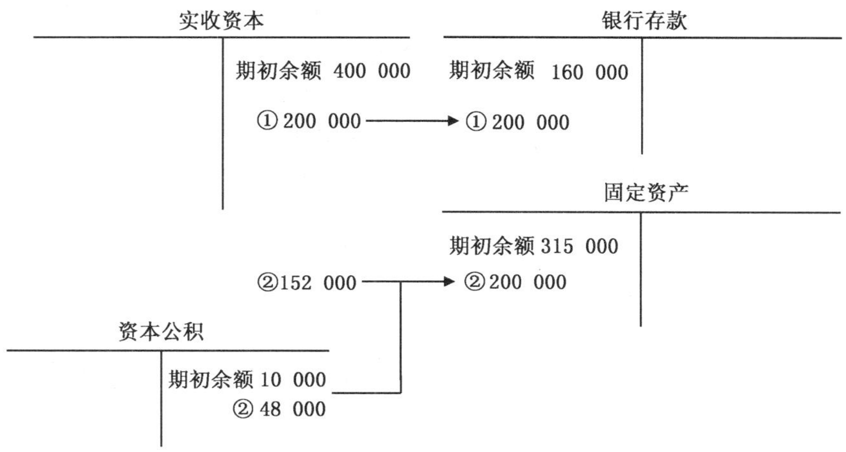

图 4-1　筹集权益资金核算图

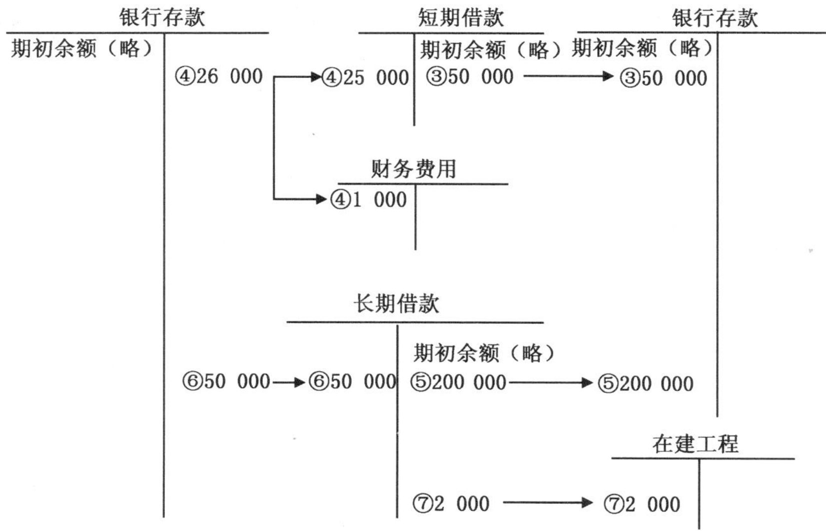

图 4-2　筹集债务资金核算图

第三节 材料业务核算

材料是产品制造企业组织产品生产经营活动所必需的物质资料。企业筹资的资金应首先保证材料资金的需要。在生产过程中，材料经过加工而被耗用，其价值也随着加工过程全部一次性地转移到了新产品中去，构成产品成本的主体部分。为了保证生产过程的连续性，企业还必须拥有一定数量的材料储备。所以材料业务的核算和管理涉及材料的采购，材料的耗费及材料的储存等内容。本节主要介绍材料的采购与储存业务，材料的耗费将在本章第四节介绍。

一、材料采购业务的核算

（一）材料采购业务的核算内容

产品制造企业材料采购的数量、质量、时间等，都应该根据生产的需要，有计划地进行。一方面保证生产的需要，另一方面尽可能地减少过多材料资金的占用，以提高资金的使用效果。在材料采购过程中，企业应按照经济合同和结算制度的规定，以及供应单位发票账单上开具的材料价格即材料的买价支付货款，同时还必须支付采购过程中发生的各种费用和税金，如采购运输费、搬运、包装费、保险费、进口关税、消费税等。材料的买价加上必要的采购费用，构成了材料的采购成本。材料运达企业经由经验部门验收后由仓库接收入库，形成材料储备。因此，材料采购业务的主要核算内容包括：

（1）支付材料的买价和进项税额并与供货单位结算货款。

（2）支付材料的采购费用。材料的采购费一般包括：运杂费（包括运输费、装卸费、保险费、包装费、仓储费等）、运输途中的合理损耗、入库前的挑选整理费（包括挑选整理中发生的工、费支出和必要的损耗等）、购入商品应负担的其他税金（如进口关税等）。

（3）计算并确定材料的采购成本并验收材料入库。

另外，按照我国现行《增值税暂行条例》的规定，制造企业属于增值税纳税企业，所以，企业在物资采购、产品销售环节还应该进行增值税的核算。有关增值税的基本规定是：

增值税属于价外税，不包含在商品的价格中。

企业销售商品收到的价款中包括两部分内容，一是商品不含增值税的售价（简称不含税售价），即产品销售收入；二是按照商品不含税售价的一定比例计算的增值税销项额。

企业购入应税商品收到供货单位开具的“增值税税专用发票”，支付的价款中，以商品的价格计入采购商品的成本，支付的增值税在“应交税费——应交增值税（进项税额）”中反映，待当期实现销售收入后从形成的“应交税费——应交增值税（销项税额）”中抵扣。销项税抵扣进项税后的差额，即为企业当期应上缴国家的增值税额。

因此，在材料采购过程的核算中，增值税也就成为一项重要的核算内容。

（二）需要设置和运用的账户

实际工作中，产品制造企业的原材料核算有两种方法：一是按实际成本计价的核算方法，二是按计划成本计价的核算方法。两种不同的计价标准运用的账户及账户核算内容有很大差异。本书仅介绍材料按实际成本计价的材料业务核算，按计划成本计价的核算将在有关专业会计中学习。

材料采购业务核算主要解决支付材料货款及采购费用，确定采购成本和材料验收入库两个问题。实际工作中，材料采购的具体业务表现为以下几种情况：

（1）材料采购成本的确定与入库同时完成；

（2）材料已验收入库但未收到供货单位的发票账单，运输途中的采购费用也尚未确定；

（3）材料的货款已经支付，但采购成本不能确定，材料尚未运达企业；

（4）同时采购几种材料，发生共同的采购费用，需要分别确定各种材料的采购成本。

企业的各种库存材料是生产储备资金的实物表现形态，为了加强对材料储备资金的管理，全面记录和反映材料资金的增减变动情况及结果，企业需要设置以下账户：

1.“材料采购”账户

（1）账户性质　该账户属于资产类账户。

（2）账户用途　该账户用来核算和确定材料采购过程中材料采购成本。

（3）账户结构　该账户借方登记购入材料的买价和采购费用，贷方登记验收入库材料的实际采购成本。月末余额在借方，表示期末尚到达或尚未验收入库的在途材料的实际采购成本。

（4）明细账　该账户应按照购入材料的供货单位结合材料的品种、规格分别设置明细分类账，进行明细分类核算。

“材料采购”账户结构及明细账格式见图4-3和表4-2。

材料采购

①期初余额：上月在途材料实际资金占用额 ②登记：支付的材料买价支付的材料采购费用	③登记：入库材料或其他增加的原材料实际成本
④期末余额：在途材料的实际资金占用额	

图 4-3　材料采购总账结构图

表 4-2　　**材料采购明细账**

材料名称：××材料

20××年		凭证号数	摘要	借　方				贷方	余额
1月	日			买价	运杂费		合计		
	6	8	购入支付买价	20 000			20 000		20 000
	7	9	支付运费		100		100		20 100
	7	9	入库					20 100	0
			本期发生额	20 000	100		20 100	20 100	0

2.“原材料”账户

（1）账户性质　该账户属于资产类账户。

（2）账户用途　该账户用来核算企业库存材料的增减变动及其结存情况。

（3）账户结构　该账户借方登记已验收入库材料的实际采购成本，贷方登记发出或其他原因减少材料的实际成本，期末余额在借方，表示期末库存材料的实际成本。

（4）明细账　该账户应按照购入材料的品种、规格分别设置明细分类账户，进行明细分类核算，如“原料及主要材料”、“辅助材料”、“燃料”、“包装物”等。“原材料”账户的结构及其明细分类账格式如图 4-4 和表 4-3 所示。

3.“应付账款”账户

（1）账户性质　该账户属于负债类账户。

（2）账户用途　该账户用来核算企业因购买材料、物资和接受劳务供应等应付给供应单位的款项。

（3）账户结构　该账户的贷方登记应付给供应单位的款项增加数，借方登记已偿还给供应单位的款项，期末余额在贷方，表示尚未偿还的应付账款。

(4)明细账　该账户应按照供应单位设置明细分类，进行明细分类核算。

企业为了采购材料，可能采取预付货款方式事先支付给供货单位部分或全部款项，预付的款项属于企业资产，可以单独设置“预付账款”账户核算，如果预付款项业务不多，企业可将预付账款在“应付账款”账户中核算，这样会使“应付账款”账户的核算内容复杂化。这种情况下，企业应加强应付账款账户的明细分类核算。应付账款账户结构如图 4-5 所示。

原材料	
①期初余额：上月结存数 ②登记：已验收入库材料的实际成本	③登记：已发出材料的实际成本
④期末余额：库存材料的实际采购成本	

图 4-4　原材料账户结构图

表 4-3　　**“原材料”明细账**

材料名称：甲材料　　单位：吨

2007 年		凭证号数	摘要	收入			发出			结存		
月	日			数量	单价	金额	数量	单价	金额	数量	单价	金额
1	7	9	验收入库	200	101	20 100				200	101	20 100
	9	12	验收入库	150	130	19 500				350		39 600
			合计									

应付账款	
③登记：偿还的应付账款	①期初余额 ②登记：增加的应付账款
	④期末余额：期末应付账款的结存数

图 4-5　应付账款账户结构

(三)材料采购业务实务举例

通达公司20××年12月份发生下列经济业务：

【例4.8】 6日，从宏大公司购入甲材料200吨，每吨100元，收到A企业开出的增值税专用发票账单，增值税率17%，已开出转账支票23 400元给A企业，材料未验收入库。

分析：这项经济业务发生，买价为20 000元，材料尚未收入库，采购成本也没有确定，应根据A企业开具的发票账单记入“材料采购”账户的借方，支付的增值税3 400元(20 000×17%)应记入“应交税费——应交增值税(进项税额)”账户的借方，以支票支付的货款23 400元，应记入“银行存款”账户的贷方，会计分录为：

借：材料采购——宏大公司——甲材料　　20 000
　应交税费——应交增值税(进项税额)　　3 400
　贷：银行存款　　23 400

【例4.9】 7日，收到宏大公司发来的甲材料200吨，验收入库，并以现金支付6日从宏大公司购入甲材料200吨的运费100元。

分析：支付的100元运费属于甲材料的采购成本项目，应记入甲材料的采购成本“材料采购”账户，以现金支付的采购运费100元，应记入“库存现金”账户的贷方，会计分录为：

借：材料采购——宏大公司——甲材料　　100
　贷：库存现金　　100

因为材料已验收入库，采购成本(20 100元)已经确定，应将甲材料的采购成本从“材料采购”账户结转到“原材料”账户，会计分录为：

借：原材料　　20 100
　贷：材料采购　　20 100

【例4.10】 8日，从外地红星工厂购入乙材料200吨，每吨600元，增值税率17%，运费2 000元，已收到发票账单，材料已验收入库，但货款尚未支付。

分析：该批乙材料已经验收入库，采购成本也已确定122 000元(120 000+2 000)，又由于发票账单已收到但货款尚未支付，所以，应将乙材料采购成本122 000元记入“原材料”账户的借方，应支付的增值税20 400元(120 000×17%)应记入“应交税费——应交增值税(进项税额)”账户的借方，尚未支付的货款和增值税记入“应付账款”账户的贷方，会计分录为：

借：原材料——乙材料　　122 000
　应交税费——应交增值税(进项税额)　　20 400
　贷：应付账款　　142 400

根据现行会计制度的规定，实际成本法下，企业购入材料物资，在材料物资已验收入库但没有收到相关发票账单时，可按暂估价入账，借记“原材料”账户，贷记“应付账款”账户，下月初，用红字作同样的会计分录予以冲回，待下月付款后按照正常程序进行处理。

【例 4.11】 9 日，从外地华达商贸公司购入下列材料，收到华达公司开出的增值税专用发票账单，增值税率 17%，货款和增值税已以银行存款支付，材料未到。

甲材料 150 吨，单价 110 元，货款 16 500 元，增值税 2 805 元，合计 19 305 元

乙材料 300 吨，单价 600 元，货款 180 000 元，增值税 30 600 元，合计 210 600 元

丙材料 500 吨，单价 100 元，货款 50 000 元，增值税 8 500 元，合计 58 500 元

总计 950 吨 246 500 元 41 905 元 288 405 元

分析：材料买价是采购成本的组成部分，这项经济业务发生，材料尚未到达，使材料采购成本增加应记入“材料采购”账户的借方，表示材料采购成本的增加 246 500 元，增值税 41 905 元应记入“应交税费——应交增值税(进项税额)”账户，以支票支付的货款 288 405 元，应记入“银行存款”账户的贷方，会计分录为：

借：材料采购——华达公司——甲材料 16 500

——乙材料 180 000

——丙材料 50 000

应交税费——应交增值税(进项税额) 41 905

贷：银行存款 288 405

【例 4.12】 11 日，支付从华达商贸公司购入材料的运费 19 000 元，以银行存款支付。

分析：材料采购运费属于采购成本项目，支付的 19 000 元运费应记入“材料采购”账户的借方，反映材料采购成本的增加，同时以银行存款支付采购费用，应冲减银行存款 19 000 元，记入“银行存款”账户的贷方。

19 000 元的运费为购买甲、乙、丙三种材料所发生，则该项采购费用为共同费用。为正确确定各种材料的采购成本，需要对共同采购费用 19 000 元在甲、乙、丙三种材料之间合理分摊，分摊共同费用需要选择分摊对象共同具备的可比性标准，如重量标准、金额标准，然后计算出分配率，在此基础上分别确定各对象应负担的费用。分摊步骤为：

(1)选择分摊标准 本例选择重量标准。

甲、乙、丙三种材料重量合计为 950 吨。

(2)计算分配率$=\frac{\text{共同费用总额}}{\text{标准合计}}=\frac{1\ 900}{950}=20$(元/吨)

(3)计算各对象应负担的费用:

甲材料应负担的运费=150 吨 ×20 元/吨= 3 000(元)

乙材料应负担的运费=300 吨 ×20 元/吨= 6 000 (元)

丙材料应负担的运费=500 吨 ×20 元/吨=10 000(元)

合计 19 000 元

会计分录为:

借:材料采购——华达公司——甲材料　　3 000

——乙材料　　6 000

——丙材料　　10 000

贷:银行存款　　19 000

甲材料采购成本=16 500+3 000=19 500

乙材料采购成本=180 000+6 000=186 000

丙材料采购成本=50 000+10 000= 60 000

合计　　265 500

【例 4.13】 12 日,上述甲、乙、丙材料全部到货,并已验收入库,按实际成本转账。

分析:这项经济业务发生,一方面使企业原材料增加 265 500 元,应记入"原材料"账户的借方;另一方面也标志着这项采购业务的完成,采购成本 265 500 元确定,应记入"材料采购"账户贷方,会计分录为:

借:原材料　　265 500

贷:材料采购　　265 500

【例 4.14】 12 日,收到银行转来红星工厂寄来的乙材料增值税发票账单,托收乙材料货款及增值税总计 140 400 元,财会部门审核无误,通知银行承付该项货款。

分析:这笔经济业务是支付应付款项的业务,支付货款,一方面使企业负债减少,记入"应付账款"账户的借方;另一方面使货币资金减少,应记入"银行存款"账户的贷方,会计分录为:

借:应付账款　　142 400

贷:银行存款　　142 400

材料采购业务总分类核算如图 4-6 所示。

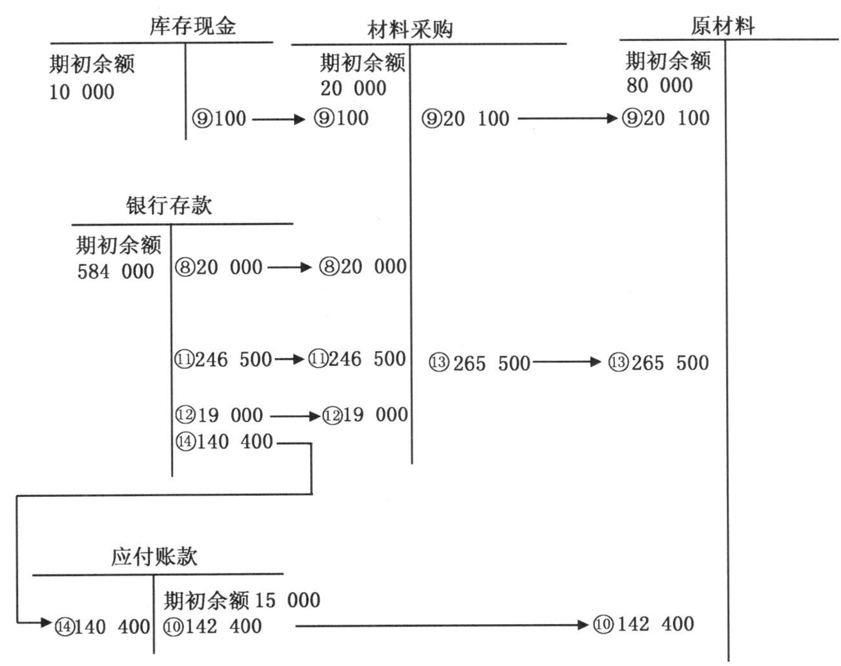

图 4-6　材料采购业务总分类核算图

二、材料发出与结存成本的确定

在实际成本法下，企业取得的材料验收入库以后，形成了生产储备，生产车间生产产品需要领用材料时，必须按照程序填制领用材料的凭证——“领料单”，向仓库领料。仓库按照审核无误、符合规定的领料单发出材料，会计部门应及时、正确地反映发出材料的品种、数量和价值。实际工作中，企业购入的各种材料，由于供货单位、购货批次、购货时间的差异，库存同一品种的材料其采购成本也有所不同，这就给发出材料的计价带来困难。因此，为了正确计算和确定材料的发出成本，企业会计部门应选择合适的存货盘存制度和存货发出的计价方法，以便正确地计算和核算材料发出成本。

(一)存货的盘存制度

由于生产经营活动的连续性，企业的库存材料和其他库存存货会随着经济业务的不断发生，经常会发生增减变动。但无论怎样变化，在一定期间内，期初结存存货成本、本期增加存货成本、本期减少存货成本以及期末结存存货成本之间总是存在下列数量关系：

期初结存存货成本＋本期增加存货成本＝本期减少存货成本＋期末结存存货成本

上式中，期初结存存货成本，是上期期末结存存货的成本，可以直接根据上期存货账户的期末余额获得，本期增加存货成本可以根据当期存货明细账的"本期购入合计"等有关资料确定。因此，要确定本期减少和期末结存存货的成本，就需要采用适当的方法，将期初结存存货成本与本期增加存货成本之和在本期减少存货与期末结存存货之间进行分配。分配的方法有两种：

一是根据一定的方法先计算确定本期减少存货的成本，然后根据上述关系式计算确定期末结存存货的成本，计算公式为：

本期发出存货的成本＝本期发出存货的数量×确定的单价

本期期末结存存货成本＝期初结存存货成本＋本期增加存货成本－本期发出存货的成本

这种确定存货本期发出和期末结存成本的方法通常称为"永续盘存制"。

二是期末通过实地盘点确定期末结存存货数量，进而采用一定的计价方法估计一个单价，来确定期末结存存货的成本，然后根据上面的关系式计算确定本期减少存货成本。计算公式为：

本期期末结存存货成本＝盘存数量×估计单价

本期发出存货的成本＝期初结存存货成本＋本期增加存货的成本－本期期末结存存货的成本

这种确定存货本期发出和期末结存成本的方法通常称为"实地盘存制"。

在这两种不同的存货盘存制度下，各种存货在账簿中的记录方法以及对存货管理和核算的要求有所不同。现简要说明如下：

1. 永续盘存制

永续盘存制，又叫账面盘存制。它是指平时对各项存货的增加数和减少数，都要根据会计凭证连续记入有关明细账簿，并随时结出账面结存数量和金额。这种盘存制度的核算手续严密，能在账簿中及时反映出各项存货的结存数额。采用这种方法，便于及时了解和掌握各项存货的增减变动和结存情况，加强存货管理，但是，采用永续盘存制核算存货，其核算手续比较复杂。由于该方法的严密性，永续盘存制度在企业广泛应用于主要存货的核算和管理。

2. 实地盘存制

实地盘存制，又叫定期盘存制，是指平时只根据会计凭证在有关账簿中登记存货的增加数，不登记存货的减少数，月末，根据存货实地盘点的实存数，来倒挤出本期存货的减少数，并据以登记有关账簿。倒挤本期存货减少数的公式如下：

本期存货减少数＝期初结存存货成本＋本期增加存货的成本－本期期末结存存货的成本

在实地盘存制下，期末存货实地盘点的数额，就成为在有关账簿中登记存货减少数额的唯一依据。采用实地盘存制虽然在平时能简化存货的记账工作，但核算手续不严密，反映的数字不够精确，由于平时账面上不反映各项存货的减少数和结存数，而是采用“以存计销”或“以存计耗”的方法，势必会把可能存在的存货损耗、差错和短缺等，全部隐没在本期销售成本或耗用成本中。这样，既不利于加强对存货的管理，又影响了成本计算的正确性。所以除了大堆材料以及商品购销企业价值低、品种杂的商品外，一般不宜采用这种方法。

（二）存货的计价方法

在永续盘存制下，对于包括材料在内的各种存货，企业不但要采用一定的存货盘存制度确定存货的实物数量，还要进一步确定期末存货与本期减少存货的成本。如果一个会计期间的期初存货和本期增加存货的单位成本相同，则本期发出存货和期末存货就可以按单一的单位成本计算，存货的估价就极为简单。但是，相同品种的存货往往是在不同时间从不同供货单位成本取得的，即使从同一个供货单位取得的同一种存货，由于购进时间的不同，取得单价也会有所不同，因此，要确定发出存货和结存存货的价值，就必须选择一定的计算方法，即存货的计价方法。

各种存货发出时，按照企业会计准则的规定，企业可以根据实际情况，选择使用个别计价法、加权平均法、移动平均法、先进先出法等方法确定其实际成本。计价方法一经确定，必须遵循可比性要求，不能随意变更，并应在财务表中揭示。

存货发出计价的基本方法的计算原理如下：

已知资料：			
①期初存货	数量	单价	金额
＋）②本期增加	数量	单价	金额
③可供发出的存货	数量	单价	金额
－）④本期发出	数量	（未知）	（未知）
⑤期末结存	数量	（未知）	（未知）

根据上述计算过程，确定本期发出存货的成本，只要求出发出存货的单价或结存存货的单价，其相应的成本便可根据发出（结存）数量乘以发出（结存）单价来确定，因此，存货发出各种计价方法的实质在于发出（或结存）单价的确定上。由于发

出(或结存)单价是未知数,所以要确定发出(或结存)单价,必须建立一定的假设,假设不同,也就形成了不同的计算方法。

下面分别介绍存货发出计价的基本计价方法。

1.先进先出法

先进先出法是指以购进的存货先发出为假设条件,按照货物购进的先后顺序,以先购进货物的单价确定发出存货和期末结存存货的实际成本的方法。假设某企业 1 月份丁材料的收、发、结存数据如下:

1 日,结存 450 千克,单位成本 20 元;
6 日,购入 300 千克,单位成本 22 元;
9 日,发出 600 千克;
16 日,购入 450 千克,单位成本 22.4 元;
20 日,发出 375 千克;
29 日,购入 150 千克,单位成本 25 元;
31 日,结存 375 千克。

根据以上资料,在永续盘存制下,按照先进先出法登记材料明细账。具体做法是:收入存货时,逐笔登记购入存货的数量、单价和金额,并结出本日结存数量、单价和结存金额;发出存货时,按照先购进存货的单价先转出的原则逐笔计算并登记发出存货的数量、单价和金额,并结出本日结存数量、单价和结存金额。丁材料明细账的格式及登记方法如表 4-4 所示。

表 4-4　　材料明细账

材料名称:丁材料

20××年		摘要	收入			发出			结存		
月	日		数量	单价	金额	数量	单价	金额	数量	单价	金额
1	1	期初结存							450	20	9 000
1	6	购入	300	22	6 600				450 300	20 22	15 600
1	9	发出				450 150	20 22	9 000 3 300	150	22	3 300
1	16	购入	450	22.4	10 080				150 450	22 22.4	13 380
1	20	发出				150 225	22 22.4	3 300 5 040	225	22.4	5 040
1	29	购入	150	22.5	3 375				225 150	22.4 22.5	8 415
1	31	本期发生额及期末余额	900		20 055	975		20 640	375	22.44	8 415

计算：本期发出存货的实际成本＝(450×20＋150×22)＋(150×22＋225×22.4)
＝(9 000＋3 300)＋(3 300＋5 040)
＝12 300＋8 340
＝20 640(元)

期末结存存货的实际成本＝9 000＋20 055—20 640＝8 415(元)

从上述资料可以看出，先进先出法的优点是简便易懂，可以随时结转存货的发出成本，而且存货的账面价值接近于近期的市场价格。采用这种方法，可以在每次发出存货时结转发出成本，也可以在期末时一次结转发出存货的成本，结转时间虽然不同，但结转的成本金额相同。但是在先进先出法计算过程烦琐，如果存货收发业务较多且存货单价不稳定时，其工作量较大。在物价持续上升时，期末存货成本接近于市价，而发出成本偏低，利润偏高。

2.加权平均法

加权平均法是用期初存货数量和本期各批收入存货的数量作为权数，加权平均计算存货单价，根据此加权平均单价和发出存货数量及期末存货数量确定发出存货成本及期末存货成本的方法。

其计算公式如下：

$$\text{加权单价平均}=\frac{\text{期初结存存货的实际成本}+\text{本期购进存货的实际成本}}{\text{期初结存存货的数量}+\text{本期购进存货的数量}}$$

发出存货的成本＝ 发出存货的数量×加权平均单价

期末结存存货的成本＝期末结存存货数量×加权平均单价

根据上述丁材料的收、发资料，按照加权平均法计算的相关指标为：

$$\text{加权平均单价}=\frac{9\ 000+(6\ 600+10\ 080+3\ 375)}{450+(300+450+150)}$$
$$=21.52(\text{元})$$

本期发出甲材料成本＝(600＋375)×21.52＝20 982(元)

期末结存甲材料成本＝9 000＋(6 600＋10 080＋3 375)－20 982
＝8 073(元)

加权平均法大大简化了存货的计价工作量，但往往计价工作集中在月末进行，使平时在存货明细账内看不到各项存货的实际占用额，只有到月末才能获得存货的相关信息，所以不利于存货成本的日常管理。这种计价方法不适合在永续盘存制下采用。

3.移动加权平均法

移动加权平均法是指在每次进货以后,即按加权平均法的原理为每次购入的存货计算一个新的加权平均单位成本,作为下次发出存货计价基础,依次计算,形成不同的加权平均单价的方法。采用移动加权平均法能及时了解存货的结存情况,计算的平均单位成本以及发出和结存的存货成本及时且客观。但由于每次购入货物时都要计算一次加权平均单价,计算工作量较大,对收发存货较频繁的企业不适用。

4.个别计价法

个别计价法是指每次发出存货的实际成本都按其购入时的实际成本分别计价来确定发出存货成本及期末存货成本的方法的。采用这种方法,计算的发出存货和结存存货的实际成本最为准确,也最符合实际情况,但在存货价格不稳定、收发业务量大的情况下,其核算的工作量较大。

第四节　产品生产过程业务的核算

产品的生产过程既是生产费用的归集过程也是产品生产成本的计算过程。在生产过程中,产品的制造要发生各种人力、物力、财力的耗费,包括对原材料费耗费、生产工人及生产管理人员的工资耗费、固定资产磨损以及发生在产品制造过程中的其他耗费等。产品生产过程中发生的各种生产耗费,称为“生产费用”。生产费用为产品生产而发生,因而应该由生产过程中生产的各种产品来负担,形成产品的生产成本(即制造成本)。会计上应及时根据生产费用发生的情况按照一定的生产对象(如产品品种)对生产费用进行归集和分配,归集和分配到各生产对象上的生产费用称为产品的生产成本(即制造成本),企业生产的产品包括已完工产品和未完工产品两部分,那么,产品生产成本也包括完工产品的生产成本和未完工产品(即在产品)的生产成本。因此,生产过程的基本业务核算的内容就是生产费用的归集、分配以及产品生产成本的计算等。

生产费用包括直接费用和间接费用,产品制造成本的归集也应该按照直接费用和间接费用分别进行。直接费用是指为生产某一种生产对象(如产品品种)直接耗费的费用,它包括直接材料费用、直接人工费用及其他直接费用。直接费用发生时可以直接归集到该产品成本计算对象上去。间接费用是指为生产各种产品共同发生的生产耗费,统称为“制造费用”,如生产车间固定资产的折旧费,车间管理人员、技术人员的薪酬,车间的水、电费及共同材料费等。间接费用发生后应首先按照费用类别综合归集;然后按照一定标准在各产品之间分配,以便进一步计算产品生产成本。因此,企业生产的各种产品的生产成本都应包括直接材料费、直接人工费和分担的间接制造费用三部分。下面分别对三种生产费用的核算加以阐述。

一、直接材料费用的核算

(一)核算内容

直接材料费用指为生产某一种产品所直接耗费用的各种材料费用,它是产品生产成本的主体构成因素,如服装厂的面布料、家具厂的木材、汽车制造厂的钢材、轮胎等。直接材料费用发生时可直接归集到产品生产成本中去。产品生产过程中耗费的一些辅助材料一般在耗费时不能直接确定各产品的耗用量,因此,发生耗费时应先在制造费用中归集。企业行政管理部门领用耗费的材料费用,形成企业的期间费用,不构成产品生产费用。

材料一般由各生产车间根据生产计划和生产进度的要求从仓库领用。领用材料时应严格按照操作规程,填制"材料领料单",审核无误后作为车间领料、仓库发料的依据,也同时作为会计核算的重要依据。因此,将车间领取的直接材料投入具体产品的生产过程,形成生产耗费,同时仓库的材料储备减少是生产过程直接材料核算的主要内容。

(二)直接材料费用核算需设置和运用的账户

为了正确地核算直接材料费用,需要设置和运用"生产成本"、"原材料"等账户。

1."生产成本"账户

(1)账户性质　该账户属于成本类账户。

(2)账户用途　该账户用来归集、核算企业为生产各种产品、自制材料、自制工具、自制设备等发生的各项生产费用(包括直接材料费、直接人工及福利费和间接的制造费等),计算确定产品实际生产成本。

(3)账户结构　该账户的借方登记可以直接记入各产品生产成本的直接材料费、直接人工及福利费以及经分配后计入产品生产成本的制造费用;贷方登记完工产品的生产成本,期末余额在借方,表示尚未完工的在产品的生产成本。期末编制资产负债表时在"存货"项目中反映。

(4)明细账　若企业只生产一种产品,该账户可以不设置明细分类账户;若企业生产多种产品,"生产成本"总分类账户下应该按照成本计算对象(即产品的品种或类别、生产批次或生产步骤)设置明细账,进行明细分类核算,以便计算各种产品的总成本和单位成本。为简便起见,我们只介绍以产品品种为成本计算对象的产品生产成本的计算方法。

“生产成本”总分类账户的结构及明细账格式如图4-7和表4-5所示。

生产成本	
(1)期初余额:期初在产品成本 (2)登记:①本期生产产品发生的直接材料费 ②直接人工费及直接工资福利费等 ③月末分配转入的制造费用	(3)登记:月末转出完工产品的生产成本
(4)期末余额:车间在产品的生产成本	

图4-7 “生产成本”账户结构图

表4-5 “生产成本”明细账

产品名称:

年		凭证号数	摘要	直接材料	直接人工及福利费	制造费用	合计

2.“原材料”账户

参照本章第三节内容。

(三)直接材料费用核算实务举例

续以通达公司12月份经济业务:

【例4.15】 假定通达公司生产A、B两种产品,10日仓库发出下列材料,见表4-6。

这项经济业务发生,一方面使库存材料减少了51 750元,应记入“原材料”账户的贷方,另一方面使企业的A、B产品生产成本的直接材料费增加了51 750元(其中A产品40 500元,B产品11 250元),应直接记入A、B产品“生产成本”账户的借方,会计分录为:

借:生产成本——A产品　　40 500

　　　　　　——B产品　　11 250

贷:原材料——甲材料　　15 750

　　　　——乙材料　　36 000

直接材料费用总分类核算如表 4-6 和图 4-8 所示。

表 4-6　　**领　料　单**

项目	甲材料		乙材料		丙材料		合计
	数量	金额	数量	金额	数量	金额	
生产 A 产品耗用	100	10 500	50	30 000			40 650
生产 B 产品耗用	50	5 250	10	6 000			11 250
合计	150	15 750	60	36 000			51 750

图 4-8　直接材料费用总分类核算图

二、直接人工费用的核算

(一)直接人工费用归集和核算的内容

产品制造企业的职工包括生产工人、车间技术人员、车间管理人员及行政管理人员等,企业聘用职工组织生产经营活动,为企业创造价值,就应该定期(每月)向职工以工资的形式支付劳动报酬。工资一方面是职工的劳动报酬,另一方面又是企业的一种耗费,构成生产费用。企业支付给直接从事某产品生产的工人的工资,属于直接生产费用,构成产品的直接生产成本;企业支付给车间其他人员的工资构成产品的间接生产成本。

按照《企业会计准则第 9 号——职工薪酬》规定,"企业为获得职工提供的服务而给予各种形式的报酬以及其他相关支出"称为职工薪酬。该准则规定的职工薪酬主要包括以下内容:

(1)职工工资、奖金、津贴和补贴;

(2)职工福利费;

(3)社会保险费(医疗保险费、养老保险费、失业保险费、工伤保险费和生育保险费等);

(4)住房公积金;

(5)工会经费和职工教育经费;

(6)非货币性福利;

(7)辞退福利等。

企业职工薪酬的核算一般是:会计部门根据企业劳动、人事部门提供的有关职员构成及工资资料、考勤资料等资料定期计算企业应付职工薪酬总额。因此,直接人工费用的核算应包括以下内容:

①计算企业应付职工工资计入当期费用,同时形成企业对职工的负债。

②计算出其他薪酬计入当期费用,同时形成企业对职工的负债。

③以现金或转账支付职工工资。

④发生其他职工薪酬支出时,按实际发生数支付或缴纳。

(二)核算直接人工费用需要设置和运用的账户

1.“生产成本”账户(略)

2.“应付职工薪酬”账户

(1)账户性质　该账户属于负债类账户。

(2)账户用途　该账户用来核算企业应付给全部职工的工资总额以及其他职工薪酬。

(3)账户结构　该账户借方登记企业实际支付或缴纳的职工薪酬数额;贷方登记应分配的工资总额(各月计算的应计工资),计算提取的其他职工薪酬数额。月末余额,一般在贷方,反映企业已分配或已计提尚未支付的职工薪酬数额。

在产品制造企业,企业职工分布在不同部门,因此职工薪酬的核算也应分部门进行,一般应付给生产车间直接生产某种产品工人的职工薪酬属于直接生产费用,直接记入“生产成本”账户;应付给车间技术人员、管理人员的职工薪酬属于间接生产费用,一般应先记入“制造费用”账户,然后经过分配再转入“生产成本”账户;企业的行政管理人员的职工薪酬不属于生产费用,应在“管理费用”账户中归集;专项工程人员职工薪酬记入应专项工程成本,在“在建工程”账户中反映;专设销售机构人员的职工薪酬,应归集在“销售费用”账户之中。

(4)明细账　为了详细核算和监督职工薪酬的支付与分配情况,企业可以根据具体情况按照职工类别、职工薪酬的构成内容等项目设置应付职工薪酬明细账,进行明细分类核算。“应付职工薪酬”账户结构图如图4-9所示。

应付职工薪酬	
③当期支付给职工的职工薪酬	①期初余额：表示上月末支付给职工的职工薪酬 ②当月分配的应付给各类职工的职工薪酬
	④期末余额：表示本期应付未付的职工薪酬

图 4-9　“应付职工薪酬”账户结构图

（三）直接人工费用总分类核算举例

【例 4.16】　15 日根据工资分配表分配 12 月份工资费用，相关计算、分配资料如下：

生产 A 产品工人工资 8 000（元）

生产 B 产品工人工资 4 000（元）

分析：该项经济业务发生后，生产 A、B 产品工人的工资属于直接生产费用 12 000 元，记入“生产成本”账户的借方，将工资记入生产费用的同时，形成了企业对职工的工资负债，应反映“应付职工薪酬”的增加 12 000 元，记入“应付职工薪酬”账户的贷方，会计分录为：

借：生产成本——A 产品　　8 000

　　　　　　——B 产品　　4 000

　贷：应付职工薪酬　　12 000

【例 4.17】　接前例，按上述工资总额的 14%计提本月职工基本养老保险费。

计算过程：生产 A 产品工人的养老保险费为 8 000×14%＝1 120（元）

　　　　　生产 B 产品工人的养老保险费为 4 000×14%＝　560（元）

　　　　　合计　　1 680（元）

分析：这笔经济业发生后，与前例相同按生产工人的工资总额计算的职工基本养老保险费一方面形成生产费用 1 680 元，分别记入“生产成本”的借方表示生产费用的增加，另一方面使企业的应付养老保险费增加了 1 680 元，应记入“应付职工薪酬”账户的贷方，会计分录为：

借：生产成本——A 产品　　1 120

　　　　　　——B 产品　　560

　贷：应付职工薪酬　　1 680

直接人工费用总分类核算如图 4-10 所示。

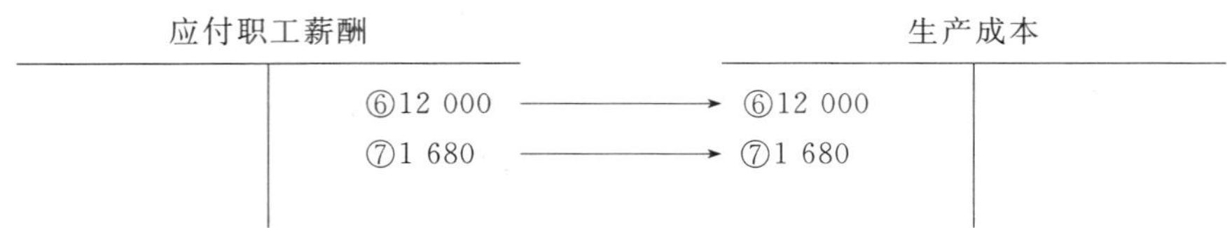

图 4-10 直接人工费用总分类核算图

三、制造费用的归集与分配的核算

(一)制造费用归集与分配核算的内容

制造费用是企业产品制造过程中发生在车间为组织管理生产和为生产服务而发生的共同间接生产费用。它主要包括车间用于一般消耗的原材料、燃料、动力费、车间技术管理人员工资以及发生在车间范围内的办公费、水电费、劳动保护费、固定资产折旧费等。如果企业只生产一种产品,则一切生产费用均属直接费用,通过"生产成本"账户核算;如果企业生产两种以上产品,则应对直接、间接生产费用分别进行归集和分配,以便正确计算各种产品的生产成本。

(二)制造费用归集与分配核算需设置和运用的账户

企业发生间接生产费用需设置和运用的主要账户有:

1."制造费用"账户

(1)账户性质　该账户属于成本类账户。

(2)账户用途　该账户用来归集和分配企业生产车间为生产各种产品和提供劳务而发生的各项间接费用。

(3)账户结构　该账户借方登记企业生产车间范围内为生产产品而发生的不能直接记入产品生产成本的各项间接费用;贷方登记制造费用的分配转出数。每月月末,企业应将"制造费用"账户借方归集的间接费用发生额全部通过分配转入各产品的"生产成本"账户,该户期末无余额。

(4)明细账　该账户应按照不同车间、部门及费用项目设置多栏式明细账,进行明细分类核算。"制造费用"总分类账户的结构及明细账格式如图 4-11 和表4-7所示。

制造费用

①登记:本月生产车间发生的间接材料费、间接工资及福利费、折旧费、车间管理费及其他间接制造费用等	②登记:月末按借方发生净额分配结转至"生产成本"户借方的数额
期末无余额	

图 4-11 "制造费用"总分类账户的结构图

表 4-7 **制造费用明细账**

车间: 单位:元

项目 内容摘要	材料费	职工薪酬	折旧费	办公费	水电费	租赁费	合计
车间领料	1 100						1 100
计算职工薪酬		5 700					5 700
计提折旧			800				800
支付办公费				1 000			1 000
支付水电费					2 000		2 000
支付租赁费						1 000	1 000
合计	1 100	5 700	800	1 000	2 000	1 000	11 600

2."累计折旧"账户

固定资产在生产过程中,由于使用而逐渐损耗的价值,叫做折旧。以货币表现的固定资产折旧,称为折旧费(或折旧额)。生产车间发生的固定资产折旧费是为生产产品而发生的,属于产品生产成本的组成部分,应按期记入产品生产成本。由于固定资产折旧费是以整体固定资产为计算对象的,所以,在生产两种以上产品的企业,车间固定资产折旧费属于间接制造费用在"制造费用"账户归集,然后再进行分配记入"生产成本"账户;企业行政部门使用的固定资产发生的折旧费不属于生产费用,应在"管理费用"项目中归集。

企业按月计提固定资产折旧,表明固定资产价值因磨损而减少,固定资产价值的减少,本应记入"固定资产"账户的贷方,但是,因为固定资产磨损虽然减少了其本身的价值,而它的实物形态却能在参加很多个生产周期的使用中始终保持不变,按照企业财务管理和信息披露的要求，固定资产原始价值是衡量和分析企业生产规模的重要指标，企业核算固定资产，应提供固定资产原值(新状态时的取得成本)指标，为了使“固定资产”账户能按原始价值反映固定资产的增加、减少和结存情况，在会计核算中就要另外设置和运用一个“累计折旧”账户来单独反映因折旧而减少的固定资产价值。

(1)账户用途及性质　该账户是用来反映固定资产因磨损而减少的价值，因而从性质上讲，它属于资产类账户。

(2)账户结构　“累计折旧”账户性质上虽属于资产类账户，但由于它核算“固定资产”(资产类账户)减少的内容，因此，账户结构与资产类账户结构登记方向相反，该账户贷方登记按月计提固定资产损耗的价值，即折旧费用数额；借方登记折旧费用的减少或转销数；该账户的余额在贷方，表示现有固定资产已提折旧费用的累计数。

(3)明细账　该账户应按照固定资产的类别、品种设置明细账进行明细分类核算。

“累计折旧”账户的结构如图 4-12 所示。

累计折旧

③登记:减少的固定资产已提的折旧额	①期初余额:期初拥有固定资产已提的折旧 ②登记:当期提取的折旧数额
	④期末余额:企业现有固定资产已提的折旧累计数

图 4-12　“累计折旧”账户的结构图

固定资产原值减去固定资产累计折旧额后的差额就是固定资产的现有价值，即净值(也称为固定资产账面价值)。因此，会计上核算固定资产的账户有两个：一是“固定资产”账户，另一个是“累计折旧”账户。

虽然固定资产折旧在本质上是固定资产原始价值(即原始成本)的分摊，但固定资产在其全部使用期限内的累计折旧总额(应分摊的成本总额)并不一定等于其原始成本。因为固定资产在报废时往往还有一定的残余价值，另外在固定资产的清理过程中又常常要发生一定的清理费用。因此，固定资产的折旧需要通过一定的方法来计算，国内外最常用的一种折旧计算方法是直线法，也称年限平均法。它假定固定资产的服务潜力的衰减只取决于固定资产的使用时间，而不是使用程度。因此，固定资产的应计折旧总额可以均衡地摊配于使用期内的各个会计期间。其计算公式为：

$$固定资产年折旧额=\frac{固定资产原价-(预计残值-预计清理费用)}{预计使用年限}$$

$$固定资产月折旧额=固定资产年折旧额/12$$

如企业某项固定资产的原价为 97 000 元，预计残值为 2 000 元，清理费用为 1 000 元，预计使用年限为 10 年，则：

$$年折旧额=\frac{97\ 000-(2\ 000-1\ 000)}{10}=9\ 600(元/年)$$

$$月折旧额=9\ 600/12=800(元/月)$$

或：

$$固定资产年折旧率=\frac{固定资产年折旧额}{固定资产原值}\times100\%$$

$$=\frac{9\ 600}{97\ 000}\times100\%=9.9\%$$

$$固定资产月折旧率=固定资产年折旧率/12=9.9\%/12=0.825\%$$

$$固定资产月折旧额=固定资产原值\times固定资产月折旧率$$

$$=97\ 000\times0.825\%=800(元/月)$$

企业在生产经营过程中，发生的各项费用必然伴随相应的货币支出，但是某些费用的发生与其相应的货币支付在时间上往往不一致。权责发生制下，对于发生期与支付期不一致的费用要求进行特殊的处理，即按照费用的发生时间为标准确定它的归属期，因此，会计上要求对于支付在先分摊在后的费用设置“待摊费用”账户，对于分摊在先支付在后的费用设置“预提费用”账户分别进行会计核算，以便合理地确定各期损益，提供客观的会计信息。企业产品制造过程中，发生的某些制造费用如车间固定资产租赁费、报纸杂志费等属于这类摊销费用，所以，核算制造费用也需要运用到上面两个账户，下面分别对这两个账户的核算要求进行介绍。

3.“待摊费用”账户

(1)账户性质　该账户属于资产类账户。

(2)账户用途　该账户用来核算企业已经支出但应由本期和以后各期负担的、分摊期在一年以内的各项费用，如预付保险费、预付租金、预付报纸杂志订阅费等。

(3)账户结构　该账户的借方登记已经支付的待摊费用，贷方登记应由各期应负担的待摊费用，期末如有余额，余额在借方，表示已预付而尚未摊销的费用。

(4)明细账　该账户应按照费用的种类进行明细分类核算。

“待摊费用” 账户的结构如图 4-13 所示。

待摊费用

借方	贷方
①期初余额:期初未摊销的费用 ②登记:已经支付但应由以后各期负担的费用	③登记:摊入本期的待摊费用
④期末余额:已预付而尚未摊销的费用	

图 4-13 “待摊费用”账户的结构图

4.“预提费用”账户

(1)账户性质　该账户属于负债类账户。

(2)账户用途　该账户用来核算企业预先从各月费用中提取但尚未实际支付的各项费用,如车间预提的租金、借款利息等。

(3)账户结构　该账户的贷方登记企业预提的各项费用,借方登记实际支付的费用数额,期末余额一般在贷方,表示已经预提但尚未实际支付的预提费用。

(4)明细账　该账户应按预提费用的种类进行明细分类核算。

“预提费用” 账户的结构如图 4-14 所示。

预提费用

借方	贷方
③登记:实际支付的预提费用数额	①期初余额:已预提但未支付的费用 ②登记:已记入各期费用但未支付的各项费用
	④期末余额:尚未支付的预提费用

图 4-14 “预提费用” 账户的结构图

5.其他账户

归集制造费用除运用上述两个主要账户外,还会运用到“原材料”、“应付职工薪酬”、“库存现金”、“银行存款”等账户。

(三)制造费用归集和分配的核算举例

【例 4.18】　接通达公司 12 月份经济业务,15 日车间领用丙材料 10 吨,单价 110 元,计 1 100 元,用于一般耗费,会计部门根据仓库、车间转来的“领料单”审核无误,予以核算。

分析:车间一般耗费的丙材料属于车间间接生产成本费用,反映本月制造费用的增加,应记入"制造费用"账户的借方,同时,领取材料使得仓库材料资产的减少,反映库存材料的减少,应记入"原材料"账户的贷方,会计分录为:

借:制造费用 1 100

贷:原材料 1 100

【例 4.19】 本月份发生车间办公费 1 000 元,用银行存款支付,会计分录为:

分析:车间本月发生的办公费本月属于车间间接生产成本费用 1 000 元,反映本月制造费用的增加,应记入"制造费用"账户的借方,同时,支付费用使银行存款减少 1 000 元,应记入"银行存款"账户的贷方,会计分录为:

借:制造费用——办公费 1 000

贷:银行存款 1 000

【例 4.20】 计算 15 日根据一月份"工资分配表"资料,本月份车间技术及管理人员职工薪酬 5 000 元。

分析:车间技术人员、车间管理人员的职工薪酬属于间接生产费用 5 000 元,反映本月制造费用的增加,应记入"制造费用"账户的借方,将职工薪酬记入生产费用的同时,形成了企业对职工负债,应反映"应付职工薪酬"的增加 5 000 元,记入"应付职工薪酬"的贷方,会计分录为:

借:制造费用 5 000

贷:应付职工薪酬 5 000

【例 4.21】 15 日,计算本月车间技术人员和管理人员的基本养老保险费。

计算应付养老保险费=5 000×14%=700(元)

分析:按照车间技术人员、车间管理人员的工资计算的职工养老保险费 700 元属于间接生产费用,反映本月制造费用的增加,应记入"制造费用"账户的借方,将养老保险费记入生产费用的同时,形成了企业对职工的负债,记入"应付职工薪酬",账户的贷方,会计分录为:

借:制造费用 700

贷:应付职工薪酬 700

【例 4.22】 16 日,经批准给企业生产工人发放困难补助 500 元,用现金支付。

分析:发放困难补助属于职工福利费开支范围,不构成本期生产费用,本项经济业务发生,使企业的应付职工薪酬减少,应记入"应付职工薪酬"账户的借方,现金支付使得企业库存现金减少,应记入"库存现金"账户的贷方,会计分录为:

借：应付职工薪酬　　500

　贷：库存现金　　500

【例 4.23】 16 日，本月车间固定资产原值 80 000 元，年折旧率 12%，计算本月车间固定资产折旧额。

计算：本月固定资产折旧费＝80 000×12%÷12＝800(元)

分析：计提的车间固定资产折旧费属于间接生产费用，应反映本月制造费用的增加，应记入“制造费用”账户的借方，同时，计提折旧说明固定资产价值发生了磨损，应反映固定资产价值的减少，记入“累计折旧”账户的贷方，会计分录为：

借：制造费用　　800

　贷：累计折旧　　800

【例 4.24】 16 日，企业采用经营租赁方式从某租赁公司租入一台生产设备，期限一年，每月租金 1 000 元，采用租赁时一次付清全年租金的形式。会计部门对租赁相关的凭证进行审核，确认无误后开出转账支票一张 12 000 元，支付租金。

分析：该项经济业务发生后，引起了企业货币资金减少 12 000 元，应记入“银行存款”账户的贷方，支付的租金是 12 月的，虽然货币支付集中在 12 月份，但租入固定资产是在以后全年发挥作用，因此，固定资产的租赁费应该在今年 12 月至下年 11 月各月平均摊销，对于 12 月份的租金 1 000 元应记入 12 月份的制造费用，分摊记入 12 月份的产品生产成本。对于下年 1～12 月份的租金 11 000 元应先记入“待摊费用”账户的借方，待各月分别分摊记入各月生产成本，会计分录为：

借：制造费用　　1 000

　　待摊费用　　11 000

　贷：银行存款　　12 000

下一年 1～11 月份摊各月租赁费时的会计分录为：

借：制造费用　　1 000

　贷：待摊费用　　1 000

【例 4.25】 用银行存款支付应由车间本期负担的水电费 2 000 元。

分析：该业务发生后，引起货币资金减少 2 000 元，应记入“银行存款”账户的贷方，水电费 2 000 元是由车间本期负担的，应记入“制造费用”账户的借方，会计分录为：

借：制造费用　　2 000

　贷：银行存款　　2 000

【例 4.26】 30 日，汇总本月发生的制造费用 11 600 元，并进行结转。

分析：制造费用是为产品生产而发生的间接生产费用，最终应由有关产品负担，是产品制造成本的一个重要组成部分。如果企业只生产一种产品，则制造费用不需要经过专门分配，可直接在发生时记入生产成本账户。但是，如果企业生产两种以上产品，发生的制造费用，应先按照生产车间或生产环节进行归集，再通过一定的标准，将其分配到该车间或该环节所生产产品的成本中去。将本月发生的全部制造费用从“制造费用”账户的贷方转入“生产成本”账户的借方，通常采用的分配标准有直接生产工人工资、机器制造小时等。具体分配的方法在下一个单元中介绍。本例经济业务发生经过对制造费用在A、B产品之间分配后的总分类核算的会计分录为：

借：生产成本　　11 600

　贷：制造费用　　11 600

制造费用总分类核算如图4-15所示。

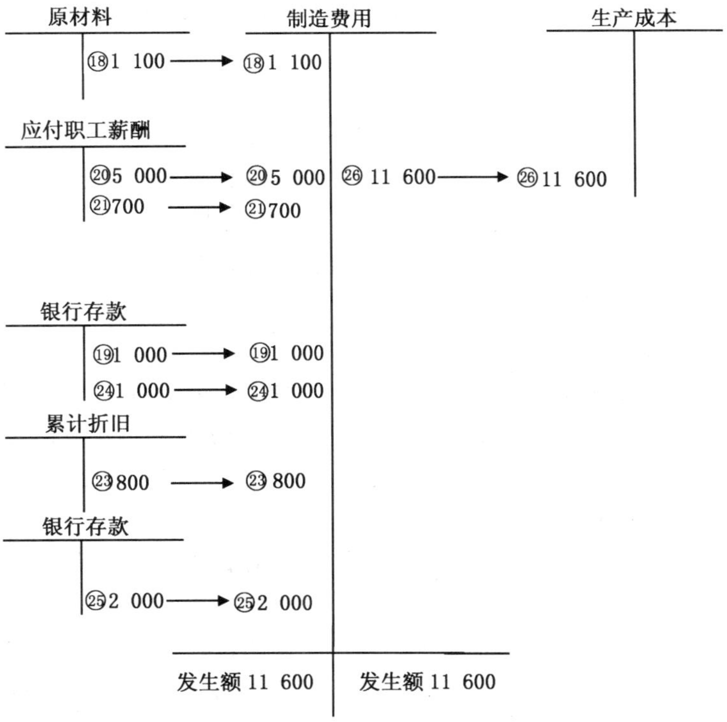

原材料：⑱1 100 → 制造费用：⑱1 100

应付职工薪酬：⑳5 000 → 制造费用：⑳5 000

应付职工薪酬：㉑700 → 制造费用：㉑700

银行存款：⑲1 000 → 制造费用：⑲1 000

银行存款：㉔1 000 → 制造费用：㉔1 000

累计折旧：㉓800 → 制造费用：㉓800

银行存款：㉕2 000 → 制造费用：㉕2 000

制造费用：㉖11 600 → 生产成本：㉖11 600

制造费用：发生额11 600 ｜ 发生额11 600

图4-15　制造费用总分类核算图

四、产品制造成本的计算与结转

目前，我国制造企业计算产品生产成本，均采用制造成本法。制造成本法就是在计算产品成本时，只归集、分配与生产经营有密切关系的生产费用，而将与生产经营没有直接联系的费用直接计入当期损益。因此，制造成本仅包括发生在车间环节的生产费用。所以，制造成本法条件下，产品的生产成本就是产品的制造成本。

（一）产品生产成本计算的一般程序

1.确定成本计算对象

成本计算对象，是指生产费用的承担者或者说成本归属的对象。计算产品制造成本，应首先确定成本计算对象，并按确定的成本计算对象归集各种费用计算其生产成本。由于各生产企业的生产工艺、生产组织不同，产品制造成本的计算对象也有所不同，在不同的企业，一般以产品的品种或生产批别或生产步骤等作为成本计算对象。

2.确定成本计算期

成本计算期，是指每间隔多长时间计算一次成本。从理论上说，成本计算期应当同产品的生产周期相一致；但是，实际工作中，成本计算期的确定，还必须考虑企业生产组织的特点以及考核经营成果的要求。一般情况下，企业都以月份为一个成本计算期，按月进行产品生产成本归集、分配，以便及时、准确地计算和结转产品销售成本，从而正确地确定各期财务成果。

3.确定成本项目

成本项目，就是指各种费用按其经济用途的分类。为了便于分析产品成本，寻找降低产品成本的途径，在确定成本计算对象后，应确定成本的构成内容即成本项目，以满足成本管理的需要。成本项目是按生产费用的经济用途划分的，通常产品制造企业的产品生产成本项目可分为以下三项。

（1）直接材料　直接用于产品生产构成产品实体的原材料和有助于产品形成的辅助材料等。

（2）直接人工　直接参加产品生产的生产工人的薪酬。

（3）制造费用　为组织和管理车间生产所发生的各项间接费用，如折旧费、劳动保护费、办公费、水电费、机物料消耗、职工薪酬等。

4.按成本计算对象正确地归集和分配各种费用

按照成本计算对象归集和分配各种费用是成本计算的主要内容。为了正确地计算产品的生产成本，企业对生产经营活动中所发生的各项生产费用，应遵循谁受益谁承担的原则。在生产一种产品的企业或车间，以产品品种为成本计算对象，这时，成本计算对象就是该产品。生产过程中发生的生产费用只要直接按照成本项目进行归集就是该种产品的生产(制造)成本。在这种情况下，生产费用不存在分配问题。在生产多种产品的企业或车间，由于存在两个或两个以上的成本计算对象，生产过程发生的直接生产费用，应当根据有关凭证直接记入该种产品和生产成本明细分类账户或成本计算单中，凡是发生的不能直接分清属于哪种产品负担的间接生产费用，应采用一定的分配方法在各成本计算对象间进行分配，然后才能记入有关成本计算对象的生产成本明细分类账或成本计算单中。

在实际工作中，间接生产费用是在“制造费用”账户中归集的，间接生产费用的分配就是对制造费用的分配，其分配方法与原材料采购中间接采购费用分配原理相似。其分配方法为：

(1)确定分配标准　在生产过程中发生的间接费用(即制造费用)一般采用生产工人工时或生产工人工资标准进行分配。企业在选择费用分配标准时必须慎重，而为了保证产品成本核算的可比性，间接费用分配标准一经确定，就不宜经常变动。

(2)计算间接费用分配率

$$\text{制造费用分配率}=\frac{\text{制造费用总额}}{\text{确定的分配标准总额}}$$

(3)按产品计算对象分配间接费用

某种产品应分配的制造费用＝某种产品的分配标准数×制造费用分配率

将制造费用分配到各产品成本计算对象上后，会计上应按照制造费用账户的借方本期发生净额，全部转入各成本计算对象(产品)的“生产成本”账户，以便确定该本期成本计算对象的生产总成本。

5.计算完工产品和未完工产品的生产成本

在月末计算产品的制造成本时，由于产品的生产周期与产品成本的计算期不一致，因而会存在未完工产品即在产品，因此，按照成本计算对象归集的生产费用还应在完工产品和在产品之间进行分配，以便正确地计算出完工产品的成本。完工产品生产成本的计算公式为：

完工产品生产成本＝期初在产品成本＋本期生产费用总额－期末在产品成本

完工产品生产成本的计算应根据不同情况分别确定。

(1)在月末没有在产品情况下,生产成本明细分类账户按成本项目所归集的费用汇总起来就是该产品的生产总成本,生产总成本除以该月生产的完工产品产量就是该产品的单位成本。

(2)在月末有在产品的情况下,本期生产成本明细分类账中所归集的生产费用,还要运用一定的专门方法在完工产品和在产品之间进行分配,然后计算出完工产品的生产总成本和单位生产成本。关于生产费用在完工产品和在产品之间的分配方法,将在成本会计课程中详细阐述,这里不做介绍。

在计算出完工产品的生产成本后,会计上应按照成本计算对象,将完工产品的制造成本从"生产成本"账户的贷方转入"库存商品"账户的借方,同时登记生产成本明细分类账并据以编制成本计算单。

(二)产品制造成本的计算与结转需要设置和运用的账户

1."生产成本"账户(略)

2."制造费用"账户(略)

3."库存商品"账户

(1)账户性质　该账户属于资产类账户。

(2)账户用途　用来核算企业各种库存产成品实际成本的增减变动和结存情况。

(3)账户结构　该账户借方登记生产完工验收入库的产成品的实际成本,贷方登记出库产成品的实际成本。期末余额在借方,表示库存产成品的实际成本。

(4)明细账　该账户可按照产成品的种类和规格设置明细分类账户,进行明细核算。

"库存商品"账户的结构如图 4-16 所示。

库存商品	
①期初余额:期初结存产品的生产成本 ②登记:本月生产完工产品的生产成本	③登记:本月发出或减少产品的生产成本
④期末余额;期末结存产品的生产成本	

图 4-16 "库存商品"账户的结构图

（三）产品制造成本计算举例

下面根据前面所列举的通达公司生产业务的核算资料说明产品制造成本计算的一般方法。

从通达公司20××年12月份发生的生产业务所作的会计分录可知，生产A产品和B产品消耗的直接材料和直接人工都可以直接按成本项目分别记入A产品和B产品的生产成本明细账，只有制造费用要采用一定的标准在A产品和B产品之间进行分配之后再分别记入以上两种产品的生产成本明细账。

【例4.27】 假定本月A产品生产工时为12 000小时，B产品生产工时为8 000小时，本月份制造费用总额11 600元。按生产工时标准，计算A产品和B产品应负担的制造费用如下：

$$\text{制造费用分配率}=\frac{\text{制造费用总额}}{\text{生产工人工时总额}}=\frac{11\ 600}{12\ 000+8\ 000}$$

$$=0.58(\text{元/工时})$$

A产品应负担的制造费用＝12 000×0.58＝6 960（元）

B产品应负担的制造费用＝8 000×0.58＝4 640（元）

会计分录为：

借：生产成本——A产品　　6 960

　　　　　　——B产品　　4 640

　贷：制造费用　　11 600

实际工作中，制造费用的分配是通过编制制造费用分配表进行的，其格式和编制方法如表4-8所示。

表4-8　　制造费用分配表

产品名称	分配标准（生产工时）	分配率	分配金额
A产品	12 000	0.58	6 960
B产品	8 000	0.58	4 640
合计	20 000		11 600

根据上述A产品、B产品直接耗用的材料、人工和制造费用登记A产品和B产品的生产成本明细分类账，如表4-9和表4-10所示。

表 4-9　　生产成本明细分类账

产品名称:A 产品　　单位:元

业务号数	摘　要	借方(成本项目)				贷方	余额
		直接材料	直接人工	制造费用	合计		
4.15	领用材料	40 500			40 500		40 500
4.16	生产工人工资		8 000		8 000		48 500
4.17	保险费		1 120		1 120		49 620
4.27	分配制造费用			6 960	6 960		56 580
4.28	结转完工产品成本					56 580	0
	本期发生额及余额	40 500	9 120	6 960	56 580	56 580	0

假定本月投入 A 产品 200 件全部完工,B 全部未完工,根据表 4-9 所列生产成本明细分类账户中的资料,编制 A 产品成本计算单,见表 4-11。B 产品本月份全部未完工,因此不需要计算完工产品成本。

表 4-10　　生产成本明细分类账

产品名称:B 产品

业务号数	摘　要	借方(成本项目)				贷方	余额
		直接材料	直接人工	制造费用	合计		
	期初余额						0
4.15	领用材料	11 250			11 250		11 250
4.16	生产工人工资		4 000		4 000		15 250
4.17	保险费		560		560		15 810
4.27	分配制造费用			4 640	4 640		20 450
	结转完工产品成本						
	本期发生额及余额	11 250	4 560	4 640	20 450		20 450

表 4-11　　A 产品成本计算

20××年 12 月

成本项目	总成本(200 件)	单位成本
直接材料	40 500	202.50
直接人工	9 120	45.60
制造费用	6 960	34.80
合　　计	56 580	282.90

【例 4.28】　31 日，上述 A 产品本月全部完工，结转其生产成本 56 580 元。

该项经济业务发生，使企业增加产品存货 56 580 元，应记入“库存商品”账户的借方，同时，注销生产费用 56 580 元，应记入“生产成本”账户的贷方，会计分录为：

借：库存商品——A 产品　　56 580

　贷：生产成本——A 产品　　56 580

成本计算的总分类核算如图 4-17 所示。

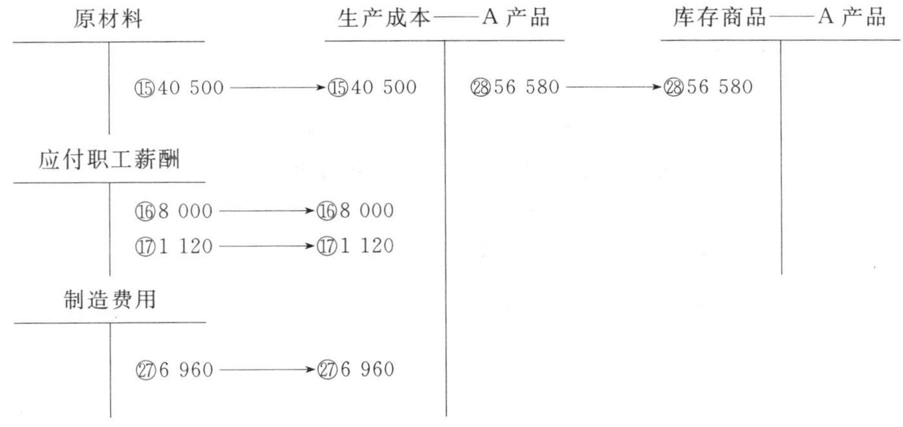

图 4-17　成本计算的总分类核算图

第五节　产品销售业务的核算

一、产品销售业务的核算内容

企业组织生产经营的最终目的不是生产产品而是将生产的各种产品及时销售出去，取得销售收入并补偿产品销售前发生的一切费用，获得盈利，增加企业价值。因此，产品销售是企业生产经营过程的重要经济业务，产品的销售过程是产品的价值和使用价值的实现过程。首先，在销售过程中企业应按照产品的销售价格与购货单位结算货款，形成企业的产品销售收入；其次，为取得销售收入必须发出产品，其生产成本应由销售收入补偿，形成产品销售成本；再次，出售产品除付出产品资产外，还必须发生一些销售费用，如销货运费、广告费、包装费等；最后，按照我国有关流转税法律规定，在销售环节企业应根据取得的销售收入，按照规定的税率计算交纳流转税及附加。流转税及附加又叫销售税金及附加，是按照企业营业额的一定比例计算形成的，产品制造企业的流转税及附加主要包括增值税、消费税、资源税、城市维护建设税和教育费附加等。因此，产品销售过程核算的主要经济业务内容包括：

(1)确认销售收入和增值税销项税额并与购货单位办理货款结算。

(2)结转已出售产品的生产成本。

(3)支付并归集分配销售费用。

(4)计算应交销售税金及附加。

(5)确定产品销售成果。

增值税属于销售环节发生的流转税，按照《增值税征收管理暂行规定》企业销售货物、加工及修理修配、进口货物，需要计算交纳增值税，但增值税属于价外税，不包含在商品价格之内，不由产品销售收入补偿，而是通过增值税的销项税额与进项税额相抵消后按照抵消后的余额向国家交纳。

二、产品销售收入的确认和核算

(一)产品销售收入的确认

收入是指企业在日常经营业务中所形成的、会导致所有者权益增加的，与所有者投入资本无关的经济利益的总流入。企业的经营业务，按各种业务在企业经营活动中的地位和作用及其性质不同，可分为主要经营业务和其他经营业务两类。主要经营业务是指企业进行主要经营活动发生的有关业务，其特点是业务活动成果占企业经营成果的比重较大，业务活动的经常性程度高。例如，工业企业生产产品、施工企业从事建筑施工、旅游及饮食企业为人民生活提供服务等，即属主要经营业务。其他经营业务是指除主要经营业务以外的其他业务，其特点是业务成果占企业经营成果的比重不大，业务活动的经常性程度不高。例如，企业从事的材料调剂让售、技术转让、固定资产出租、包装物出租等活动，即属其他经营业务。这些业务是对企业主要经营业务的必要补充，有些业务甚至是企业所不可缺少的。按照企业经营业务的不同类型，企业的收入可相应地分为主营业务收入和其他业务收入。在工业企业，主营业务收入包括销售产成品、自制半成品、工业性劳务等发生的收入等；其他业务收入，是指企业从事主营业务以外的其他业务或附营业务所发生的收入。如零星调剂让售材料、出租固定资产和包装物、转让技术、提供运输等非工业性劳务作业等所得的收入等。

会计确认是一个重要的会计概念。销售收入的确认主要是解决什么时间确定销售收入的实现问题，它关系到企业财务成果的真实性。《企业会计准则第14号——收入》规定，企业应在下列条件同时满足时才能确认销售收入：

(1)企业已将商品所有权上的主要风险和报酬转移给购货方；

(2)企业既没有保留通常与所有权相联系的继续管理权，也没有对已售出的商品实施控制；

(3)收入的金额能够可靠地计量；

(4)相关的经济利益很可能流入企业；

(5)相关已发生或将发生的成本能够可靠地计量。

实际工作中，企业销售产品，由于采用不同的产品销售方式和货款结算方式，因而确认收入实现的标志也有不同的具体表现，企业一般是以销售时点来作为收入实现的时间标志的。因为大多数企业只有在销售时点才能具备收入实现所要求的基本条件：即产品的所有权已经转移，收入的赚取过程已实际完成。但大多数情况下采用下列标志确认收入：

(1)按销售成立为标准确认收入，即在销售时点、分析该销售行为是否满足上述5个条件，如现销业务，商品发出后收到货款，这时以收取现金或发出产品为销售收入的入账时间。

(2)按生产标志确认与计量销售收入，这种方法主要针对生产周期较长，需要经过多个会计期间才能完成全部产品生产过程的制造企业而言，如造船厂制造轮船、飞机制造厂制造的飞机等。

(二)产品销售核算需要设置和运用的主要账户

1.“主营业务收入”账户

(1)账户性质　该账户属于损益类账户。

(2)账户用途　该账户用来核算企业销售产品，包括销售产成品、自制半成品、工业性劳务等所实现的收入。

(3)账户结构　该账户的贷方登记本期实现的主营业务收入，借方登记本期发生的销售退回、销售折让冲减的主营业务收入和各月末结转至“本年利润”账户的主营业务收入净额，月末结转后该账户没有余额。

(4)明细账　该账户应按照产品类别(或劳务类别)设置明细分类进行明细分类核算。

“主营业务收入”账户的结构如图4-18所示。

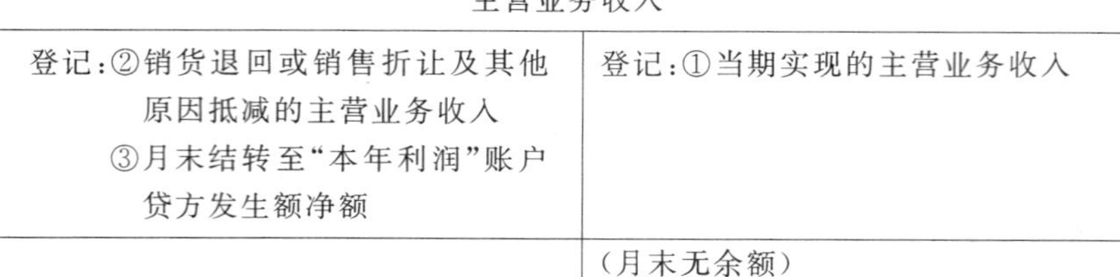

主营业务收入

借方	贷方
登记:②销货退回或销售折让及其他原因抵减的主营业务收入 ③月末结转至“本年利润”账户贷方发生额净额	登记:①当期实现的主营业务收入
	(月末无余额)

图 4-18 “主营业务收入”账户的结构图

2.“应收账款”账户

(1)账户性质　该账户属于资产类账户。

(2)账户用途　该账户用来核算企业因销售产品、材料、提供劳务等业务应向购货单位或接受劳务。单位收取的款项,包括销售货款、应收的增值税额及代垫费用等。

(3)账户结构　该账户借方登记企业由于赊销产品而发生的应收款项,贷方登记已收回或转销的应收账款,期末余额在借方,表示尚未收回的应收款项余额。

(4)明细账　该账户应按照不同的购货单位设置明细账户,进行明细分类核算。

“应收账款”账户的结构如图 4-19 所示。

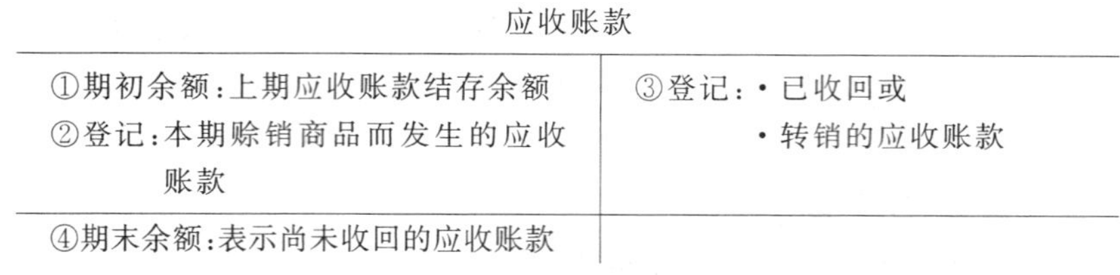

应收账款

借方	贷方
①期初余额:上期应收账款结存余额 ②登记:本期赊销商品而发生的应收账款	③登记:·已收回或 ·转销的应收账款
④期末余额:表示尚未收回的应收账款	

图 4-19 “应收账款”账户的结构图

3.“应交税费—应交增值税”账户

实际工作中,该账户的核算内容比较复杂,将在专业会计中详细介绍,本章只介绍其基本核算内容在账户中的登记方法。

(1)账户性质　该账户属于负债性质的账户。

(2)账户用途　该账户用来核算企业增值税的计算、抵扣和上缴情况。

(3)账户结构　该账户的借方登记应由增值税销项税额抵扣的增值税进项税和已上缴的增值税额,贷方登记本期销售货物形成的增值税销项税额,期末余额若在贷方表示企业应向国家上交而未交的增值税额，若期末余额在借方，表示本期应结转下期由下期增值税销项税额抵扣的增值税进项税额结余数。

另外，企业销售产品时，有时会发生预收货款业务。预收的货款在企业销售成立之前，表现为一项负债，应设置“预收账款”账户单独核算，如果企业预收货款业务不多，可将预收的账款反映在“应收账款”账户之中，这样，会使得“应收账款”账户核算内容的性质发生变化，因此这种情况下企业应加强对应收账款各明细账户的管理与核算。

（三）销售收入确认的业务核算举例

【例 4.29】 接通达公司 12 月份的经济业务，8 日出售 A 产品给飞达公司 300 件，每件售价 700 元，开出增值税专用发票，增值税率 17%，货款及增值税已收到存入银行。

分析：这项经济业务发生一方面使企业银行存款增加 245 700 元，其中产品销售收入 210 000 元，应交增值税（销项税额）35 700 元，应记入“银行存款”账户借方，另一方面企业增加了产品销售收入 210 000 元，应记入“主营业务收入”账户的贷方。应交税费——应交增值税（销项税额）35 700 元，记入“应交税费——应交增值税（销项税额）”账户的贷方，会计分录为：

借：银行存款	245 700	
贷：主营业务收入——A 产品		210 000
应交税费——应交增值税（销项税额）		35 700

【例 4.30】 12 月 10 日出售 B 产品 200 件给通业公司，每件售价 1 000 元，计 200 000 元，开出增值税专用发票，增值税率 17%，计 34 000 元，货已发出，用支票支付代垫运杂费 1 000 元，已办妥托收手续，货款尚未收到。

分析：这项经济业务发生由于货款未收到，使应收账款增加 235 000 元，其中产品销售收入 200 000 元，应交增值税（销项税额）34 000 元，应收代垫运费 1 000 元，应记入“应收账款”账户的借方，另一方面企业增加了产品销售收入 200 000 元，应记入“主营业务收入”账户的贷方。应交税费——应交增值税（销项税额）34 000 元，记入“应交税费——应交增值税（销项税额）”账户的贷方，支付代垫运费 1 000 元，记入“银行存款”账户的贷方，会计分录为：

借：应收账款——通业公司	235 000	
贷：主营业务收入——B 产品		200 000
应交税费——应交增值税（销项税额）		34 000
银行存款		1 000

“主营业务收入”账户月末转账的会计分录见例 4.50。

主营业务收入确认业务核算如图 4-20 所示。

图 4-20 主营业务收入确认业务核算图

三、主营业务成本的计算与结转

(一)主营业务成本的计算

产品销售,必然引起企业产品存货的减少,按照配比性的要求,发出产品以取得主营业务收入为目的,因此,主营业务收入应补偿为其付出的产品成本。主营业务成本是企业从事生产经营的主要业务所发生的实际成本,是与主营业务收入相关的营业成本。结转营业成本,是贯彻收入与费用相配比的需要,也是合理确定企业在一定期间净收益的基础。因此,各类企业必须正确掌握主营业务成本的结转时间,正确计算主营业务成本的结转数额,并正确编制主营业务成本的结转分录。

一般情况下,工业企业可以在产品销售时结转销售成本,但是,由于已售产品的存续往往涉及几个会计期间,而同种产品在不同会计期间的实际成本不可能完全相同,对于不好随时确定产品发出成本的企业一般于每月终了时结转已售产品的成本,其数额应根据已销产品的数量和实际单位成本计算。计算的方法可以选择先进先出法、加权平均法、移动平均法和个别计价法等确定。计算方法一经确定,不得任意改变。

(二)需要设置和运用的账户

1.“主营业务成本”账户

(1)账户性质　该账户属于损益类账户。

(2)账户用途　该账户用来核算企业已销售产品的生产成本。

(3)账户结构　该账户借方登记本期销售产品的生产成本,贷方登记本期销售退回的产品生产成本及期末结转至“本年利润”账户的本期实际销售成本,结转后该账户期末无余额。

(4)明细账　该账户应该按照产品类别及品种设置明细账，进行明细分类核算。

“主营业务成本”账户的结构如图 4-21 所示。

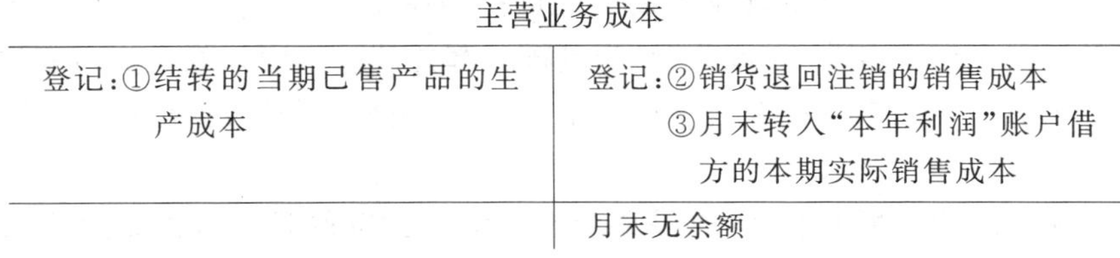

图 4-21　“主营业务成本”账户的结构图

2.“库存商品”账户　见本章第四节。

(三)结转主营业务成本的业务举例

【例 4.31】　续以例 4.29 和例 4.30 资料当月销售 A 产品 300 件，每件生产成本 290 元，B 产品 200 件，每件生产成本 300 元，结转其主营业务成本。

分析：产品销售业务发生后，随着主营业务收入的实现，企业应及时结转产品的主营业务成本，结转主营业务成本，一方面形成产品销售成本；另一方面意味着产品存货退出了企业。因此，会计核算在结转主营业务成本时应按照确定的实际成本，记入“主营业务成本”账户借方，同时注销库存产成品，记入“库存商品”账户的贷方，会计分录为：

借:主营业务成本——A　　87 000
　　　　　　　——B　　60 000
　贷:库存商品——A　　　87 000
　　　　　　——B　　　60 000

“主营业务成本”账户月末转账的会计分录见例 4.50。

主营业务成本业务核算如图 4-22 所示。

图 4-22　主营业务成本业务核算图

四、营业税金及附加的核算

（一）营业税金及附加核算的内容

营业税金及附加是指主营业务收入应负担的税金及教育费附加，是企业发生销售业务后以主营业务收入（或数量）为基础计算并从收入中扣除上交国家的税金及附加。工业企业的营业税金及附加包括消费税、城乡维护建设税、资源税和教育费附加等。

依法照章纳税是所有企业、单位和个人的义务。按照我国有关企业税收管理法律的规定，只要企业实现了销售收入，不管其盈利与否，必须以销售收入为依据，按照一定的标准和比例向国家计算交纳营业税金及附加。产品制造企业在销售环节应交纳的营业税金及附加包括消费税、城市维护建设税和教育费附加等。各种税金及附加的计算公式为：

应交的消费税＝当期应税产品销售收入×消费税率

应交的消费税＝销售数量×单位税额

应交的城市维护建设税＝当期应交的流转税总额×适用税率

应交的教育费附加＝当期应交的流转税总额×教育费附加率

当期应交的流转税＝应交的增值税＋应交的消费税＋应交的营业税

与其他税金的性质一样，营业税金及附加对企业来说是一种必要的支出，由于它发生在销售环节，因而应由营业收入补偿。在计算出营业税金及附加列作企业一项支出的同时，也形成了企业对国家的负债，因此，计算营业税金及附加并将其记入当期支出，确定企业对国家的负债是核算的主要内容。

（二）需要设置和运用的账户

1.“营业税金及附加”账户

（1）账户性质　该账户属于损益类账户。

（2）账户用途　该账户用来核算企业销售产品应交纳的各项营业税金及附加的计算与负担情况。

（3）账户结构　该账户借方登记企业按照规定计算出的应由本期营业收入负担的税金及附加，贷方登记期末结转至“本年利润”账户贷方的税金及附加，结转后该账户月末无余额。

（4）明细账　该账户应该按照营业税金及附加的种类设置明细账，进行明细分类核算。

“营业税金及附加”账户的结构如图 4-23 所示。

营业税金及附加

登记:①计算的本期营业税金及附加	登记:②期末转入"本年利润"账户贷方的营业税金及附加
	期末无余额

图 4-23　"营业税金及附加"账户的结构图

2."应交税费"账户

(1)账户性质　该账户属于负债类账户。

(2)账户用途　该账户用来核算企业应交的各种税金,包括各种销售税金、教育费附加和所得税等。

(3)账户结构　该账户贷方登记应向国家交纳的各种税费,借方登记企业已交纳的各种税费。期末余额一般在贷方,表示应交而未交的各种税费。

(4)明细账　该账户应按照税费种类设置明细账,进行明细分类核算。

(三)营业税金及附加业务核算举例

【例 4.32】　续本月 A 产品销售收入为 210 000 元,B 产品销售收入为 200 000 元,A、B 产品均为应纳消费税产品,消费税率为 5%,计算本月应交消费税金。

本月应交消费税金=(210 000+200 000)×5%=20 500(元)

其中:A 产品消费税为 210 000×5%=10 500(元)

B 产品消费税为 200 000×5%=10 000(元)

这项经济业务发生,一方面使企业应交的消费税金增加了 20 500 元,应记入"营业税金及附加"账户的借方,另一方面计算出应交税金,在上交税金之前,形成了企业对国家的负债,应记入"应交税费"账户的贷方,以反映企业与国家的结算关系。会计分录为:

借:营业税金及附加　　20 500

　贷:应交税费——应交消费税　　20 500

【例 4.33】　续上例,假设本月应上交的增值税为 3 995 元,应上交消费税为 20 500 元,城市维护建设税率为 7%,教育费附加率为 3%,计算本月应交的城市维护建设税和教育费附加。

计算:本月应交的城市维护建设税=(3 995+20 500)×7%=1 714.65(元)

本月应交的教育费附加 =(3 995+20 500)×3%= 734.85(元)

分析:这项经济业务发生,一方面使企业应交的城市维护建设税增加 1 714.65 元,应交教育费附加增加 734.85 元,应记入"营业税金及附加"账户的借方;另一方面计算出应交城市维护建设税、应交教育费附加，在上交之前，形成了企业对国家的负债，应记入“应交税费”账户的贷方，以反映企业与国家的结算关系。会计分录为：

借：营业税金及附加　　2 449.5

　贷：应交税费——应交城市维护建设税　　1 714.65

　　　应交税费——应交教育费附加　　734.85

“营业税金及附加”账户月末转账的会计分录见例 4.50。

营业税金及附加业务核算如图 4-24 所示。

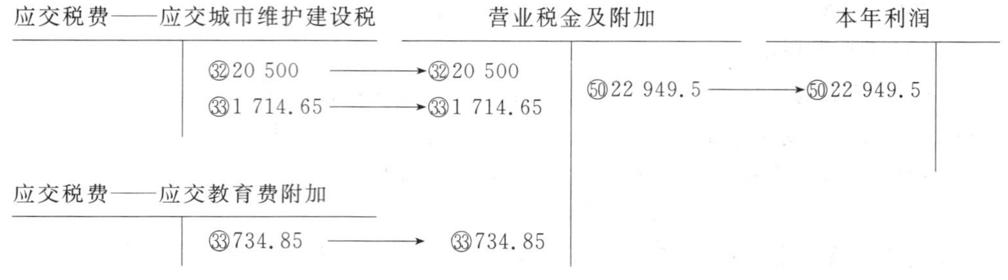

图 4-24　营业税金及附加业务核算图

五、销售费用的归集与核算

（一）销售费用归集和核算的内容

销售费用，主要是指企业为实现商品销售收入而在产品销售过程中发生的有关费用，包括在销售过程中发生的运输费、装卸费、包装费、保险费、展览费、广告费、代销手续费以及为销售本企业产品而专设的销售机构的职工薪酬、业务费等经常性费用。销售费用是企业的一种必需耗费，应由产品销售收入补偿。由于发生销售费用，同时形成对企业资产的耗费，因此，归集各项销售费用、反映销售费用对资产的耗费（减少）成为核算的主要内容。

（二）需要设置和运用的账户

1.“销售费用”账户

（1）账户性质　该账户属于损益类账户。

（2）账户用途　该账户用来核算企业各种销售费用的发生和结转情况。

（3）账户结构　该账户借方登记企业当期发生的各项销售费用，贷方登记期末结转至“本年利润” 账户借方的销售费用净额，结转后该户月末无余额。

(4)明细账　该账户应该按照销售费用项目设置多栏式明细账，进行明细分类核算。

2.其他账户

如银行存款账户、应付职工薪酬账户、待摊费用账户等。

(三)销售费用核算业务举例

【例 4.34】　9 日，以银行存款支付销售 A 产品运费 1 000 元，会计分录为：

借：销售费用　　1 000

　贷：银行存款　　1 000

【例 4.35】　15 日，以银行存款支付本月产品广告费 1 000 元，会计分录为：

借：销售费用　　1 000

　贷：银行存款　　1 000

【例 4.36】　16 日，计算出本月应付专设销售机构销售人员工资 5 000 元，并按 14%比例计算基本养老保险费 700 元，会计分录为：

借：销售费用　　5 700

　贷：应付职工薪酬——工资　　5 000

　　　　　　　　——养老保险　　700

"销售费用"账户月末转账的会计分录见例 4.50。

另外，企业销售原材料所发生的销售成本、销售费用、销售税金应在"其他业务成本"账户中反映。销售费用核算如图 4-25 所示。

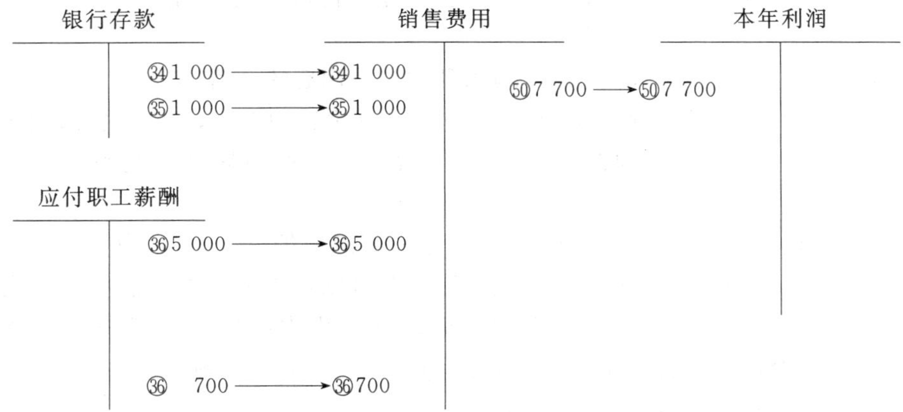

图 4-25　销售费用核算图

第六节 财务成果的核算

一、财务成果的核算内容

财务成果是企业一定时期内的经营总结果，即经营期内所实现的收入总额扣除所有支出后的差额，差额大于零为利润，小于零为亏损。财务成果是企业经营活动效率与效益的综合表现，是衡量企业经营成果和经济效益的综合尺度，因此，它是企业会计核算的一项经济指标。通过对利润增减变化情况的分析，可以促使企业不断提高经营管理水平，提高经济效益；同时，还可以评价企业的盈利能力和发展前景，以便向企业的投资者、债权人等提供真实、可靠的决策依据。

企业的财务成果一般由“利润”或“亏损”指标来表示。按照现行《企业会计准则第 30 号——财务报表列报》的规定，任何企业的财务成果主要由营业利润、利润总额、净利润等项目组成。

(一)营业利润

营业利润是指一定会计期间的营业收入减去营业成本、营业税金及附加、销售费用、管理费用、财务费用、资产减值损失，加上公允价值变动收益(减去公允价值变动损失)和投资收益(减去投资损失)的金额。

(二)利润总额

利润总额是在营业利润的基础上，加上营业外收入，减去营业外支出金额。

(三)净利润

净利润是在利润总额的基础上，减去所得税费用后的金额。

按照我国《企业所得税法》的规定，企业实现了利润总额后，应向国家缴纳所得税，企业扣除所得税后的利润，会计上称为净利润。净利润是企业的最终财务成果。

企业一定时期实现的净利润应该归企业所有者所拥有。但是，为了保证企业长期的发展和保护投资者利益，按照《公司法》等国家相关法律的规定，企业一定时期实现的净利润不能由所有者任意支配，而必须按照国家规定的顺序进行合理分配，分配后剩余部分再由企业所有者支配。因此，正确地确定利润，并对利润进行分配是企业财务成果核算的主要内容。

二、财务成果形成的核算

从上述企业财务成果的多步式构成看，营业利润、利润总额、净利润等都属于财务成果的内容。财务成果形成的核算就应该包括构成上述各项目具体因素的所有内容，关于营业收入、营业成本、营业税金及附加和销售费用的核算已经在本章第五节的内容中加以介绍，公允价值变动损益和投资收益项目的核算比较复杂，这里不做介绍。下面仅对“其他业务收入”、“其他业务成本”、“管理费用”、“财务费用”、“营业外收入”、“营业外支出”、和“所得税费用”项目的基本核算方法进行介绍。

（一）其他业务收入和其他业务成本的核算

产品制造企业的其他业务主要包括：多余材料的销售、无形资产的转让、固定资产等其他资产的出租、运输劳务的提供等业务。

1. 需要设置和运用的账户

企业的其他经济业务发生后，也会产生必要的支出即“其他业务成本”，同时会形成相应的业务收入即“其他业务收入”。由于企业的其他经济业务与企业的主营业务相比，一般所占比重不大，且收支也不稳定，所以，会计上按照重要性的要求，对所有其他经济业务产生的相应收入和支出，设置“其他业务收入”和“其他业务成本”账户进行核算。

（1）“其他业务收入”账户

①账户性质　该账户属于损益类账户。

②账户用途　该账户用来核算企业除主营业务以外的其他业务产生的收入，包括材料销售收入，无形资产转让收入，固定资产、包装物、低值易耗品等资产的出租收入，运输劳务收入等。

③账户结构　该账户的贷方登记本期取得的各项其他业务收入，借方登记本期发生的抵减业务收入的数额和各月末结转至“本年利润”账户贷方的其他业务收入净额，月末结转后该账户没有余额。

④明细账　该账户应按照其他业务类别（或劳务类别）设置明细分类账进行明细分类核算。

“其他业务收入”账户的结构如图 4-26 所示。

其他业务收入

（2）登记：抵减的业务收入 （3）月末结转至“本年利润”账户贷方发生额净额	（1）登记：当期取得的各项其他业务收入
	（月末无余额）

图 4-26　“其他业务收入”账户的结构图

(2)“其他业务成本”账户　其他业务成本是指除主营业务以外的其他经济业务发生的各项支出,包括销售材料,无形资产转让,固定资产、包装物、低值易耗品等资产的出租,运输劳务等业务发生的相关的成本、费用以及相关税金及附加等。

①账户性质　该账户属于损益类账户。

②账户用途　该账户用来核算企业除主营业务以外的其他经济业务发生的各项支出。

③账户结构　该账户借方登记其他业务发生的各项支出,包括销售材料,无形资产转让,固定资产、包装物、低值易耗品等资产的出租,运输劳务等业务等而发生的相关的成本、费用以及相关税金及附加等。贷方登记本期应冲减的其他业务支出和期末转入“本年利润”账户的数额,结转后本账户应无余额。本账户也按其他业务的种类设置明细账。

④明细账　该账户应该按照其他业务的种类设置明细账。

“其他业务成本”账户的结构如图 4-27 所示。

其他业务成本	
(1)登记:其他业务发生的各项支出	(2)登记本期应冲减的其他业务支出 (3)月末转入“本年利润”账户借方的本期其他业务成本净额
	月末无余额

图 4-27　“其他业务成本”账户的结构图

(3)其他账户　其他业务收入和其他业务成本的核算还会用到“银行存款”、“应收账款”、“其他应收款”、“原材料”等账户,这些账户的核算内容、账户结构都已经在前面相关章节中介绍过,这里不再重述。

2.其他业务收入和其他业务成本的核算举例

【例 4.37】　30 日,通达公司决定处理一批多余乙材料 10 吨,账面单位成本 610 元,单位售价 800 元,企业开出增值税专用发票,增值税率 17%,销售货款与增值税款已收到并存入银行,会计分录为:

(1)收取货款和增值税款

借:银行存款	9 360	
贷:其他业务收入		8 000
应交税费——应交增值税(销项税额)		1 360

(2)结转已销售乙材料的实际成本

借:其他业务成本　　6 100

　贷:原材料　　6 100

(3)计算该项销售乙材料业务应交的城市维护建设税 25 元和教育费附加 10 元。

借:其他业务成本　　35

　贷:应交税费——应交城市维护建设税　　25

　　应交税费——应交教育费附加　　10

【例 4.38】 通达公司在上月将一台闲置不用的设备出租,每月 30 日收取租金,每月租金 2 000 元,该设备每月应计提的折旧费 800 元。

(1)30 日收取租金收入时

借:银行存款　　2 000

　贷:其他业务收入　　2 000

(2)计提出租固定资产的折旧费

借:其他业务成本　　800

　贷:累计折旧　　800

(3)计算该项固定资产出租收入的营业税 40 元

借:其他业务成本　　40

　贷:应交税费——应交营业税　　40

"其他业务收入"和"其他业务成本"账户月末转账的会计分录见例 4.50。

企业在产品制造过程中,为生产产品而发生在车间范围内的一切耗费包括直接费用和间接费用都属于产品的生产费用,应归集到产品的制造成本之中,构成了产品的生产成本。另外,在一定会计期间内,企业行政管理部门为组织和管理企业生产经营活动以及为销售产品或提供劳务而发生的费用与产品生产无直接关系,因而就不能记入产品生产成本,它应该由当期收入补偿记入当期损益。这类费用会计上称为"期间费用",包括管理费用、财务费用和销售费用三类。销售费用发生在销售环节,前面已经进行过阐述,这里只介绍管理费用和财务费用的核算。

(二)管理费用的核算

1.管理费用的核算内容

管理费用是指企业行政管理部门为组织和管理企业经营活动而发生的各项费用,包括各种材料费、职工薪酬、管理部门固定资产折旧、工会经费、房产税、车船使用税、印花税、技术转让费、业务招待费、职工教育经费、劳动保险费、待业保险费、研究开发费、审计费等。管理费用是企业的一种必要耗费,因此归集各项管理费用成为核算的主要内容。

2.需设置和运用的账户

(1)“管理费用”账户

①账户性质　该账户属于损益类账户。

②账户用途　该账户用来核算在一定会计期间内企业行政管理部门为组织和管理整个企业的生产经营活动而发生的各项费用。

③账户结构　该账户借方登记企业当期发生的各项管理费用,贷方登记应冲减的管理费用以及期末结转到“本年利润”账户借方的管理费用净额,结转后该账户无期末余额。

④明细账　该账户应按照管理费用的项目设置明细账,进行明细分类核算。

管理费用账户的结构如图4-28所示。

管理费用	
(1)登记:本期发生的各项管理费用	(2)登记冲减的各项管理费用 (3)月末转入“本年利润”账户借方的管理费用净额
	期末无余额

图4-28　“管理费用”账户的结构图

(2)其他账户　管理费用的核算还会使用到“银行存款”、“待摊费用”、“其他应收款”、“原材料”、“应付职工薪酬”等账户。

3.管理费用核算的业务举例

【例4.39】　通达公司总务部门领取丙材料10吨,每千克120元,根据相关的“领料单”、“发料单”,会计分录为:

借:管理费用　　1 200

　贷:原材料——丙材料　　1 200

【例4.40】　根据本月的“工资结算表”,12月份公司应付行政管理部门人员工资3 000元,基建工程人员工资1 000元,并按14%的比例计算基本养老保险费。

分析:按照《企业会计准则》的规定,企业行政管理部门人员工资及保险费应在“管理费用”账户核算,基建工程人员工资和保险费应计入工程成本在“在建工程”账户中反映。

(1)应付管理人员的工资＝3 000(元),应提取的保险费＝3 000×14%＝420(元)

(2)应付基建工程人员的工资＝1 000(元),应提取的保险费＝1 000×14%＝140(元)

合计：　　　　4 000　　　　　　　　560

工资费用分配的会计分录：

借:管理费用　　　　3 000

　在建工程　　　　1 000

　贷:应付职工薪酬——工资　　　　4 000

提取基本养老保险费的会计分录：

借:管理费用　　　　420

　在建工程　　　　140

　贷:应付职工薪酬——养老保险　　　　560

【例 4.41】　30 日,根据“本月固定资产折旧计算表”12 月份行政管理部门使用的固定资产应提折旧额为 2 000 元,会计分录为：

借:管理费用　　　　2 000

　贷:累计折旧　　　　2000

【例 4.42】　31 日,行政部门报销购买办公用品费 500 元,现金付讫。会计分录为：

借:管理费用　　　　500

　贷:库存现金　　　　500

“管理费用”账户月末转账的会计分录见例 4.50。

(三)财务费用的核算

1.财务费用的核算内容

财务费用是指企业为筹资生产经营所需资金而发生的费用,包括利息支出(或利息收入)以及相关的金融手续费等。财务费用也是企业的一种必需支出,因此,正确归集各项财务费用成为会计核算的主要内容。

2.需设置和运用的账户

“财务费用”账户：

①账户性质　该账户属于损益类账户。

②账户用途　该账户用来核算企业为筹集生产经营所需资金而发生的各项财务费用。

③账户结构　该账户借方登记当期发生的各项财务费用,贷方登记应冲减的当期财务费用及期末转入“本年利润”账户的财务费用,结转后该账户无余额。

④明细账　该账户应按照费用项目设置明细账进行明细分类核算。

“财务费用”账户的结构如图 4-29 所示。

财务费用	
(1)登记:本期发生的各项财务费用	(2)登记冲减的各项财务费用 (3)月末转入“本年利润”账户借方的财务费用净额
	期末无余额

图 4-29 “财务费用”账户的结构图

3.财务费用核算业务举例

【例 4.43】　15 日,接银行通知,本月银行手续费 600 元,已转账。

分析:这笔经济业务发生,使企业的财务费用增加了 600 元,应记入“财务费用”账户借方,同时使企业的银行存款减少,应记入“银行存款”账户贷方,会计分录为:

借:财务费用　　600

　贷:银行存款　　600

【例 4.44】　按计划预提本月银行短期借款利息 1 000 元,会计分录为:

借:财务费用　　1 000

　贷:预提费用　　1 000

“财务费用”账户月末转账的会计分录见例 4.50。

(四)营业外收入和营业外支出的核算

1.营业外收入和营业外支出的内容

(1)营业外收入　是指企业非正常经营业务所引起的偶然性收入,包括处理固定资产净收益、罚没收入等。

①处置固定资产净收益　即固定资产出售、报废或毁损清理后取得的清理收入扣减全部清理支出后的净收益。

②罚款净收入　即企业取得的滞纳金和各种形式的罚款净收入。

③其他收入　包括非货币性交易收入、出售无形资产收益以及按有关规定计列的其他各项营业外收入。

(2)营业外支出　是指企业发生的与生产经营无直接关系的各项支出,包括固定资产盘亏损失、处理固定资产净损失、非常损失、出售无形资产损失、债务重组损失、捐赠支出、非常损失赔偿金、违约金等。其具体内容的分类包括:

①固定资产盘亏净损失　即在财产清查中盘亏的固定资产原值减去累计折旧和固定资产减值准备后的净损失价值。

②清理固定资产净损失　即出售、报废和毁损的固定资产转入清理后发生的净损失。

③非常损失　是指人类不可抗拒的自然灾害造成的各项资产净损失(扣除保险赔款及残值),以及由此造成的停工损失和清理费用。

④各项罚没支出　指企业因违约而支付的赔偿金、违约金、财产罚没损失以及各项税收的滞纳金和罚款。

⑤捐赠支出　是指国内重大救灾或慈善事业的救济性捐赠支出。其他捐赠支出应由企业税后留利列支。

⑥其他支出　包括处置无形资产净损失、债务重组损失等。

营业外收入不同于主营业务收入和其他业务收入,主营业务收入和其他业务收入业务的发生必须由企业有计划地组织,并垫付一定的可配比成本即主营业务成本和其他业务成本。而营业外收入的取得完全属于企业偶然事件的意外收入,不以垫支费用为前提,所以企业一定时期取得的营业外收入与发生的营业外支出不存在配比关系。

2.需要设置和运用的账户

(1)“营业外收入”账户

①账户性质　该账户属于损益类账户。

②账户用途　该账户用来核算企业发生的与生产经营无直接关系的各项偶发业务收入。

③账户结构　该账户的贷方登记发生的各项营业外收入,借方登记期末结转到“本年利润”账户的本期发生的营业外收入净额,结转后本账户无期末余额。

④明细账　该账户应按照各项营业外收入项目设置明细账,进行明细分类核算。

“营业外收入”账户的结构如图 4-30 所示。

营业外收入

(2)登记抵减的营业外收入 (3)月末结转至“本年利润”户贷方发生额净额	(1)登记:当期取得的各项营业外收入
期末无余额	

图 4-30　“营业外收入”账户的结构图

(2)“营业外支出”账户

①账户性质　该账户属于损益类账户。

②账户用途　该账户用来核算企业发生的与生产经营无直接关系的各项偶发业务支出。

③账户结构　该账户的借方登记本期发生的各项营业外支出，贷方登记期末结转到“本年利润”账户的营业外支出数额，结转后本账户无期末余额。

④明细账　该账户应按照支出项目设置明细账，进行明细分类核算。

“营业外支出”账户的结构如图 4-31 所示。

营业外支出	
(1)登记：本期发生的各项营业外支出	(2)登记冲减的各项营业外支出 (3)月末转入“本年利润”账户借方的营业外支出净额
	期末无余额

图 4-31　“营业外支出”账户的结构图

3.营业外收入和营业外支出的核算

(1)营业外收入的核算　营业外收入的核算是在“营业外收入”账户中进行的。

【例 4.45】　15 日，通达公司将拥有的一项无形资产出售，取得收入 50 000 元，款项已存入银行。出售时“无形资产”的账面余额 70 000 元，“累计摊销”的账面余额为 30 000 元。假定不考虑相关税金。

分析：该笔业务发生后，取得无形资产的出售收入，引起银行存款增加 50 000 元；无形资产账面净值减少 40 000 元；出售收入和无形资产账面净值的差额为出售净收益，应记入“营业外收入”的贷方，会计分录为：

借：银行存款	50 000	
累计摊销	30 000	
贷：无形资产		70 000
营业外收入		10 000

【例 4.46】　18 日，收到远虹公司交来罚款 2 000 元，款已存银行，会计分录为：

借:银行存款　　2 000

　贷:营业外收入　　2 000

营业外收入期末结转的会计分录见例 4.50。

(2)营业外支出的核算

【例 4.47】　15 日,通达公司会计部门收到“固定资产盘存单”内列盘亏固定资产一台,估计原值 30 000 元,已提折旧 22 000 元,账面价值 8 000 元。30 日,收管理当局批复通知,将批准转销的盘亏固定资产净值 8 000 元入账,会计分录为:

15 日,调整固定资产账面价值时:

借:待处理财产损溢——待处理固定资产损溢　　8 000

　累计折旧　　22 000

　贷:固定资产　　30 000

30 日,转销盘亏固定资产时:

借:营业外支出　　8 000

　贷:待处理财产损溢——待处理固定资产损溢　　8 000

【例 4.48】　20 日,开出支票 3 500 元,捐赠给某福利院。

这项经济业务的发生,表明企业以现金捐赠福利院属公益救济性捐赠,一方面使企业的现金减少了 3 500 元,另一方面使企业的营业外支出增加了 3 500 元。因此,在核算中要使用“银行存款”和“营业外支出”两个账户,会计分录为:

借:营业外支出　　3 500

　贷:银行存款　　3 500

营业外支出期末转账的会计分录见例 4.50。

(五)所得税费用的核算

1.企业所得税计算

企业所得税是指对中华人民共和国境内,除外商投资企业和国外企业外,实行独立经济核算的企业和组织,就其生产经营所得和其他所得征收的一种税金,它是企业的一项支出。

按照《企业会计准则第 18 号——所得税》规定,企业所得税的核算,主要是为确定当期应交所得税以及利润表中应确认的所得税费用。利润表中的所得税费用由两部分组成:当期所得税和递延所得税。由于递延所得税核算比较复杂,待专业会计中学习。此处只就当期应交所得税问题进行学习。

企业当期应交所得税的计算公式如下：

企业当期应交所得税＝应纳税所得额×所得税税率

应纳税所得额＝收入总额－准予扣除的项目

实际工作中，按照国家所得税法律制度规定，有些记入利润的收入可以减免纳税（如企业购买国债利息收入可免征所得税），有些抵减利润的支出不允许抵税（如超过国家规定标准的业务招待费、工资费用等）。所以，企业的应纳税所得额可以按下列公式表示：

应纳税所得额＝利润总额±纳税调整项目

这里为了简便起见，关于纳税调整项目的具体内容与核算方法在此不作介绍。假定企业不存在纳税调整项目，所以：

应纳税所得额＝企业的利润总额

企业当期应交所得税＝应纳税所得额×所得税税率＝企业的利润总额×所得税税率

2.需要设置和运用的账户

(1)“所得税费用”账户

①账户性质　该账户属于损益类账户。

②账户用途　该账户用来核算企业按规定计算交纳的所得税费用。

③账户结构　该账户的借方登记本期发生的所得税费用，贷方登记结转的所得税费用，期末余额转入“本年利润”账户，结转后无余额。

“所得税费用”账户的结构如图4-32所示。

所得税费用	
(1)登记：本期应交的所得税	(2)登记冲减的各项所得税 (3)月末转入“本年利润”账户借方的所得税净额
	期末无余额

图4-32 “所得税费用”账户的结构图

(2)“应交税费——应交所得税”账户(略)。

3.企业所得税业务核算举例

【例4.49】 20××年12月，通达公司实现利润总额为227 155.50元，所得税率为25%。12月份计算本期应交所得税。

本月应交所得税＝227 155.50×25%＝56 788.88(元)

这项经济业务发生，使企业发生必要支出56 788.88元，记入“所得税费用”账户的借方，同时形成企业对国家的负债，应记入“应交税费——应交所得税”账户的贷方，会计分录为：

借：所得税费用　56 788.88

　贷：应交税费——应交所得税　56 788.88

企业本月实现的净利润＝227 155.50－56 788.88＝170 366.62(元)

所得税费用期末转账的会计分录见例4.50。

(六)本年利润形成的核算

1.本年利润形成核算的程序

当期实现的净利润是企业的最终财务成果，是将当期企业经营业务与非经营业务所取得的全部收入抵偿相关的全部支出后的差额，因此，企业当期净利润的形成核算就是将企业各项收入账户的发生数总额与当期发生的各项支出数总额从各自相应“收入”和“支出”账户中转入“本年利润”账户，从而形成各期的最终财务成果。

2.需要设置和运用的账户

(1)“本年利润”账户

①账户性质　该账户属于所有者权益类账户。

②账户用途　该账户用来核算企业本年实现的净利润(或亏损)总额情况。

③账户结构　该账户的贷方登记本期从主营业务收入、其他业务收入、营业外收入、投资收益等账户中结转过来的数额，借方登记本期从主营业务成本、销售费用、营业税金及附加、其他业务成本、管理费用、财务费用、营业外支出、所得税费用等账户中结转过来的数额。月终时，如为贷方余额，表示本年度截止到本期末，企业累计实现的净利润总额；如为借方余额，表示本年度截止到本期末，企业累计发生的亏损数额。年度终了，“本年利润”账户的余额应转入“利润分配”账户，结转后该账户年末无余额。

“本年利润”账户的结构如图4-33所示。

本年利润

(1)期初余额:从本年1月1日起至本月初发生的本年亏损累计数 (3)登记: ①各月支出类账户转入数 ②年终,贷方发生额大于借方发生额的差额转入“利润分配”账户贷方的当年净利润	(2)期初余额:从本年1月1日起至本月初发生的本年净利润累计数 (4)登记: ①从各月收入账户中结转过来的数额 ②年终,借方发生额大于贷方发生额差额转入“利润分配”账户借方的当年亏损数
(5)各月余额:表示从年初至本月止发生亏损累计数	(6)各月期末余额:表示从本年至本月末止实现利润的累计数 年度末该账户无余额

图 4-33 “本年利润”账户的结构图

(2)各“收入”、“支出”账户(略)。

3.当期净利润形成核算举例

【例 4.50】 通达公司20××年1～11月份累计实现净利润为60 000元,12月份各收支账户余额资料见表4-12,根据以上资料确定通达公司本年度实现的净利润。

表 4-12　　12月份各收支账户的余额

科目名称	借方发生额	贷方发生额	科目名称	借方发生额	贷方发生额
主营业务成本	147 000		主营业务收入		410 000
营业税金及附加	22 949.50		其他业务收入		10 000
其他业务成本	6 975		投资收益		
销售费用	7 700		营业外收入		12 000
管理费用	7 120				
财务费用	1 600				
营业外支出	11 500				
所得税费用	56 788.88				
合计	261 633.38		合计		432 000

分析：

12 月份公司实现的利润总额

=(410 000+10 000+12 000)-(147 000+22 949.5+6 975+7 700+7 120+1 600+11 500)

= 432 000-204 844.5

= 227 155.50(元)

月末转账的会计分录为：

(1)结转所有收入类账户的贷方发生额至“本年利润”账户

	借方	贷方
借：主营业务收入	410 000	
其他业务收入	10 000	
营业外收入	12 000	
贷：本年利润		432 000

(2)结转所有支出类账户的借方发生额至“本年利润”账户

	借方	贷方
借：本年利润	261 633.38	
贷：主营业务成本		147 000
营业税金及附加		22 949.50
其他业务成本		6 975
销售费用		7 700
管理费用		7 120
财务费用		1 600
营业外支出		11 500
所得税费用		56 788.88

从以上资料可以得知，企业各项利润的计算过程：

营业利润=410 000+10 000-147 000-22 949.50-6 975-7 700-7 120-1 600=226 655.50(元)

利润总额=2 226 655.50+12 000-11 500=227 155.50(元)

利润净额=227 155.50-56 788.88=170 366.62(元)。

假设通达公司 20××年度 12 月初“本年利润”账户有贷方余额 60 000 元，则本年累计实现的净利润为 230 366.62(元)

【例 4.51】　通达公司将本年累计实现年度净利润 230 366.62 元，结转到“利润分配——未分配利润”账户，会计分录为：

借:本年利润　　230 366.62
　贷:利润分配——未分配利润　　230 366.62

利润形成过程核算如图 4-34 所示。

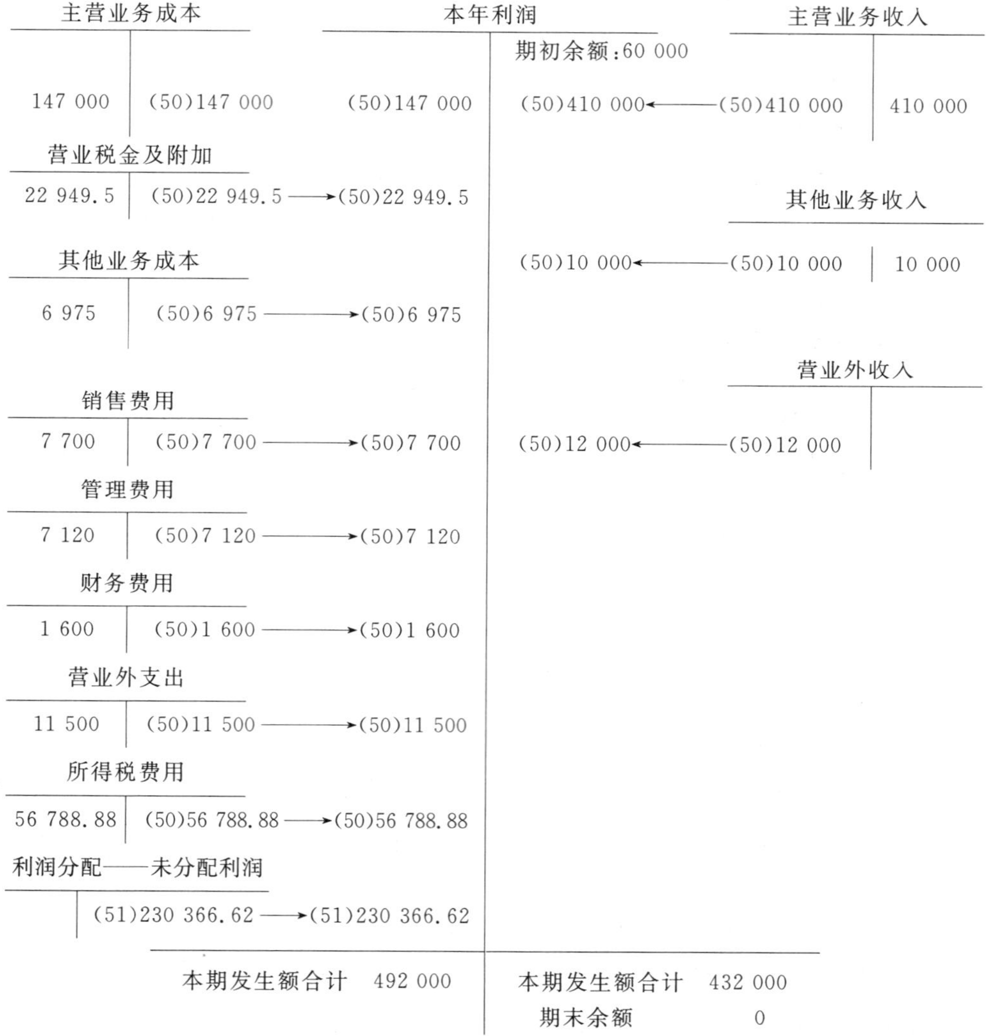

图 4-34 企业净利润形成过程核算图

三、利润分配的核算

(一)利润分配核算的内容与顺序

按照《公司法》及《企业会计准则》的规定,企业实现了税后净利润后,必须严格按照国家的法规、制度和企业的章程、决议的规定及时、合法地进行利润分配。

利润分配一般在年度终了进行,企业当年实现的税后净利润,加上年初未分配利润(或减去年初未弥补亏损)和其他转入后的余额,为可供分配的利润。可供分配的利润,根据规定按照下列顺序进行分配:

(1)提取法定盈余公积 企业应按当年实现的税后利润(减去以前年度未弥补亏损)的一定比例(法定10%)提取法定盈余公积金,以增强企业自我发展的实力和承担经营风险的能力。

(2)提取任意盈余公积 公司制企业提取法定盈余公积后,经股东大会决议,可以提取任意盈余公积;其他企业也可以根据需要提取任意盈余公积。任意盈余公积的提取比例由企业视情况而定。

(3)向投资者分配利润 可供分配的利润减去提取的法定盈余公积金以后,为可供投资者分配的利润。

可供分配的利润,经过上述分配后剩余金额为年末未分配利润(或未弥补亏损)。未分配利润可留待以后年度对投资者继续进行分配。企业如果发生亏损,可以按照规定由以后年度利润进行弥补。

上述利润分配顺序的关系和要求是:企业以前年度亏损未弥补完,不得提取法定盈余公积金;在提取法定盈余公积金之前,不得向投资者分配利润;企业必须按当年税后净利润的10%提取法定盈余公积金,当法定盈余公积金已达注册资本50%时可不再提取。

(二)利润分配核算应设置的账户

1.“利润分配”账户

为了核算企业年度内利润的分配(或亏损的弥补)以及历年利润分配(或弥补)后的结存情况,应设置“利润分配”账户。

(1)账户性质 该账户属于所有者权益类账户。

(2)账户用途 该账户用来核算企业净利润(或亏损)历年分配(或弥补)情况及结存余额。

(3)账户结构 “利润分配”账户借方登记利润的各种分配数或年末从“本年利润”账户转入的待弥补亏损数;贷方登记年末从“本年利润”账户转入的当年实现的净利润或已经弥补亏损数。年末若有贷方余额,表示历年累积的未分配利润数额;

若为借方余额，表示历年累积的未弥补亏损数额。

(4)明细账　为了反映利润分配的详细情况，“利润分配”账户应按提取法定盈余公积、应付利润、未分配利润等明细项目设置明细账进行明细分类核算。

年度终了除“未分配利润”明细账户外，其他明细账户均应结转至“利润分配——未分配利润”账户，结转后，各明细账户均无余额。

2.“盈余公积”账户

(1)账户性质　该账户属于所有者权益类账户。

(2)账户用途　该账户用来核算企业从净利润中提取的法定盈余公积。

(3)账户结构　该账户的贷方登记盈余公积的增加额，借方登记盈余公积的减少额，期末余额在贷方，表示期末结余的盈余公积。企业的盈余公积既可以按照有关规定转为所有者的投资，也可以用于弥补以后各期发生的亏损。

(4)明细账　该账户应按照盈余公积的种类设置明细账，进行明细类核算。

3.“应付利润”账户

(1)账户性质　该账户属于负债类账户。

(2)账户用途　该账户用来核算企业应付给投资者的利润，包括国家、法人、单位以及个人等的投资利润。

(3)账户结构　该账户的贷方登记计算出应支付给投资者的利润，借方登记实际支付给投资者的利润。该账户期末若为贷方余额表示未支付给投资者的利润，若为借方余额表示多支付给投资者的利润。

(4)明细账　该账户应按照投资者设置明细账，进行明细分类核算。

(三)利润分配业务举例

企业利润分配一般在年终进行，为了保证业务连贯性，我们假定企业1月份进行利润分配。

【例4.52】　通达公司将本年累计实现年度净利润230 366.62元，按10%比例提取法定盈余公积。

应提取的法定盈余公积＝230 366.62×10%＝23 036.66(元)

会计分录为：

借：利润分配——提取法定盈余公积　　23 036.66

　贷：盈余公积——法定盈余公积　　23 036.66

【例4.53】　计算出本期应付投资者利润80 000元，会计分录为：

借：利润分配——应付利润　　80 000

　贷：应付利润　　80 000

【例 4.54】 将“利润分配——提取法定盈余公积”、“利润分配——应付利润”账户结转到“利润分配——未分配利润”账户，会计分录为：

借：利润分配——未分配利润　　103 036.66
　贷：利润分配——提取法定盈余公积　　23 036.66
　贷：利润分配——应付利润　　80 000

利润分配总分类核算如图 4-35 所示。

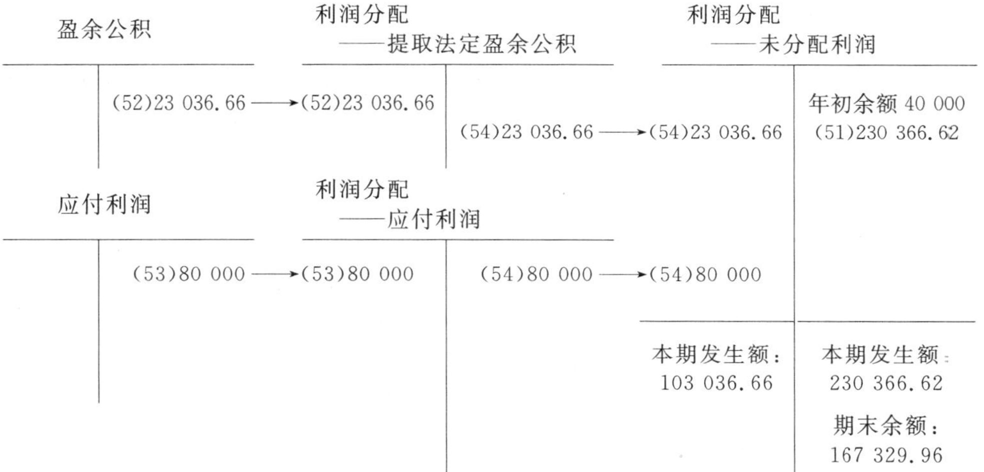

图 4-35 利润分配总分类核算图

第七节 其他业务的核算

产品制造企业在组织生产经营过程中，除了发生筹资业务、材料业务、产品生产业务、销售业务以及财务成果业务之外，还会发生一些其他业务。例如固定资产增加、减少的业务，提取现金业务，用货币资金支付各种款项的业务等。下面分别说明这些业务的总分类核算。

一、固定资产增减业务的核算

（一）固定资产的内容

按照《企业会计准则第 4 号——固定资产》的规定，固定资产是指同时具有下列特征的有形资产：

(1)为生产商品、提供劳务、出租或经营管理而持有。

(2)使用寿命超过一个会计年度,如机器设备、运输工具、房屋、建筑物等。

其主要特点是:它进入企业的生产过程以后,能够连续在若干个生产周期内使用和发挥作用,并保持原有实物形态;其价值是随着磨损程度逐渐地、部分地以折旧的形式转移到新产品的成本中去,构成产品价值的一部分。所以,固定资产的取得,固定资产折旧,固定资产出售、报废、毁损及固定资产的盘盈、盘亏等属于固定资产的核算内容。关于固定资产的核算,将在专业会计中进一步学习,这里,只介绍固定资产相关账户的一般运用方法。

(二)应设置与运用的账户

根据固定资产的特点,为了核算企业固定资产的增加、减少以及计提折旧,应设置“固定资产”、“累计折旧”和“固定资产清理”账户。关于“累计折旧”账户前面已讲过,这里不再重复。

1.“固定资产”账户

(1)账户性质　该账户属于资产类账户。

(2)账户用途　该账户用来核算企业固定资产原始价值的增减变动及其结果。

(3)账户结构　该账户的借方登记增加固定资产的原始价值,贷方登记减少固定资产的原始价值,期末余额在借方,表示现有固定资产的原始价值。

(4)明细账　该账户应按照固定资产的种类设置明细账,进行明细分类核算。

2.“固定资产清理”账户

(1)账户性质　该账户属于资产类账户。

(2)账户用途　该账户用来核算企业因出售、报废和毁损等原因转入清理的固定资产净值及其在清理中所发生的清理费用和清理收入。

(3)账户结构　该账户的借方登记在清理中所发生的清理费用、清理固定资产的净值、结转固定资产清理后的净收益,贷方登记收回出售固定资产的价款、残料价值、固定资产变价收入、由保险公司或过失人赔偿的损失、结转固定资产清理后的净损失,结转后无余额。

(4)明细账　该账户应按被清理的固定资产设置明细科目。

3.“累计折旧”账户

此处不讲述。

(三)固定资产增减的核算举例

假定通达公司20××年1月发生下列部分经济业务:

【例4.55】　购入设备一台,价款100 000元。收到供货单位开来的“增值税专用发票”,审核无误,通知银行转账,支付货款及增值税共117 000元。

由于固定资产属于企业的劳动手段,而不属于劳动对象,所以按照我国“增值税暂行条例”的规定，购入固定资产支付的增值税进项税额，不能由当期实现的“增值税销项税额”抵扣，而应将支付的增值税进项税额记入固定资产成本。所以这项经济业务的发生，一方面使企业固定资产增加 117 000 元，应记入“固定资产”账户的借方；另一方面使企业的银行存款减少 117 000 元，应记入“银行存款”账户的贷方，会计分录为：

借：固定资产　　117 000
　贷：银行存款　　117 000

【例 4.56】　出售旧设备一台，原价为 40 000 元，已提折旧 20 000 元，收到出售设备的价款 30 000 存入银行，发生拆卸费 1 000 元，以现金支付。另外，按照营业税征收管理的规定，计算该项出售固定资产的业务应交纳营业税 1 500 元。

这项经济业务发生，应作如下账务处理：

(1)注销已出售的固定资产时，会计分录为：

借：固定资产清理　　2 0000
　　累计折旧　　20 000
　贷：固定资产　　40 000

(2)收到出售的价款时，会计分录为：

借：银行存款　　30 000
　贷：固定资产清理　　30 000

(3)支付拆卸费用时，会计分录为：

借：固定资产清理　　1 000
　贷：库存现金　　1 000

(4)确定应交营业税金时，会计分录为：

借：固定资产清理　　1 500
　贷：应交税费——应交营业税　　1 500

(5)结转出售固定资产的净收益

由于“固定资产清理”账户贷方发生额大于借方发生额的差额为 7 500 元(30 000－20 000－1 000－1 500＝7 500)。说明出售的设备已取得了净收益，会计分录为：

借：固定资产清理　　7 500
　贷：营业外收入　　7 500

二、其他经济业务的核算

【例 4.57】　从银行提取现金 10 000 元备用。

这项经济业务的发生，一方面使企业的现金增加10 000元，另一方面使企业的银行存款减少10 000元。因此，在核算中应使用“库存现金”和“银行存款”两个账户，会计分录为：

借：库存现金	10 000	
贷：银行存款		10 000

【例4.58】 用银行存款交纳上月的消费税20 500元，所得税56 788.88元，城市维护建设税1 714.65元，增值税3 995元，应交教育费附加734.85元，共计83 733.38元。

分析：这项经济业务的发生，一方面使企业的银行存款减少了83 733.38元，另一方面使企业“应交税费”减少了83 733.38元，因此，在核算中应使用“银行存款”和“应交税费”账户，会计分录为：

借：应交税费——应交消费税	20 500	
——应交所得税	56 788.88	
——城市维护建设税	1 714.65	
——应交增值税	3 995	
——应交教育费附加	734.85	
贷：银行存款		83 733.38

【例4.59】 接到银行通知，收到通业公司上月欠款235 000元，已入账，会计分录为：

借：银行存款	235 000	
贷：应收账款——通业公司		235 000

【例4.60】 职工张海出差预借差旅费3 000元，以现金支付。张海出差回来报销差旅费2 800元，余款以现金交回，会计分录为：

借：其他应收款——张海	3 000	
贷：库存现金		3 000
借：管理费用	2 800	
库存现金	200	
贷：其他应收款——张海		3 000

本章小结

按照规定的会计科目设置账户并运用借贷记账法进行账务处理是整个会计核算方法体系的核心，也正是本章所阐述的内容。

学习本章时应注意的问题如下：

1.筹资业务及核算

企业筹资主要有两大渠道：一是向企业权益投资者（以下统称为“投资者”）筹集权益性资金；二是向债权人筹集债务性资金。

筹资业务核算应设置的账户有“实收资本”、“资本公积”、“短期借款”、“长期借款”。应着重理解和把握“实收资本”、“短期借款”账户的结构和运用。

2.材料采购业务及核算

材料是产品制造企业组织产品生产经营活动所必需的物质资料。材料采购业务的主要核算内容包括：

（1）支付材料的买价和进项税额并与供货单位结算货款。

（2）支付材料的采购费用。材料的采购费一般包括：运杂费（包括运输费、装卸费、保险费、包装费、仓储费等）、运输途中的合理损耗、入库前的挑选整理费（包括挑选整理中发生的工、费支出和必要的损耗等）、购入商品应负担的其他税金（如进口关税等）。

（3）计算并确定材料的采购成本并验收材料入库。材料采购业务核算应设置的账户有“材料采购”、“原材料”、“银行存款”、“应付账款”和“应交税费——应交增值税”。应着重理解和把握“材料采购”、“原材料”账户的结构和运用。

3.产品生产业务及核算

产品生产业务主要包括在产品生产过程中原材料费耗费、生产工人及生产管理人员的工资耗费、固定资产磨损以及发生在产品制造过程中的其他耗费等。产品生产过程中发生的各种生产耗费，称为“生产费用”。

产品生产业务核算应设置的账户有“生产成本”、“制造费用”、“应付职工薪酬”、“累计折旧”、“待摊费用”、“预提费用”等。其核心账户是“生产成本”和“制造费用”。这两个账户是用来归集生产费用计算产品成本的，应分清哪些费用可以直接记入“生产成本”账户，哪些费用要先记入“制造费用”账户，月末再转入“生产成本”账户。直接记入“生产成本”账户的费用主要是那些直接用于产品生产，并单独设置成本项目的费用，如原材料、生产工人薪酬。车间为组织和管理生产所发生的各种间接生产费用和机器设备的折旧费，发生时先记入“制造费用”账户，月末转入“生产成本”账户，并在各种产品之间按一定比例分配。

“生产成本”账户在归集各项直接和间接生产费用后，即可计算出本月完工入库的产品成本，并随着完工产品验收入库，其生产成本也随之转入“库存商品”账户，表示产品生产业务核算的结束。

4.产品销售业务及核算

产品销售主要经济业务内容包括：

(1)确认销售收入和增值税销项税额并与购货单位办理货款结算。

(2)结转已出售产品的生产成本。

(3)支付并归集分配销售费用。

(4)计算应交销售税金及附加。

产品销售业务的核算，一方面要掌握销售收入确认的条件，准确把握收入的入账时间和金额；另一方面根据配比性原则，结转已销售产品的生产成本和进行产品销售费用、产品销售税金的核算。

产品销售业务的核算应设置的账户有“主营业务收入”、“主营业务成本”、“营业税金及附加”、“销售费用”、“应交税费——应交增值税”、“应收账款”等。

5.财务成果及核算

财务成果是企业一定时期内的经营总结果，即经营期内所实现的收入总额扣除所有支出后的差额，差额大于零为利润，小于零为亏损。企业的财务成果主要由营业利润、利润总额和净利润等项目组成。

财务成果核算时，首先应注意各利润指标的计算，如营业利润、利润总额和净利润。其次应注意“本年利润”、“利润分配”账户的用途和结构特点，以及这两个账户之间的关系。通过“本年利润”账户，将从各收入账户转入的本期发生的各种收入与从各费用账户转入的本期发生的各种费用相抵后，如收入大于费用，即为贷方余额，表示本期实现的利润；如费用大于收入，即为借方余额，表示本期发生的亏损。在年度中间，该账户的余额保留在本账户，不予转账，表示截止到本期本年度累计实现的净利润或发生的亏损。年末，应将该账户余额转入“利润分配”，结转后，“本年利润”账户应无余额。“利润分配”账户是用来反映企业实际已分配的利润数额和分配后结存数额的账户。年末“利润分配”账户如为贷方余额，表示未分配的利润数额；如为借方余额，表示未弥补的亏损数额。

6.其他业务及核算

其他业务是指除上述业务以外的经济业务，如固定资产增加、减少的业务，提取现金业务，用货币资金支付各种款项的业务等。

应注意理解和把握“固定资产”、“累计折旧”账户的用途和结构特点，以及固定资产增加的核算。

复 习 题

一、判断题

1. 企业收到投资人固定资产的投资,“实收资本”应按固定资产的实际价值入账。( )

2. 短期借款的利息应记入“管理费用”账户。( )

3. 采购材料无论是否入库均直接记入“原材料”账户。( )

4.“应付职工薪酬”账户如有贷方余额,表示应付未付的职工薪酬。( )

5.“制造费用”账户期末结转后,一般应无余额。( )

6. 企业在销售环节应交纳的营业税金及附加包括增值税、消费税、城市维护建设税和教育费附加。( )

7. 企业将本期实现的主营业务收入与主营业务成本配比后,其差额即为本期的营业利润。( )

8.“本年利润”账户,在年度中间余额保留在本账户,不予转账。年末结转后应无余额。( )

9. 出售固定资产的收入应直接记入“营业外收入”账户。( )

10.“利润分配”账户年末借方余额,表示历年累计未分配的利润数额。( )

二、单项选择题

1. 实收资本是指企业实际收到的投资者投入的资本,它是企业( )的主要组成部分。

A. 资产　　B. 负债

C. 所有者权益　　D. 收入

2. 核算材料采购成本的账户是( )。

A. 原材料　　B. 材料采购

C. 生产成本　　D. 管理费用

3. 核算产品生产成本的账户是( )。

A. 原材料　　B. 材料采购

C. 生产成本　　D. 采购费用

4.“预提费用”、“待摊费用”两个账户是根据( )的要求,为了划清各会计期间的费用界限而设置的。

A. 历史成本　　B. 权责发生制

C. 配比性　　D. 谨慎性

5. 下列不能记入产品成本的是(　　)。

A. 制造费用　　B. 原材料

C. 生产工人的薪酬　　D. 管理费用

6. 企业购入材料发生的运杂费等采购费用,应记入(　　)。

A. 管理费用　　B. 材料采购成本

C. 生产成本　　D. 销售费用

7. 9月30日,"本年利润"账户有贷方余额60 000元,表示(　　)。

A. 9月份实现的利润60 000元

B. 9月30日实现的利润60 000元

C. 1月1日至9月30日累计实现的利润60 000元

D. 1月1日至9月30日累计分配的利润60 000元

8. 下列不应记入营业利润的是(　　)。

A. 管理费用　　B. 销售外收入

C. 财务费用　　D. 销售费用

9. "主营业务成本"账户的借方登记从(　　)账户中结转的本期已销产品的生产成本。

A. 生产成本　　B. 库存商品

C. 制造费用　　D. 原材料

10. 固定资产因损耗而减少的价值,应贷记(　　)。

A. 固定资产　　B. 累计折旧

C. 管理费用　　D. 制造费用

三、多项选择题

1. 关于"材料采购"账户,正确的说法是(　　)。

A. 借方登记购入材料的买价和采购费用

B. 贷方登记入库材料的实际成本

C. 期末如有余额在借方,表示未付款、未入库在途材料的实际成本

D. 是计算材料采购成本的账户

2. 在材料采购业务核算时,与"材料采购"账户的借方相对应的账户一般有(　　)。

A. 应付账款　　B. 应付票据

C. 应收账款　　D. 预付账款

3. 购入材料的采购成本一般包括(　　)。

A. 买价　　B. 采购材料过程中支付的运费

C. 运输途中的合理损耗　　D. 入库前的整理挑选费

4.“生产成本”账户借方登记(　　)。

A. 直接材料　　B. 直接人工

C. 分配记入的制造费用　　D. 计提的折旧

5. 影响营业利润的项目有(　　)。

A. 销售费用　　B. 主营业务成本

C. 营业税金及附加　　D. 管理费用

6.“待摊费用”账户借方登记企业发生的各种待摊费用,如(　　)。

A. 预付保险费　　B. 预付报纸杂志费

C. 预提的借款利息　　D. 预付购料款

7. 根据国家规定,企业可按照职工工资总额的一定比例,从(　　)中提取社会保险费。

A. 工资　　B. 成本

C. 费用　　D. 收入

8. 在期末结转利润后,无余额的账户有(　　)。

A. 所得税费用　　B. 主营业务成本

C. 销售费用　　D. 应交税费

9. 下列项目中,应记入“营业外收入”账户贷方的有(　　)。

A. 经批准,结转无法支付的应付账款　　B. 处置无形资产的净收益

C. 出租设备的租金收入　　D. 处理固定资产的净收益

10. 下列项目中,应记入“营业外支出”账户借方的有(　　)。

A. 经批准,结转无法收回的应收账款　　B. 经批准,固定资产的盘亏损失

C. 支付的广告费　　D. 处理固定资产的净损失

11. 企业未分配利润的计算为(　　)。

A. 平时,将“本年利润”账户的贷方发生额减借方发生额

B. 平时,将“本年利润”账户的贷方余额与“利润分配”账户的借方余额相减

C. 年末,将“本年利润”账户结转记入“利润分配”账户的贷方后,“利润分配”账户的贷方余额

D. 年末,将“利润分配”账户结转记入“本年利润”账户的贷方后,“本年利润”账户的贷方余额

四、简答题

1. 举例说明材料采购成本的构成内容。

2. 简述生产成本的构成项目及内容。

3. 简述财务成果的构成内容。

4. 简述利润分配的顺序。

5. 简述“本年利润”账户的用途和结构。

6. 什么是“实地盘存制”和“永续盘存制”?二者有什么不同?

7. 存货发出计价的基本计价方法有哪些?简述其各种方法的原理。

五、综合题

(一)某公司 2007 年 12 月份发生下列经济业务:

1. 1 日,公司增资,吸收 A 企业投入货币资金 400 000 元,该款存入银行。

2. 1 日,公司增资,吸收 B 企业投入新设备一台,该设备价值 400 000 元。公司注册资本总额为 1 520 000 元,按照协议,B 企业所占投资比例为 20%。该设备已办妥了产权交接手续。

3. 2 日,公司向某专业银行借入短期借款 100 000 元,存入银行。

4. 3 日,公司以银行存款归还上期短期借款本金 50 000 元,利息 2 000 元。

5. 8 日,公司为购买一项设备,从银行取得一项长期借款 400 000 元存入银行,期限为两年,年利率为 12%。

6. 公司归还前期长期借款本金 80 000 及利息 20 000 元,共计 100 000 元。

要求:根据上述资料编制会计分录。

(二)某公司系增值税一般纳税企业,原材料按实际成本计价核算,采用“先进先出法”计算发出材料和月末结存材料的成本。材料数量盘点采用永续盘存制。该公司 20××年 4 月 1 日库存 A 材料 600 千克,每千克实际成本 50 元。4 月份 A 材料收入、发出的有关资料如下:

1. 4 月 5 日,购入 A 材料 1 000 千克,支付买价 53 000 元,运杂费 900 元(增值税略)。当日实际验收入库 980 千克,经查明,短缺的 20 千克系运输途中合理损耗。

2. 4 月 8 日,发出 A 材料 1 200 千克,用于产品生产。

3. 4 月 10 日,购入 A 材料 1 500 千克,支付买价 89 000 元,运杂费 1 000 元(增值税略)。当日已如数验收入库。

4. 4 月 20 日,发出 A 材料 1 400 千克,用于产品生产。

要求:

1. 根据上述经济业务编制会计分录。

2. 分别计算 4 月 5 日和 4 月 10 日购入 A 材料的实际单位成本。

3. 计算本月发出 A 材料的实际成本。

4. 计算月末结存 A 材料的实际成本。

(要求列出计算过程)

(三)某公司 20××年 12 月份发生下列经济业务:

1. 出售 A 产品给 W 公司 100 件,每件售价 800 元,开出增值税专用发票,增值税率 17%,货款及增值税已收到存入银行。

2. 出售 B 产品 200 件给 Z 公司,每件售价 1 000 元,开出增值税专用发票,增值税率 17%,计 234 000 元,货已发出,用支票支付代垫运杂费 1 000 元,已办妥托收手续,货款尚未收到。

3. 当月销售 A 产品 100 件,每件生产成本 426.80 元,B 产品 200 件,每件生产成本 500 元,结转其主营业务成本。

4. 本月 A 产品销售收入为 80 000 元,B 产品销售收入为 200 000 元,A、B 产品均为应纳消费税产品,消费税率为 5%,计算本月应交消费税金。

5. 本月应上交的增值税为 5 000 元,应上交消费税为 14 000 元,城市维护建设税率为 7%,教育费附加率为 3%,计算本月应交的城市维护建设税和教育费附加。

6. 以银行存款支付销售 A 产品运费 3 000 元。

7. 以银行存款支付本月产品广告费 1 000 元。

8. 公司决定处理一批多余乙材料 10 吨,账面单位成本 300 元,单位售价 400 元,企业开出增值税专用发票,增值税率 17%,销售货款与增值税款已收到并存入银行。

9. 上月将一台闲置不用的设备出租,收取本月租金 2 000 元,该设备本月应计提的折旧费 800 元。

10. 据本月的"工资结算表",12 月份公司应付行政管理部门人员工资 3 000 元,工程建设人员工资 1 000 元,并按 14%的比例计算基本养老保险费。

11. 根据"本月固定资产折旧计算表",12 月份行政管理部门使用的固定资产应提折旧额为 2 000 元。

12. 部门报销购买办公用品费 300 元,现金付讫。

13. 接银行通知,本月银行手续费 400 元,已转账。

14. 按计划预提本月银行短期借款利息 200 元。

15. 会计部门收到"固定资产盘存单"内列盘亏固定资产一台,固定资产原值 30 000 元,已提折旧 22 000 元,账面价值 8 000 元。30 日收管理当局批复通知,将批准转销的盘亏固定资产净值 8 000 元入账。

16. 某公司交来罚款 3 000 元,款已存入银行。

17. 所得税率为 25%,计算本期应交所得税(以本期实现的利润总额为计算依据）。

要求：

1. 根据资料编制会计分录。

2. 计算本月实现的利润净额，作月末转账的会计分录。

3. 公司将本年累计实现年度净利润 4 000 000 元，按 10%比例分别提取法定盈余公积，并作转账分录。

思 考 题

1. 筹资业务核算的主要内容是什么？需要设置哪些主要账户？每一账户的核算内容及结构如何？

2. 材料业务核算的主要内容是什么？需要设置哪些主要账户？每一账户的核算内容及结构如何？

3. 生产业务核算的主要内容是什么？需要设置哪些主要账户？每一账户的核算内容及结构如何？

4. 销售业务核算的主要内容是什么？需要设置哪些主要账户？每一账户的核算内容及结构如何？

5. 财务成果核算的主要内容是什么？需要设置哪些主要账户？每一账户的核算内容及结构如何？

6. 什么是永续盘存制？其优缺点及适用范围是什么？什么是实地盘存制？其优缺点及适用范围是什么？

7. 什么是产品的制造成本？产品制造成本计算的一般程序是怎样的？

8. 企业财务成果包括哪些具体内容？

9. 企业的净利润是怎样进行分配的？需要设置哪些账户？如何进行会计核算？

第五章　会计凭证

内容提要

本章主要介绍会计凭证的分类、填制和审核。

学习目标

通过本章的学习，应掌握如下知识：

1. 会计凭证的概念；
2. 会计凭证的分类方法；
3. 原始凭证的基本要素；
4. 记账凭证的基本要素；
5. 记账凭证的填制方法；
6. 原始凭证的审核内容；
7. 记账凭证的审核内容；
8. 会计凭证传递和保管的基本要求。

学习提示

本章重点是会计凭证的填制方法以及审核的内容。

第一节 会计凭证的意义

一、会计凭证的概念

会计凭证是用来记录经济业务的发生和完成情况，明确经济责任的书面证明，也是登记账簿的依据。

会计主体对发生的每一项经济业务，都必须按照规定的程序和要求，由经办业务的有关人员取得和填制会计凭证，在凭证上详细写明经济业务的内容，并在凭证上签名或盖章，以对会计凭证的真实性和正确性负责，明确经济责任。取得或填制的会计凭证，需经有关人员审核无误后，才能作为登记账簿的依据。

二、会计凭证的作用

填制和审核会计凭证，是会计核算的专门方法之一，也是会计核算工作的起点，它对于如实反映经济业务内容，监督经济业务的合法性、合理性，保证会计核算资料的真实、完整，提高会计核算的质量具有重要的意义。会计凭证的作用可以概括为以下几点：

1.记录经济业务，为记账提供依据

原始凭证是记录经济业务事项发生和完成情况的原始证据，也是会计核算的原始依据；记账凭证是以审核后的原始凭证为依据编制的，是登记账簿的直接依据。因此，填制和审核会计凭证，可以适时地记录经济业务，为会计记账提供真实、可靠的依据。

2.明确经济责任，加强内部控制

企业取得或填制的各种会计凭证，除记录有关经济业务的基本内容外，还必须由有关部门和人员签名或盖章，对会计凭证所记录经济业务的真实性、完整性、合法性负责。因此，填制和审核会计凭证，可以明确经济责任，防止舞弊行为，强化内部控制。

3.监督、控制经济活动

通过审核会计凭证，可以检查每一项经济业务是否符合国家有关法律、法规、制度规定，是否与计划、预算相符合等。对于查出的问题，积极采取措施予以纠正，从而监督经济业务的发生情况，对经济活动进行有效控制，保证经济活动健康运行。

会计凭证的种类很多，可以按照不同的标准进行分类，但主要还是按其编制程序和用途的不同，分为原始凭证和记账凭证两类。

第二节　原始凭证

一、原始凭证的种类

原始凭证，亦称单据，是在经济业务发生或完成时取得或填制的，用以记录或证明经济业务的发生或完成情况，明确经济责任的一种凭证。

原始凭证是会计核算的原始资料，是填制记账凭证、登记账簿的原始依据。凡不能证明经济业务发生或完成情况的各种单证，如购销合同、购料申请单等，不能作为原始凭证并据以记账。各单位在发生经济业务时，必须取得和填制原始凭证，并及时将原始凭证送交会计机构，以保证会计核算工作的顺利进行。

原始凭证的种类和格式多种多样，可以按不同的标准进行分类。

(一)按原始凭证来源分类

原始凭证按照来源不同，分为外来原始凭证和自制原始凭证。

外来原始凭证，是指由业务经办人员在经济业务发生或完成时从外单位取得的原始凭证，如购货时取得的发货票、付款时取得的收据、职工出差取得的飞机票和火车票等。发票的一般格式如表 5-1、表 5-2 所示。

表 5-1　　北京市商业企业专用发票发票联

付款单位：新华公司　　NO:65138197

编号	商品名称	规格	单位	数量	单价	金额								
						百	十	万	千	百	十	元	角	分
59477-3	EPSON 墨盒	T018	个	1	220.00				¥	2	2	0	0	0
小写金额合计									¥	2	2	0	0	0
大写金额	零佰零拾零万零仟贰佰贰拾零元零角零分													

开票单位(盖章)欣欣贸易公司　　开票人：王力　　20××年 4 月 15 日

表 5-2　　　　　　　　　　增值税专用发票发票联

开票日期：20××年 9 月 1 日　　　　　　　　　　　　　　　　NO：05317623

购货单位	名称	新华机械厂											纳税人登记号								010011006666
	地址电话	×市建设路 1 号 2111356											开户银行及账号								×市支行 312-569
货物或应税劳务名称	计量单位	数量	单价	金额									税率（%）	税额							
				百	十	万	千	百	十	元	角	分		百	十	万	千	百	十	元	角	分
A 材料	千克	1 000	526	¥	5	2	6	0	0	0	0	0	17		¥	8	9	4	2	0	0	0
合　计				¥	5	2	6	0	0	0	0	0			¥	8	9	4	2	0	0	0
价税合计（大写）	人民币陆拾壹万伍仟肆佰贰拾元整																				¥615 420.00
销货单位	名称	红星物资公司											纳税人登记号								010011005222
	地址电话	×市长江路 15 号											开户银行及账号								×市支行 314589

收款人：江平　　　　　　　　　　　　开票单位（未盖章无效）：红星物资公司

自制原始凭证，是指由本单位内部经办经济业务的部门或人员，在执行或完成某项经济业务时所填制的原始凭证，如收料单、领料单、限额领料单、销货发票、成本计算单等。领料单、限额领料单的一般格式如表 5-3、表 5-4 所示。

（二）按原始凭证填制方法分类

原始凭证按照填制方法不同，分为一次性凭证、累计凭证和汇总凭证。

一次性凭证是指一次只记录一项或若干项同类性质经济业务、填制手续一次完成的原始凭证。外来原始凭证、材料验收入库时由仓库保管员填制的收料单、企业有关部门领用材料时填制的领料单等都是一次性凭证。

累计凭证是指一定时期内在一张凭证上多次记录重复发生的同类经济业务，直到期末凭证的填制手续才完成的原始凭证。累计凭证的特点是：在一张凭证内连续登记相同性质的经济业务，可以随时结出发生额累计数及结余数，以便与定额、预算、计划数进行比较，控制费用支出；同时，可以减少原始凭证的数量，简化会计核算手续。“限额领料单”就是一种典型的累计凭证。

表 5-3　　　　　　　　　　领　料　单

领料部门：甲车间　　　　　　20××年 9 月 2 日　　　　　　领料编号：009657

领料用途：生产产品　　　　　　　　　　　　　　　　　　　发料仓库：2 号库

材料编号	材料名称及规格	计量单位	数量		单价	金额
			请领	实领		
021	B 材料	千克	500	500	180.00	90 000.00
备注					合计	90 000.00

发料人：　　　　　　审批人：　　　　　　领料人：　　　　　　记账：

表 5-4 **限额领料单**

领料部门:乙车间　　20××年 9 月　　领料编号:009835

领料用途:生产产品　　发料仓库:3 号

材料类别	材料编号	材料名称及规格	计量单位	领用限额	单价	全月实领	
						数量	金额
化工	0312	A 材料	千克	600	50	600	30 000
供应部门负责人:〔印〕				生产计划部门负责人:〔印〕			

月	日	领用				退料			限额结余数量
		请领数量	实发数量	发料人	领料人	退料数量	退料人	收料人	
9	2	200	200	〔印〕	〔印〕				400
9	10	150	150	〔印〕	〔印〕				250
9	17	100	100	〔印〕	〔印〕				150
9	25	150	150	〔印〕	〔印〕				0
合计		600	600						

汇总凭证又称原始凭证汇总表,它是将一定时期内若干张反映同类经济业务内容的原始凭证加以汇总填制的原始凭证。汇总原始凭证合并了同类型经济业务,简化了核算手续。常用的汇总原始凭证有:发出材料汇总表、工资结算汇总表、差旅费报销单等。发出材料汇总表的一般格式如表 5-5 所示。

表 5-5 **发出材料汇总表**

20××年 9 月 30 日

会计科目	领料部门	领用材料			
		原材料	包装物	低值易耗品	合计
生产成本	一车间	50 000	500	1 000	51 500
	二车间	80 000	900	1 500	82 400
	小计	130 000	1 400	2 500	133 900
	供电车间	18 000		500	18 500
	机修车间	2 000		5 000	7 000
	小计	20 000		5 500	25 500
制造费用	一车间	800		300	1 400
	二车间	700		600	1 000
	小计	1 500		900	2 400
管理费用	行政部门	200		1 800	2 000
合计		151 700	1 400	10 700	163 800

二、原始凭证的填制和审核

(一)原始凭证的基本内容

原始凭证种类繁多,形式各异,为了能客观地反映经济业务的发生或完成情况,表明经济业务的性质,明确经济责任,原始凭证必须具备以下要素:

(1)原始凭证名称;

(2)填制凭证的日期;

(3)凭证编号;

(4)经济业务内容、数量、单价和金额;

(5)接受原始凭证单位名称;

(6)填制凭证单位名称或填制人姓名;

(7)经办人员的签名或盖章。

实际工作中,根据经营管理和特殊业务的需要,除上述基本内容外可以增加必要的内容。

(二)原始凭证的填制

原始凭证是会计核算工作的重要原始资料,是编制记账凭证的依据。为保证会计核算工作的质量,必须从保证原始凭证的质量做起,正确填制原始凭证。具体地说,原始凭证的填制必须符合下列要求:

(1)记录真实。原始凭证所填写的经济业务内容和数字,必须真实可靠,符合实际情况。

(2)内容完整。原始凭证上要求填列的项目必须逐项填写齐全,不得遗漏和省略。年、月、日要按照填制原始凭证的实际日期填写;名称要写全称,不能简化;品名或用途要填写明确,不能含糊不清。

(3)手续完备。为明确经济责任,确保凭证的合法性、真实性,填制的原始凭证必须要有经办业务的有关部门和人员签章。从外单位取得的原始凭证,必须盖有填制单位的公章。从个人取得的原始凭证,必须有填制人员签名或者盖章;自制的原始凭证必须有经办业务部门负责人或其指定的人员签名或者盖章;对外开出的原始凭证必须加盖本单位公章等。

(4)书写清楚。原始凭证要按照规定填写,字迹端正,易于辨认。文字要工整,不能潦草,不得使用未经国务院公布的简化汉字;数字的书写要符合会计上的技术要求；一式几联的凭证，要注明各联的用途，只能以一联作为报销凭证；复写的凭证要不串格、不串行、不模糊。

(5)数字、金额的填写规范、符合下列要求：

凡填写大写金额和小写金额的原始凭证，大、小写金额必须相符。

阿拉伯数字应逐个书写，不得连笔写，特别是在连着写几个“0”时，一定要一个一个地写，不能将几个“0”连在一起一笔写完。

汉字大写数字金额用壹、贰、叁、肆、伍、陆、柒、捌、玖、拾、佰、仟、万、亿、元、角、分、零等，一律用正楷或行书体书写，不得用O、一、二、三、四、五、六、七、八、九、十等简化字代替。

在阿拉伯金额数字前要填写货币币种符号或者货币名称简写和币种符号，币种符号与阿拉伯金额数字之间不得留有空白。凡阿拉伯数字前写有币种符号的，数字后面不再写货币单位；所有以元为单位(其他货币种类为货币基本单位)的阿拉伯数字，除表示单价等情况外，一律填写到角分；无角分的，角位和分位可写“00”或符号“—”；有角无分的，分位应写“0”，不得用符号“—”代替。

在需要填写大写金额数字的原始凭证上，如果有关货币名称事先未印在原始凭证上，应加填货币名称，货币名称与大写金额数字之间不得留有空白，即大写金额数字要紧接在货币名称之后。大写金额数字到元或角为止的，在“元”或者“角”字之后应写“整”或“正”字；大写金额数字有分的，分字后面不写“整”或“正”字。阿拉伯金额数字中间有“0”时，汉字大写金额要写“零”字；阿拉伯数字金额中间连续有几个“0”时，汉字大写金额中可以只写一个“零”字；阿拉伯金额数字元位是“0”，或者数字中间连续有几个“0”、元位也是“0”，但角位不是“0”时，汉字大写金额可以只写一个“零”字，也可以不写“零”字。

(6)编号连续、顺序使用。各种凭证要连续编号，以便查考；填制时要按照编号顺序使用。发票、支票等重要凭证如果已预先印定编号，作废时应加盖“作废”戳记，连同存根一起妥善保存，不得撕毁。

(7)不得随意涂改、刮擦、挖补。原始凭证有错误的，应当由出具单位重开或更正，更正处应当加盖出具单位印章。原始凭证金额有错误的，应当由出具单位重开，不得在原始凭证上更正。

(8)填制及时。各种原始凭证一定要及时填写，并按规定的程序及时送交会计机构、会计人员进行审核。

(三)原始凭证的审核

为了如实反映经济业务的发生和完成情况,充分发挥会计的监督职能,保证会计信息真实、准确、可靠,会计机构、会计人员必须对原始凭证进行严格审核。审核内容包括:

(1)审核原始凭证的真实性　原始凭证作为会计信息的基本信息源,其真实性对会计信息的质量具有至关重要的影响。其真实性的审核包括凭证日期是否真实、业务内容是否真实、数据是否真实等内容的审核。对外来原始凭证,必须有填制单位公章和填制人员签章;对自制原始凭证,必须有经办部门和经办人员的签名或盖章。

(2)审核原始凭证的合法性　审核原始凭证所记录经济业务是否有违反国家法律法规的情况,是否履行了规定的凭证传递和审核程序,是否有贪污腐化等行为。

(3)审核原始凭证的合理性　审核原始凭证所记录经济业务是否符合生产经营活动的需要,是否符合有关的计划和预算等。

(4)审核原始凭证的完整性　审核原始凭证的各项基本要素是否齐全,是否有漏项情况,日期是否完整,数字是否清晰,文字是否工整,有关人员签章是否齐全,凭证联次是否正确等。

(5)审核原始凭证的正确性　审核原始凭证各项金额的计算及填写是否正确,包括:阿拉伯数字分位填写,不得连写;小写金额前要标明货币币种符号,货币币种符号和阿拉伯数之间不能留有空位;大写金额前要加“人民币”字样,大写金额与小写金额要相符;凭证中有书写错误的,应采用正确的方法更正,不能用涂改、刮擦、挖补等不正确方法。

(6)审核原始凭证的及时性　原始凭证的及时性是保证会计信息及时性的基础。为此,要求在经济业务发生或完成时及时填制有关原始凭证,及时进行凭证的传递。审核时应注意审查凭证的填制日期,尤其是支票、银行汇票、银行本票等时效性较强的原始凭证,更应仔细验证其签发日期。

原始凭证的审核是一项十分重要和严肃的工作,经审核的原始凭证应根据不同情况处理:

对于完全符合要求的原始凭证,应及时据以编制记账凭证入账;

对于真实、合法、合理但内容不够完整、填写有错误的原始凭证,应退回给有关经办人员,由其负责将有关凭证补充完整、更正错误或重开后,再办理正式会计手续;

对于不真实、不合法的原始凭证，会计机构、会计人员有权不予接受，并向单位负责人报告。

第三节　记账凭证

一、记账凭证的种类

记账凭证，俗称传票，是会计人员根据审核无误的原始凭证，对经济业务的内容加以归类，并据以确定会计分录所填制的会计凭证，它是登记账簿的直接依据。

实际工作中，企业单位的原始凭证多种多样，不便于直接作为登记账簿的依据。为了便于登记账簿，防止和减少差错的发生，保证账簿记录的正确性，必须对原始凭证所反映和记录的经济业务按其性质加以归类、整理，填制统一格式的记账凭证，在记账凭证上编制会计分录，并将相关的原始凭证附在记账凭证后面。这样，不仅可以简化记账工作，减少记账差错，还便于对账和查账，提高会计核算工作的质量。

记账凭证可以按不同的标准加以分类。

(一)按记账凭证所反映的经济内容分类

记账凭证按其所反映的经济内容不同，一般分为收款凭证、付款凭证和转账凭证。

收款凭证是指专门用于记录现金和银行存款收入业务的会计凭证。其一般格式如表 5-6 所示。

表 5-6　　收款凭证

借方科目：　　　　年　月　日　　　　收字第　号

摘要	贷方科目		金额										记账符号
	总账科目	明细科目	千	百	十	万	千	百	十	元	角	分	
合计													

附原始凭证　张

会计主管　　记账　　复核　　出纳　　制单

付款凭证是指专门用于记录现金和银行存款付出业务的会计凭证。其一般格式如表5-7所示。

表5-7 **付款凭证**

贷方科目： 年 月 日 付字第 号

摘要	借方科目		金额										记账符号
	总账科目	明细科目	千	百	十	万	千	百	十	元	角	分	
合计													

附原始凭证 张

会计主管 记账 复核 出纳 制单

转账凭证是指专门用于记录现金和银行存款收付业务以外的转账业务的会计凭证。其一般格式如表5-8所示。

表5-8 **转账凭证**

年 月 日 转字第 号

摘要	借方科目		贷方科目		金额										记账符号
	总账科目	明细科目	总账科目	明细科目	千	百	十	万	千	百	十	元	角	分	

附原始凭证 张

会计主管 记账 复核 出纳 制单

（二）按记账凭证的用途分类

记账凭证按其用途不同，分为通用记账凭证和专用记账凭证。

通用记账凭证的名称为"记账凭证"或"记账凭单"，是一种适用于任何经济业务使用的记账凭证。通用记账凭证的一般格式如表5-9所示。

表 5-9 **记账凭证**

年 月 日 记字第 号

摘要	借方科目		贷方科目		金额										记账符号
	总账科目	明细科目	总账科目	明细科目	千	百	十	万	千	百	十	元	角	分	

附原始凭证 张

会计主管 记账 复核 出纳 制单

专用记账凭证是指专门用于记录某一类经济业务的记账凭证。通常采用的收款凭证、付款凭证和转账凭证就是专用记账凭证。

对于规模较大、收付业务较多的单位，采用收款凭证、付款凭证、转账凭证，有利于区别不同的经济业务进行分类管理，有利于经济业务的检查，但工作量较大。对于规模较小、经济业务较简单、收付款业务不多的单位，可采用通用记账凭证来记录所有经济业务，这时，记账凭证不再分收款、付款及转账业务，而将所有经济业务统一编号，在同一格式的凭证中进行记录。

（三）按照记账凭证的填制方法分类

记账凭证按照填制方法的不同，可分为复式记账凭证、单式记账凭证和汇总记账凭证、记账凭证（科目）汇总表。

复式记账凭证是指将一项经济业务所涉及的全部会计科目都集中在一起反映的一种记账凭证。它是实际工作中应用最普遍的记账凭证。上述收款凭证、付款凭证和转账凭证，以及通用记账凭证均为复式记账凭证。复式记账凭证能够集中反映账户之间的对应关系，便于了解有关经济业务的全貌，有利于检查会计分录的正确性，但不便于汇总每一会计科目的发生额和进行分工记账。

单式记账凭证是指按一项经济业务所涉及的各个会计科目分别填制的记账凭证。一项经济业务涉及几个会计科目，就编制几张记账凭证。填列借方科目的凭证称为借项记账凭证（或借项凭证），填列贷方科目的凭证称为贷项记账凭证（或贷项凭证）。由于一张记账凭证上只填列一个会计科目，因此，使用单式记账凭证便于汇总每个会计科目的发生额，也便于分工记账，但使用单式记账凭证填制工作量大，而且不能反映每一笔经济业务的全貌，也不便于查账。单式记账凭证的一般格式如表 5-10、表 5-11 所示。

表 5-10 借项记账凭证

年 月 日 编号 记字 号

摘 要	总账科目	明细科目	账 页	金 额
	合 计			

会计主管 记账 复核 出纳 制单

表 5-11 贷项记账凭证

年 月 日 编号 记字 号

摘 要	总账科目	明细科目	账 页	金 额
	合 计			

会计主管 记账 复核 出纳 制单

汇总记账凭证是指将许多同类记账凭证逐日或定期(3 天、5 天、10 天等)加以汇总后填制的记账凭证。如将收款凭证、付款凭证、转账凭证按一定的时间间隔分别汇总,编制汇总收款凭证、汇总付款凭证、汇总转账凭证。

记账凭证(科目)汇总表是指将一定时间(5 天、10 天、15 天等)的记账凭证按相同会计科目的借方和贷方分别进行汇总编制而成的一种记账凭证。

汇总记账凭证、记账凭证(科目)汇总表的格式和填制方法,参见第十章。

二、记账凭证的填制和审核

(一)记账凭证的基本内容

记账凭证作为登记账簿的依据,因所反映经济业务的内容不同、各单位规模大小及其对会计核算繁简程度的要求不同,其格式亦有所不同。但为了概括地反映经济业务的基本情况,满足登记账簿的基本需要,记账凭证应具备以下基本内容:

(1)记账凭证的名称,如"收款凭证"、"付款凭证"、"转账凭证";

(2)填制记账凭证的日期;

(3)记账凭证的编号;

(4)经济业务的摘要;

(5)经济业务所涉及的会计科目(包括总账科目和明细科目)、记账方向及金额;

(6)记账符号;

(7)所附原始凭证的张数；

(8)会计主管和记账、审核、出纳、制单等有关人员的签名或盖章。

(二)记账凭证的填制要求

记账凭证是登记账簿的直接依据，正确填制记账凭证，是保证账簿记录正确性和提高会计信息质量的基础。记账凭证的填制，除了要符合前述原始凭证的填制要求外，还应遵循以下填制要求：

(1)填制记账凭证必须以审核无误的原始凭证为依据。即必须在对原始凭证审核无误的基础上填制记账凭证。

(2)记账凭证的内容必须完整。即记账凭证应包括的要素都要具备。以自制原始凭证或原始凭证汇总表代替记账凭证使用的，也必须具备记账凭证的基本要素。

(3)记账凭证的日期一般为填制记账凭证当天的日期；按权责发生制原则计算本月收益、分配费用、结转成本和利润等的调整分录和结账分录的记账凭证，虽然要到下月初才能填制，但仍应填写当月月末的日期，以便在当月账内登记。

(4)记账凭证的摘要应与原始凭证内容一致，能正确反映经济业务的主要内容，简明清楚。

(5)记账凭证上的会计科目，要根据经济业务的内容，按照统一会计制度的规定正确填列。记账凭证可以根据每一张原始凭证填制，或者根据若干张同类原始凭证汇总填制，也可以根据原始凭证汇总表填制；但不得将不同内容和类别的原始凭证汇总填制在一张记账凭证上。

(6)记账凭证应连续编号，以分清经济业务事项处理的先后顺序，便于记账凭证与会计账簿之间的核对，确保记账凭证完整无缺。采用专用记账凭证的，记账凭证的编号方法可以按收款、付款和转账业务三类分别编号，也可以按现金收入、现金付出、银行存款收入、银行存款付出和转账业务五类分别编号。采用通用记账凭证的，按经济业务发生的先后顺序连续编号。无论采用哪一种编号方法，都应该按月顺序编号，即每月都从 1 号编起，顺序编至月末。一笔经济业务需要编制两张或两张以上记账凭证的，可以采用分数编号法，如 5 号会计事项需要填制三张记账凭证，其编号可为 $5\frac{1}{3}$ 号、$5\frac{2}{3}$ 号和 $5\frac{3}{3}$ 号。每月最后一张记账凭证的编号后可加注“全”字，以免凭证散失。

(7)记账凭证的金额要与原始凭证的金额或原始凭证汇总表的金额一致。记账凭证借、贷方的金额必须一致，合计数必须计算正确。

(8)除结账和更正错误外，记账凭证必须附有原始凭证，并注明所附原始凭证的张数。所附原始凭证张数的计算，一般以原始凭证的自然张数为准。凡是与记账凭证中的经济业务记录有关的每一张证据，都应作为原始凭证的附件。如果记账凭证中附有原始凭证汇总表，也应将其计入附件张数之内。但报销差旅费等的零散票券，可以粘贴在一张纸上，作为一张原始凭证。一张原始凭证如果涉及几张记账凭证的，可以将该原始凭证附在一张主要的记账凭证后，在其他记账凭证上注明该主要记账凭证的编号或者附上原始凭证的复印件。如果原始凭证需要另行保管，则应在附件栏内加以注明。

(9)填制记账凭证时如果发生错误，应当重新填制。已经登记入账的记账凭证在当年内发现错误的，可以用红字更正法或补充登记法予以更正(具体内容详见第六章第五节)。如果发现以前年度记账凭证有错误的，应当用蓝字填制一张更正的记账凭证。

(10)记账凭证填制完经济业务后，如有空行，应当在金额栏自最后一笔金额数字下的空行处至合计数上的空行处划线注销。

(11)记账凭证填制后，应进行复核，并由有关人员签名或盖章。

(12)实行会计电算化的单位，其机制记账凭证应符合记账凭证的一般要求。打印出来的机制记账凭证要由有关人员签字或盖章，以明确责任。

(三)记账凭证的填制方法

1.收款凭证的填制

收款凭证根据现金和银行存款收款业务的原始凭证填制。凡涉及增加现金或增加银行存款的业务，都必须填制收款凭证。收款凭证左上角的“借方科目”，按收款的性质填写“现金”或“银行存款”；日期填写编制本凭证的日期；右上角填写收款凭证的编号(即编制收款凭证的顺序号)。收款凭证的编号一般按“现收字第×号”和“银收字第×号”分类，业务量少的单位，也可不分“现收”与“银收”，而按收款业务发生的先后顺序统一编号，如“收字第×号”。“摘要”栏内填写所记录的经济业务的简要说明；“贷方科目”栏内填写与“库存现金”或“银行存款”科目相对应的会计科目(包括总账科目及其所属明细科目)；“金额”栏内填写该项经济业务的实际发生额；“记账符号”栏供记账员在根据该凭证登记有关账簿后作标记，表示该项金额已记入有关账户，防止经济业务重记或漏记；该凭证右边“附单据 张”(或“附原始凭证 张”)是指本记账凭证所附原始凭证的张数；最下边分别由有关人员签章，以明确经济责任。

【例5.1】 20××年9月2日，企业收到银行转来的收账通知，收到新兴公司上月所欠购货款80 000元。企业应根据银行收账通知，填制收款凭证如表5-12所示。

表 5-12　　　　　　　　收 款 凭 证

借方科目：银行存款　　　　20××年9月2日　　　　银收字第5号

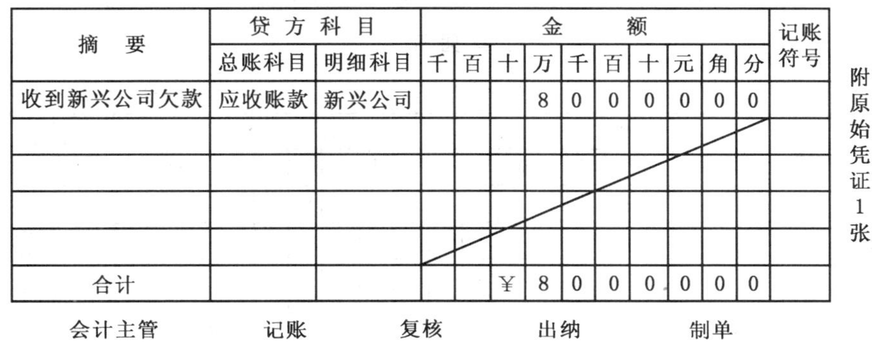

摘　要	贷方科目		金　额										记账符号
	总账科目	明细科目	千	百	十	万	千	百	十	元	角	分	
收到新兴公司欠款	应收账款	新兴公司				8	0	0	0	0	0	0	
合计					¥	8	0	0	0	0	0	0	

附原始凭证1张

会计主管　　记账　　复核　　出纳　　制单

2.付款凭证的填制

付款凭证根据现金和银行存款付款业务的原始凭证填制。凡涉及减少现金或减少银行存款的业务，都必须填制付款凭证。付款凭证左上角的“贷方科目”，按付款的性质填写“库存现金”或“银行存款”；“借方科目”栏内填写与“库存现金”或“银行存款”科目相对应的会计科目（包括总账科目及其所属明细科目）；付款凭证其他的填制方法和要求与收款凭证相同。

对于只涉及现金和银行存款之间的经济业务，如将现金存入银行或从银行提取现金等，只需填制付款凭证，不填制收款凭证，以免重复记账。

【例 5.2】 20××年 12 月 3 日，企业开出转账支票一张，金额 50 000 元，用于偿还上月欠蓝天公司的购货款。企业应根据支票存根填制付款凭证如表 5-13 所示。

表 5-13　　　　　　　　付 款 凭 证

贷方科目：银行存款　　　　20××年9月5日　　　　银付字第15号

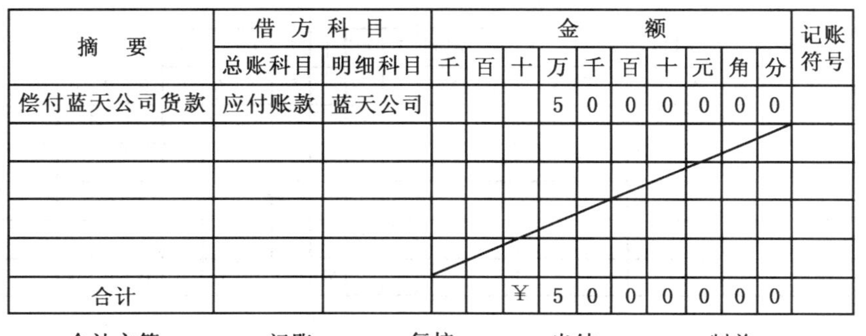

摘　要	借方科目		金　额										记账符号
	总账科目	明细科目	千	百	十	万	千	百	十	元	角	分	
偿付蓝天公司货款	应付账款	蓝天公司				5	0	0	0	0	0	0	
合计					¥	5	0	0	0	0	0	0	

附原始凭证1张

会计主管　　记账　　复核　　出纳　　制单

【例 5.3】 20××年 12 月 4 日，企业将现金 20 000 元存入银行。企业应根据银行退回的进账单第一联填制付款凭证如表 5-14 所示。

表 5-14 **付 款 凭 证**

贷方科目：库存现金 20××年9月10日 现付字第8号

摘 要	借方科目		金 额										记账符号
	总账科目	明细科目	千	百	十	万	千	百	十	元	角	分	
现金存银行	银行存款					2	0	0	0	0	0	0	
合计					¥	2	0	0	0	0	0	0	

附原始凭证1张

会计主管 记账 复核 出纳 制单

3. **转账凭证的填制**

转账凭证根据不涉及现金和银行存款收付的转账业务的原始凭证填制。凡不涉及现金和银行存款增加或减少的业务，都填制转账凭证。转账凭证中的“借方科目”栏，填列一项经济业务涉及的借方科目（分总账科目和明细科目填列）；“贷方科目”栏，填列一项经济业务涉及的贷方科目（分总账科目和明细科目填列）；借方科目的金额与贷方科目的金额都在同一行的“金额”栏内填列。

【例 5.4】 20××年 9 月 5 日，企业生产车间领用甲材料 5 吨，金额 50 000 元，用于生产 A 产品。这项业务发生后，应根据领料单编制转账凭证如表 5-15 所示。

表 5-15 **转 账 凭 证**

20××年9月6日 转字第15号

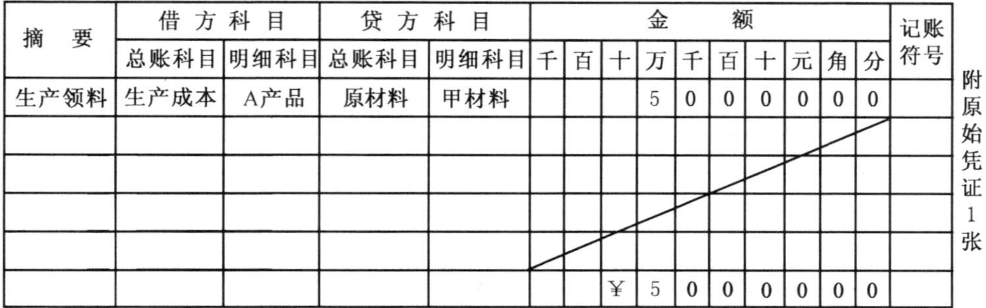

摘 要	借方科目		贷方科目		金 额										记账符号
	总账科目	明细科目	总账科目	明细科目	千	百	十	万	千	百	十	元	角	分	
生产领料	生产成本	A产品	原材料	甲材料				5	0	0	0	0	0	0	
							¥	5	0	0	0	0	0	0	

附原始凭证1张

会计主管 记账 复核 出纳 制单

4.通用记账凭证的填制

通用记账凭证的填制方法与转账凭证基本相同,所不同的是,在凭证的编号上,采用按照发生经济业务的先后顺序编号的方法。

5.单式记账凭证的填制

单式记账凭证的填制方法是每一项经济业务涉及几个会计科目,就填制几张记账凭证。其中填列借方科目的凭证称为借项记账凭证(或借项凭证),填列贷方科目的凭证称为贷项记账凭证(或贷项凭证)。在借项记账凭证或贷项记账凭证中,都应填列对应科目的名称,以便相互对照。在编记账凭证的编号时,既要按经济业务顺序编总号,还要按该项经济业务涉及的记账凭证数量编分号。

【例5.5】 20××年9月6日,企业从银行提取现金2 000元。这项经济业务发生后,企业应根据支票存根编制涉及"库存现金"和"银行存款"科目的两张记账凭证。如果这项经济业务是本月发生的第十笔业务,则借项记账凭证和贷项记账凭证的编号应分别为$10\frac{1}{2}$、$10\frac{2}{2}$。编制的记账凭证分别如表5-16、表5-17所示。

表5-16 借项记账凭证

20××年9月6日 编号 记字$10\frac{1}{2}$号

摘 要	总账科目	明细科目	账页	金额
从银行提取现金	库存现金			2 000
对应总账科目:银行存款	合 计			2 000

会计主管 记账 复核 出纳 制单

表5-17 贷项记账凭证

20××年9月6日 编号 记字$10\frac{2}{2}$号

摘 要	总账科目	明细科目	账页	金额
从银行提取现金	银行存款			2 000
对应总账科目:库存现金	合 计			2 000

会计主管 记账 复核 出纳 制单

(四)记账凭证的审核

记账凭证是登记账簿的依据,为了保证账簿记录的正确性,提高会计信息的质量,在记账之前应由专人对记账凭证进行严格的审核。记账凭证审核的主要内容是:

(1)内容是否真实。审核记账凭证是否以审核无误的原始凭证为依据,所附原始凭证的内容与记账凭证的内容是否一致等。

（2）会计科目及其金额是否正确。审核记账凭证所确定的会计科目（包括总账科目和明细科目）名称、应借、应贷会计科目的方向及其金额是否正确。

（3）项目是否齐全。审核记账凭证各项目（如日期、凭证编号、摘要、会计科目、金额、所附原始凭证张数及有关人员签章等）的填写是否齐全。

在审核过程中，如果发现记账凭证的填制有差错，应查明原因予以更正或重填，并由更正人员在更正处签章；如果发现记账凭证的填列不完整，应补充齐全。只有经过审核无误的记账凭证，才能据以登记账簿。

第四节　会计凭证的传递与保管

一、会计凭证的传递

会计凭证的传递是指从会计凭证的取得或填制时起到归档保管时止的整个过程中，在单位内部各有关部门和人员之间的传递程序和传递时间。各种会计凭证所记录的经济业务事项不同，涉及的部门和人员不同，据以办理的业务手续以及所需时间也不同，为了发挥会计凭证的作用，使会计核算能够正常、有效地进行，必须为各种会计凭证规定一个科学、合理的传递程序以及会计凭证在各个环节停留的时间。例如，每一张会计凭证取得或填制后，应该依次交到哪个部门、哪个岗位、由谁来接办、应该办理哪些手续；会计凭证在各个部门、岗位应该停留的时间等。正确组织会计凭证的传递，对于及时记录经济业务，明确经济责任，实行会计监督，具有重要的作用。

制定合理的会计凭证传递程序、传递时间，一般应考虑以下几点：

（1）要根据各项经济业务事项的特点，单位内部机构设置和人员分工情况，以及管理上的要求，具体规定各种会计凭证的联次和传递程序，使有关部门和人员能按规定办理必要的凭证手续，完善内部控制制度。

（2）要根据有关部门和人员办理经济业务手续的需要，在调查研究和充分协商的基础上，确定会计凭证在各个环节停留的时间。会计凭证在各个环节停留的时间应适当，既不能过短，也不能过长。停留时间过短，会影响业务手续的正常完成；停留时间过长，凭证传递不及时，既影响工作效率，也会加大会计凭证散失的可能性。

各种会计凭证的传递程序、传递时间等确定后，在报经单位领导批准后，各有关部门和人员必须严格遵照执行。执行过程中若发现有不合理、不完善之处，应及时加以修订，以保证会计凭证传递的安全、及时、准确和完整。

二、会计凭证的保管

会计凭证的保管是指会计凭证记账后的整理、装订、归档和存查工作。会计凭证作为记账的依据，是重要的会计档案和经济资料。本单位以及有关部门、单位，可能因各种需要查阅会计凭证，特别是发生贪污、盗窃、违法乱纪行为时，会计凭证还是依法处理的有效证据。因此，任何单位在完成经济业务手续和记账之后，必须将会计凭证按规定的立卷归档制度形成会计档案资料，妥善保管，防止丢失，不得任意销毁，以便于日后随时查阅。

会计凭证保管的方法和主要要求是：

(1)会计凭证登记完毕后，应当按照分类和编号顺序保管，不得散乱丢失。

(2)每月记账完毕，会计人员应对本月记账凭证进行分类整理，检查记账凭证日期、编号、附件以及有关人员的印章是否齐全。在确认记账凭证和所附原始凭证完整无缺后，将凭证折叠整齐，按各种记账凭证的编号顺序，连同所附的原始凭证和原始凭证汇总表一起加具封面、封底，装订成册，并在装订线上加贴封签，由装订人员在装订线封签处签名或盖章。

(3)会计凭证封面上应注明单位名称、年度、月份和起讫日期、凭证种类、起讫号数、凭证张数、会计主管人员、装订人员等有关事项，会计主管和保管人员应在封面上签章。会计凭证封面的一般格式如图 5-1 所示。

<table>
<tr><td>年

月
份

第

册</td><td>(企业名称)
年　　月份共××册第××册

收款
付款　　　　凭证第××号至××号共××张
转账

附：原始凭证××张

会计主管：　　　　　　　　保管：</td></tr>
</table>

图 5-1 会计凭证封面的一般格式

(4)原始凭证数量较多的，可以单独装订保管，但应在凭证封面上注明所属记账凭证的日期、编号和种类，同时在所属记账凭证上注明“附件另订”和原始凭证的名称及编号，以便查阅。对各种重要的原始凭证，如经济合同、存出保证金收据，以及各种需要随时查阅和退回的单据、涉外文件等，应另编目录，单独保管，并在有关的记账凭证和原始凭证上相互注明日期和编号。

（5）原始凭证不得外借，其他单位如因特殊原因需要使用原始凭证时，经本单位会计机构负责人、会计主管人员批准，可以复制。向外单位提供的原始凭证复制件，应当在专设的登记簿上登记，并由提供人员和收取人员共同签名或者盖章。从外单位取得的原始凭证如有遗失，应当取得原开出单位盖有公章的证明，并注明原来凭证的号码、金额和内容等，由经办单位会计机构负责人、会计主管人员和单位领导人批准后，才能代作原始凭证。如果确实无法取得证明的，如丢失的车票、飞机票等凭证，由当事人写出详细情况，由经办单位会计机构负责人、会计主管人员和单位领导人批准后，代作原始凭证。

（6）每年装订成册的会计凭证，在年度终了时可暂由本单位会计机构保管一年，期满后应移交本单位档案机构统一保管；未设立档案机构的，应当在会计机构内部指定专人保管。出纳人员不得兼管会计档案。

（7）会计凭证的保管期限和销毁必须严格遵守《会计档案管理办法》的有关规定，期满前不得随意销毁。

本章小结

本章主要阐述会计凭证种类及审核和填制。

学习本章时应注意的问题如下：

1.会计凭证及种类

会计凭证是用来记录经济业务的发生和完成情况，明确经济责任的书面证明，也是登记账簿的依据。

会计凭证的种类很多，可以按照不同的标准进行分类，但主要还是按其编制程序和用途的不同，分为原始凭证和记账凭证两类。

2.原始凭证

原始凭证，亦称单据，是在经济业务发生或完成时取得或填制的，用以记录或证明经济业务的发生或完成情况，明确经济责任的一种凭证。

原始凭证是会计核算的原始资料，是填制记账凭证、登记账簿的原始依据。原始凭证按照填制方法不同，分为一次性凭证、累计凭证（如限额领料单）和汇总凭证（如发出材料汇总表、工资结算汇总表、差旅费报销单）等。

3.记账凭证

记账凭证，俗称传票，是会计人员根据审核无误的原始凭证，对经济业务的内容加以归类，并据以确定会计分录所填制的会计凭证，它是登记账簿的直接依据。

记账凭证按其所反映的经济内容不同，一般分为收款凭证、付款凭证和转账凭证。收款凭证是指专门用于记录现金和银行存款收入业务的会计凭证。付款凭证是指专门用于记录现金和银行存款付出业务的会计凭证。转账凭证是指专门用于记录现金和银行存款收付业务以外的转账业务的会计凭证。

记账凭证应按要求填制。对于只涉及现金和银行存款之间的经济业务，如将现金存入银行或从银行提取现金等，只需填制付款凭证，不填制收款凭证，以免重复记账。

复 习 题

一、判断题

1. 原始凭证都是以实际发生或完成的经济业务为依据而填制的。(   )

2. 限额领料单属于汇总原始凭证。(   )

3. 外来原始凭证都是一次性使用的会计凭证。(   )

4. 各种记账凭证都只能根据一张原始凭证逐一编制。(   )

5. 从银行提取现金，既可以编制银行付款凭证，也可以编制现金收款凭证。(   )

6. 收款凭证只有在现金增加时才填制。(   )

7. 出纳人员只需根据收款、付款业务的原始凭证办理收、付款项。(   )

8. 所有记账凭证都是由会计人员根据审核无误的原始凭证填制的。(   )

9. 由于各经济单位的业务量多少不同，会计凭证数量也不一致，所以可以自行规定销毁会计凭证的时间。(   )

10. 会计凭证按规定保管期满后，可由会计人员销毁。(   )

二、单项选择题

1. 会计凭证按其(   )不同，可以分为原始凭证和记账凭证。(   )

A. 填制方法　　B. 取得的来源

C. 填制的程序和用途　　D. 反映经济业务的次数

2. 下列会计凭证中属于原始凭证的是(   )。

A. 收款凭证　　B. 付款凭证

C. 转账凭证　　D. 发料凭证汇总表

3. “发出材料汇总表”是(   )。

A. 汇总原始凭证　　B. 汇总记账凭证

C. 累计凭证　　D. 记账凭证

4.(　　)属于外来原始凭证。

A. 入库单　　B. 出库单

C. 银行收款通知单　　D. 发出材料汇总表

5. 不能作为原始凭证的是(　　)。

A. 发货票　　B. 收料单

C. 经济合同　　D. 领料单

6. 将记账凭证分为收款凭证、付款凭证和转账凭证的依据是(　　)。

A. 按凭证填制的程序　　B. 按凭证的经济用途

C. 按凭证取得的来源　　D. 按凭证所记录的经济业务内容

7. 对于将现金存入银行的业务,按规定应编制(　　)。

A. 现金收款凭证　　B. 银行存款收款凭证

C. 现金付款凭证　　D. 银行存款付款凭证

8. 会计实务中所采用的收款凭证、付款凭证和转账凭证都属于(　　)。

A. 单式记账凭证　　B. 单科目记账凭证

C. 专用记账凭证　　D. 通用记账凭证

9. 记账凭证是(　　)根据审核无误的原始凭证和汇总原始凭证填制的。

A. 会计人员　　B. 经办人员

C. 主管人员　　D. 复核人员

10. 会计凭证的保管期限和销毁,必须严格执行会计制度的规定,(　　)。

A. 任何人无权自行随意销毁　　B. 批准后可以随意销毁

C. 批准后可以自行销毁　　D. 都可以自行随意销毁

三、多项选择题

1. 下列属于原始凭证的有(　　)。

A. 付款凭证　　B. 销货发票

C. 收料单　　D. 银行结算凭证

2. 原始凭证的内容有(　　)。

A. 凭证的名称、日期、编号　　B. 接受原始凭证的单位名称

C. 会计分录　　D. 经济业务的内容、数量、单价和金额

3. 记账凭证是(　　)。

A. 由经办人填制　　B. 由会计人员填制

C. 经济业务发生时填制　　D. 根据审核无误的原始凭证填制

4. 可以作为记账凭证填制依据的有(　　)。

A. 自制原始凭证　　B. 记账编制凭证

C. 汇总原始凭证　　　　D. 外来原始凭证

5. 涉及现金与银行存款之间划转业务时，可以编制的记账凭证有(　　)。

A. 现金收款凭证　　　　B. 现金付款凭证

C. 银行存款收款凭证　　　　D. 银行存款付款凭证

6. 原始凭证审核的内容有(　　)。

A. 审核原始凭证所记录经济业务的合法性

B. 审核原始凭证所记录经济业务是否符合计划和预算

C. 审核原始凭证所填写内容的完整性

D. 审核原始凭证会计分录是否正确

7. 记账凭证审核的主要内容有(　　)。

A. 是否附有原始凭证，所记内容与原始凭证是否一致

B. 应借应贷的会计科目与金额是否正确

C. 是否有经办人员的签章

D. 摘要、项目、日期是否填列齐全、清楚

四、简答题

1. 会计凭证按照填制程序和用途不同分为哪两类？它们的区别是什么？

2. 如何审核原始凭证？

3. 如何审核记账凭证？

五、综合题

某企业采用专用记账凭证，且记账凭证的编号按现收、现付、银收、银付和转账分类进行。该企业8月份发生下列经济业务(不考虑增值税)：

1. 1日，公司增加注册资本，吸收A公司货币资金投资2 000 000元，存入银行。

2. 3日，以银行存款偿还上月欠丙公司货款50 000元。

3. 5日，以银行存款200 000元购置仓库一栋交付使用。

4. 8日，以现金2 000元交给王某作为预借差旅费。

5. 10日，以银行存款2 400元支付下年度保险费。

6. 11日，公司总部购买办公用品1 500元，以现金支付。

7. 13日，向乙公司购进A材料50 000元，材料已验收入库，货款尚未支付。

8. 14日，向银行提取现金200 000元备发工资。

9. 14日，以现金200 000元发放工资。

10. 16日，销售给丁公司D产品500件，每件售价500元，货款尚未收到。

11. 18日，以银行存款归还到期的短期借款本金200 000元，利息9 000元(其

中包括预提利息 6 000 元)。

12. 20 日,王某报销差旅费 2 300 元,原预借差旅费 2 000 元,差额补给现金。

13. 31 日,分配本月职工工资,其中 C 产品生产工人工资 90 000 元,D 产品生产工人工资 70 000 元,车间管理人员工资 10 000 元,公司管理人员工资 30 000 元。

14. 31 日,计提固定资产折旧 50 000 元,其中车间用固定资产折旧 35 000 元,管理部门用固定资产折旧 15 000 元。

15. 31 日,按工资总额 14%计提基本养老保险费。

16. 31 日,摊销公司总部应负担的保险费 200 元。

17. 31 日,结转已销 D 产品的销售成本(单位生产成本为 370 元)。

要求:

根据上述资料编制记账凭证(注:标明凭证的种类和编号,以会计分录替代记账凭证)。

思 考 题

1. 什么是会计凭证?填制和审核会计凭证的意义是什么?
2. 会计凭证按照填制程序和用途不同分为哪两类?它们的区别是什么?
3. 原始凭证应具备哪些基本要素?它是如何分类的?
4. 如何审核原始凭证?
5. 记账凭证应具备哪些基本要素?它是如何分类的?
6. 如何审核记账凭证?

第六章 账 簿

内容提要

本章主要介绍账簿的基本概念、种类,账簿的设置和登记方法。

学习目标

通过本章的学习,应掌握如下知识:

1.账簿的种类;

2.序时账簿的设置和登记方法;

3.明细账簿的设置和登记方法;

4.总账账簿的设置和登记方法;

5.平行登记法及要求;

6.错账的更正方法;

7.结账内容和要求;

8.对账内容。

学习提示

本章的重点是总账和明细账的登记依据、登记方法,各类明细账的适用范围,以及错账的更正方法及适用范围。

第一节 账簿的意义和种类

一、账簿的意义

会计账簿简称账簿，是按照会计科目开设账户并由具有专门格式而又相互联结在一起的若干账页所组成，以会计凭证为依据，分类、连续、系统、全面地记录和反映各项经济业务的簿籍。

填制会计凭证以后之所以还需要设置和登记账簿，是因为二者虽然都是用来记录经济业务，但是具有的作用不同。在会计核算中，对每一项经济业务，都必须取得和填制会计凭证，因而会计凭证数量很多，又很分散，而且只能零散地反映个别经济业务的内容，不能全面、连续、系统地反映和监督某个单位在一定时期内某类以及全部经济业务的情况，而且也不便于日后查阅。因此，为了给经济管理提供系统的核算资料需要设置账簿，把分散在会计凭证中的核算资料，加以集中和归类整理并登记到账簿中去。

设置和登记账簿是会计核算的一种专门方法，也是会计核算的中心环节，对加强企业经营管理具有重要的作用。

(1)为企业经营管理提供系统、完整的会计核算资料。通过设置和登记账簿，可以把会计凭证中提供的零散资料加以归类汇总、加工整理，形成集中、全面、系统的会计核算资料，以便于了解各项资产、负债和所有者权益的增减变动及其结余情况，合理使用各项资金，正确地计算和反映收入、费用、成本及利润的形成和利润分配等情况，满足企业经营管理的需要。

(2)有效发挥会计的监督职能，保证财产物资、资金的安全完整和合理使用。通过设置和登记账簿，不仅可以随时了解各项资产和权益的增减变动情况，加强对各项经济活动和财务收支进行日常监督，维护国家的财经纪律；而且还可以通过账实核对，检查账实是否相符，从而有效地发挥会计的监督职能，有利于保证各项财产、物资、资金的安全完整和合理使用。

(3)为定期编制会计报表提供数据资料。通过设置和登记账簿，把经济业务分门别类地进行登记，积累了一定时期的会计核算资料；同时为了真实地反映一定时期的经济活动情况，期末还必须按规定进行账项调整，进行结账和对账，经核对无误后，账簿所提供的核算资料，是编制会计报表的主要依据。

(4)为考核经营管理业绩、加强经济核算，进行会计分析和审计提供依据。通过设置和登记账簿，记录了一定时期取得的财产物资、资金及其运用情况，提供了收入、费用、成本、利润等资料。这些资料为考核企业经营管理业绩、加强经济核算、进行会计分析和审计提供依据。

二、账簿的种类

在实际工作中，由于各单位的经济业务和经营管理的要求不同，所设置的账簿也有所不同。账簿的种类及其格式是多种多样的，但一般可以按其用途和外表形式进行分类。

(一)账簿按用途分类

按账簿的用途不同，可以分为序时账簿、分类账簿和备查账簿三种。

1.序时账簿

序时账簿简称序时账，也称日记账，是按照经济业务发生的时间先后顺序逐日逐笔进行登记的账簿。在会计实务中，序时账账簿是会计人员按照收到会计凭证的先后顺序进行登记的。在早期的会计工作中，就要求必须将每日发生的经济业务逐日逐笔记录，因而习惯地称序时账为日记账。设置日记账可以及时地、系统地、全面地反映资金的增减变动及其结余情况，保护财产物资和资金的安全完整，也便于进行对账和查账。

序时账按记录内容的不同，又可分为普通日记账和特种日记账两种。

普通日记账：是用来登记本单位全部经济业务的账簿。在账簿中，按照每日发生的经济业务的先后顺序，逐项编制会计分录并作为登记分类账的依据，因而这种日记账又称分录日记账或分录簿。设置普通日记账的单位，一般不再单设特种日记账，以免重复。

特种日记账：是用来登记某一类经济业务发生情况的账簿，例如现金日记账、银行存款日记账、材料采购日记账等。在账簿中，将该类经济业务按发生的先后顺序登记，详细反映其增减变动情况。

2.分类账簿

分类账簿简称分类账，是对全部经济业务进行分类登记的账簿。分类账簿按其提供核算指标的详细程度不同，又可分为总分类账簿和明细分类账簿两种。

总分类账簿：也称总分类账，简称总账，是根据总账科目开设账户，用来分类登记全部经济业务，提供资产、负债、所有者权益、收入、费用和利润等总括核算资料的分类账簿。

明细分类账簿：也称明细分类账，简称明细账，是根据明细科目开设账户，用来登记某一类经济业务，提供比较详细核算资料的分类账簿。

在实际工作中，若经济业务较简单、总账科目不多的单位，可将日记账和分类账合并设置和登记，称为联合账簿，使一本账簿兼有日记账和分类账两种用途。如将日记账和总分类账结合而成日记总账等。

3. 备查账簿

备查账簿也称辅助账簿，是为备忘备查而设置的。有些经济业务在日记账簿和分类账簿中未能记载或记载不全，需进行补充登记，提供必要的参考资料，便于对特定对象的管理和检查，因而称为备查账簿。它与前面两种账簿不同之处有二：第一，它不需要根据会计凭证登记入账；第二，它没有固定的账页格式，主要用文字对有关经济业务进行补充登记。例如，经营性租入的固定资产、代销的商品、委托加工的材料等应设置备查账簿。备查账簿并非每个单位都必须设置，应根据本单位的实际需要设置和登记。

（二）账簿按外表形式的分类

按账簿外表形式不同，可以分为订本式账簿、活页式账簿和卡片式账簿三种。

1. 订本式账簿

订本式账簿简称订本账，是在启用前就将顺序编好页码、印有专门格式的账页，固定装订成册的账簿。这种账簿具有账页页数固定，既可以避免账页丢失又可以防止账页被抽换，比较安全的优点。但缺点是，因一本账簿页数固定或账簿中各账户预留的账页页数同实际需要量不一致时，会造成账页不足，影响账户连续记录，或因账页过多造成浪费；同时，在同一时间内只能由一人登记账簿，不便于记账人员分工。订本式账簿一般适用于重要的和具有统驭作用的账簿，如现金日记账、银行存款日记账和总账。

2. 活页式账簿

活页式账簿简称活页账，是将一定数量的账页放入活页夹内，可根据记账内容的变化随时增加或减少部分账页的账簿。这种账簿具有可以根据实际需要，随时加入、抽出或移动账页，不会浪费账页，使用灵活，而且便于分工记账、分类计算和汇总的优点。但缺点是，账页容易丢失和被抽换。因此在使用时必须将空白账页连续编号，放在活页夹内或临时装订成册，并在账页上加盖有关人员图章，以防止产生弊端。会计年度终了，再将活页账装订成册。活页账一般适用于明细账。

3. 卡片式账簿

卡片式账簿简称卡片账，是由一定数量和具有专门格式、存放在专设的卡片箱的硬纸卡片组成的账簿。使用时，可以根据需要随时增添或抽出卡片；卡片上应连续编号并加盖有关人员的图章;应由专人负责保管卡片箱,以保证安全。卡片账的优缺点与活页账相同,一般适用低值易耗品、固定资产等的明细核算。

第二节 会计账簿的设置与登记

一、会计账簿设置的原则

各单位必须按照国家统一会计制度的规定,结合本单位会计业务的需要,设置必要的账簿,并认真做好记账工作。设置会计账簿一般应遵循以下原则:

(1)保证全面、连续、系统地核算和监督各项经济业务,为经营管理和编制会计报表提供完整、系统的会计核算资料。

(2)在保证满足核算和监督经济业务的前提下,尽量考虑人力、物力的节约,注意防止重复记账。

(3)在格式设计上,要从所要核算的经济业务的内容和需要提供的核算指标出发,力求简明实用,避免烦琐复杂,以提高会计工作效率。

二、会计账簿的基本内容

各种会计账簿所记录的经济业务内容不同,其种类和格式多种多样,但各种主要账簿均应具备下列基本内容:

1.封面

写明账簿的名称和记账单位的名称,如总账、现金日记账、原材料明细账等。

2.扉页

应附有账簿启用和经营人员一览表(其格式和内容见表 6-25)和账户目录(格式和内容见表 6-26)。

3.账页

账页是账簿的主要组成部分,用来具体记录经济业务,其格式因记录的经济业务内容不同而有所不同,但一般都应具有以下内容:

(1) 账户的名称(即一级会计科目、二级或明细科目);

(2)登记入账的日期栏;

(3)凭证种类和编号栏;

(4)摘要栏(所记录经济业务内容的简要说明);

(5)金额栏(记录经济业务的增减变动和余额);

(6)总页次和分户页次栏。

三、账簿的格式和登记方法

(一)日记账的格式和登记

1.两栏式普通日记账的格式和登记

两栏式普通日记账的格式一般设有借方和贷方两个金额栏，其格式与内容如表 6-1 所示。

表 6-1 普通日记账(两栏式)

20××年		摘要	账户名称	借方	贷方	过账
月	日					
6	3	将国家投资款存入银行	银行存款	500 000		√
			实收资本		500 000	√
	6	向银行借入一年期款	银行存款	200 000		√
			短期借款		200 000	√
	8	用存款购机器设备	固定资产	300 000		
			银行存款		300 000	
	12	报销职工差旅费	管理费用	1 850		
			其他应收款		1 850	
	13	用存款支付购料运费	物资采购	1 000		
			银行存款		1 000	
	16	购料尚未付款	物资采购	22 050		
			应付账款		22 050	
	26	提取现金备用	库存现金	1 500		
			银行存款		1 500	
	30	分配 6 月份工资	生产成本	30 000		
			制造费用	20 000		
			管理费用	10 000		
			应付工资新酬谢		60 000	

两栏式普通日记账的登记方法如下：

(1)日期栏　登记经济业务的发生日期。年度记入日期栏的上端，月、日分两小栏登记。

(2)摘要栏　简要说明经济业务的内容。文字要简练，又要能说明问题。

(3)借方栏　将应借会计科目记入“账户名称”栏，并将其金额记入借方栏。

(4)贷方栏 将应贷会计科目记入“账户名称”栏内紧接应借会计科目的下一行(缩进一格或两格),并将其金额记入贷方栏。

(5)过账栏 根据日记账中应借、应贷的账户及其金额登入分类账后,在过栏账内注明“√ ”符号,表示已经登记入账;或者在过账栏内注明该账户的账页号数,表示已登记入账,也便于日后查账。

在普通日记账中,分别确定了每笔经济业务的会计分录,这些会计分录成为登记分类账各账户的依据,避免了根据经济业务直接登记各分类账可能发生的差错。规模较小、经济业务不多且又比较简单的单位,应用一本普通日记账就可以集中、序时地记录全部经济业务,满足管理的需要。但在经济业务繁多的单位,使用这种日记账,需要逐笔登记分类账,记账工作量很大,也不便于会计人员分工记账,于是就产生了多栏式普通日记账。多栏式普通日记账,是指在日记账中分设专栏,把经常重复的经济业务分栏登记,并将汇总后的发生额,一次记入分类账的一种普通日记账。

2.三栏式特种日记账的格式和登记

多栏式普通日记账虽然可以简化部分记账工作,但它只能供一人记账,而且如果专栏设置过多,账页过宽,记账也不方便。为克服这种缺点,就产生了特种日记账。特种日记账是专门用来登记某一类经济业务的日记账。它可以登记某一类经济业务,然后根据汇总后的数额记入分类账,从而减少过账工作量;也便于会计人员分工记账,可以由一个记账员专门登记某一类经济业务,从而提高工作效率。常见的特种日记账有现金日记账、银行存款日记账、销货日记账、采购日记账等。其中每个单位都应设置现金日记账和银行存款日记账,用于序时核算现金和银行存款的收入、付出和结存情况,借以加强对货币资金的管理。

特种日记账最常见的格式是设置收入、支出、余额或借方、贷方、余额三栏。下面分别说明三栏式现金日记账和三栏式银行存款日记账的格式和登记方法。

(1)现金日记账 是出纳人员根据审核无误的现金收款凭证、现金付款凭证和银行付款凭证(从银行提取现金编制的凭证),按经济业务发生的先后顺序,逐日逐笔进行登记的。其格式与内容如表6-2所示。

现金日记账的登记方法和要求如下:

①凭证栏:指登记入账的收付款凭证的种类和编号。如“现金收款凭证”,简写为“现收”;“银行付款凭证”,简写为“银付”。凭证栏还应登记凭证的编号,以便日后查账和核对。

表 6-2　　　　现金日记账(三栏式)

20××年		凭证		摘　　要	对方科目	收入	支出	余额
月	日	种类	编号					
1	1			上年结余				500
	7	银付	1	提取现金备用	银行存款	1 500		
	7	现收	1	变卖废品收入	营业外收入	100		
	7	现付	1	支付购料运费	材料采购		150	
	7	现收	2	王二退回差旅费余款	其他应收款	200		
	7	现付	2	购办公用品	管理费用		850	
	7			本日合计		1 800	1 000	1 300
	30			本日合计		600	750	350
	30			本月合计		22 000	22 150	350

②对方科目栏:指现金收入的来源科目或支出的用途科目。如王二退回差旅费余款,对方科目为“其他应收款”,说明现金增加来源于王二退回多借的差旅费,其作用在于可以了解经济业务的来龙去脉。

③收入、支出栏:指现金实际收付的金额。每日终了,应分别计算现金收入和现金支出的合计数,并结出余额,同时将余额与库存现金核对,做到“日清日结”。如账存金额与实有现金不符,应查明原因并记录备案。月终同样要计算本月现金收入、支出的合计数和余额,即“月结”。

(2)银行存款日记账　是由出纳人员根据审核无误的银行存款收款凭证、银行存款付款凭证和现金付款凭证(将现金存入银行编制的凭证)按经济业务发生的先后顺序,逐日逐笔进行登记的账簿。其格式与内容如表 6-3 所示。

银行存款日记账的登记方法和要求与现金日记账基本相同,需说明的是:

①现金支票号码和转账支票号码栏:指所记录的经济业务如果是以支票付款或收款结算的,应在这两栏内填写相应的支票号码,以便与开户银行核对账目。

②对方科目栏:指银行存款收入的来源科目或支出的用途科目。如收到甲公司投资,银行存款收入的来源科目(即对应科目)为“实收资本”;开出一张转账支票支付购料款,支出的用途科目为“材料采购”。其作用在于了解银行存款收、付的来龙去脉。

表 6-3 银行存款日记账（三栏式）

20××年		凭证		摘要	现金支票号码	转账支票号码	对方科目	收入	支出	余额
月	日	种类	编号							
1	1			上年结余						4 500
	9	银收	1	收到欠货款		115	应收账款	500		
	9	银付	1	提取现金备用	12		库存现金		1 500	
	9	银收	2	收到甲公司投资		035	实收资本	50 000		
	9	银付	3	缴纳上月税金		231	应交税金		1 500	
	9	银付	2	支付购料款		232	材料采购		45 500	
	9			本日合计				50 500	48 500	6 500
	31			本日合计				3 000	8 000	5 000
	31			本月合计				99 550	99 050	5 000

③收入、支出栏：指银行存款实际收付的金额。每日终了，应分别计算银行存款收入和支出的合计数，结出余额，做到“日清”，以便检查监督各项收入和支出款项，避免出现透支现象，也便于定期同银行对账单核对。月终应计算出全月银行存款收入、支出合计数和余额，做到“月结”。

3.多栏式特种日记账的格式和登记

三栏式特种日记账能够简化一部分账户的登记工作并便于会计人员分工记账。但当现金或银行存款日记账中收、付款凭证较多时，登记的工作量仍然较大，因此可以根据需要设置多栏式特种日记账。多栏式特种日记账是设置一些专栏，用来归集重复发生的同类经济业务，汇总后一次记账或提供某些分析资料的特种日记账。由于多栏式特种日记账将同类经济业务汇总后一次记入分类账，减少记账工作量；能够提供某些明细资料，供会计分析之用，有助于提高经营管理水平。多栏式特种日记账的格式有两种：一种是设置多栏式现金日记账和多栏式银行存款日记账；另一种是分设多栏式现金收入日记账、多栏式现金支出日记账、多栏式银行存款收入日记账和多栏式银行存款支出日记账。其格式和内容如表 6-4 至表 6-6 所示。

表 6-4　　银行存款日记账(多栏式)

20××年		凭证		对应账户贷方				存款增加合计	对应账户借方				存款减少合计	余额
月	日	种类	编号	主营业务收入	应收账款	…	登账		物资采购	应付账款	…	登账		

表 6-5　　现金收入日记账(多栏式)

20××年		凭证		摘要	贷方科目				支出合计	余额
月	日	种类	编号		银行存款	其他应收款	…	收入合计		

表 6-6　　银行存款支出日记账(多栏式)

20××年		凭证		摘　要	结算凭证		借方科目			支出合计
月	日	种类	编号		种类	编号	管理费用	应付账款	…	

多栏式现金日记账和多栏式银行存款日记账的登记,可以采用以下两种方法:

(1)由出纳人员根据审核无误的收款凭证和付款凭证,逐日逐笔登记现金收入日记账、现金支出日记账和银行存款收入日记账、银行存款支出日记账,每日将支出日记账中当日支出的合计数,转入收入日记账中当日“支出合计”栏内,以结出当日账面余额。会计人员应对多栏式现金日记账和多栏式银行存款日记账的记录加强检查、监督,并于月末将多栏式现金日记账和多栏式银行存款日记账各专栏的合计数,分别记入有关总账中。

(2)另外设置现金和银行存款出纳登记簿,由出纳人员根据审核无误的收款凭证和付款凭证,逐日逐笔登记,以便逐笔掌握库存现金和银行存款的收付情况,也便于同银行核对账目。然后将收款凭证和付款凭证交由会计人员据以逐日汇总登记多栏式现金日记账和多栏式银行存款日记账,并于月末根据日记账登记总账。出纳登记簿与会计人员登记的多栏式现金日记账和多栏式银行存款日记账要相互核对。

上述第一种方法可以简化核算工作，第二种方法可以加强内部控制和监督，各单位可根据需要选用一种登记方法。

（二）分类账的格式和登记

1. 总账的格式和登记

总账是按照总分类科目设置，用以登记全部经济业务的账簿。它能够全面、总括地反映经济活动情况并为编制会计报表提供资料，一切单位都要设置总账。总账必须采用订本式账簿。总账的账页格式因账务处理程序不同而有所不同，一般有三栏式、多栏式。

（1）三栏式总账的格式　三栏式总账是在账页内只设借方、贷方和余额三个金额栏，按在账页中是否设置对方科目，又可分为不反映对方科目的三栏式总账和反映对方科目的三栏式总账，其格式和内容如表 6-7、表 6-8 所示。

表 6-7　　**总账（不反映对方科目的三栏式）**　　第 8 页

账户名称：应收账款

20××年		凭证		摘　要	借方金额	贷方金额	借或贷	余额
月	日	种类	编号					
1	1			上年结转			借	55 000
	8	转	1	向光华公司赊销商品	16 000		借	
	10	银收	1	收到大华公司前欠货款		30 000	借	
—	—	—	—	—	—	—	—	—
	31			本月发生额及余额	67 000	85 000	借	37 000

表 6-8　　**总账（反映对方科目的三栏式）**　　第 8 页

账户名称：应收账款

20××年		凭证		摘　要	借方		贷方		借或贷	余额
月	日	种类	编号		金额	对方科目	金额	对方科目		
1	1			上年结转					借	55 000
	8	转	1	向光华公司赊销商品	16 000	主营业务收入			借	
	10	银收	1	收到大华公司前欠货款			30 000	银行存款	借	
—	—	—	—	—	—	—	—	—	—	—
	31			本月发生额及余额	67 000		85 000		借	37 000

(2)多栏式总账的格式　多栏式总账是把序时记录和总分类记录结合在一起的联合账簿,这种账簿又称为日记总账。由于它具有序时账和总账的作用,所以采用这种账簿,能够避免重复记账,提高工作效率,并能一目了然地了解和分析经济活动情况。适用于经济业务比较简单和会计科目不多的单位。其一般格式和内容如表 6-9 所示。

表 6-9　　**总账(多栏式)**

20××年		凭证		摘要	发生额	××科目		××科目		××科目		…	××科目	
月	日	种类	编号			借方	贷方	借方	贷方	借方	贷方		借方	贷方

(3)总账的登记　总账登记的依据和方法,主要取决于本单位所采用的账务处理程序,可以直接根据记账凭证逐笔登记,也可以通过一定的汇总方式,先把各种记账凭证汇总编制成科目汇总表或汇总记账凭证,再据以登记。月终,在全部经济业务登记入账后,结出各账户的本期发生额和期末余额。

2. 明细账的格式和登记

明细账是按照二级科目或明细科目开设账户,提供某一类经济业务的详细核算资料,是对总账提供总括核算资料的必要补充,同时也是编制会计报表的依据之一。因此,各单位应根据实际需要设置明细账,其账页格式一般有三栏式、数量金额式和多栏式三种。

(1)三栏式明细账　三栏式明细账的账页格式与三栏式总账相同,即账页内只设借方、贷方和余额三个金额栏,不设数量栏。这种格式适用于只需要进行金额核算,不需要进行数量核算的债权、债务结算类账户,如"应收账款"、"应付账款"等账户的明细分类核算。其格式和内容如表 6-10 所示。

表 6-10　　**明细账(三栏式)**

×××明细账

年		凭证		摘　要	借方	贷方	借或贷	余额
月	日	种类	编号					

(2)数量金额式明细账　数量金额式明细账的账页，分别设有收入、发出、结存的数量栏和金额栏。这种格式适用于既要进行金额核算，又要进行实物数量核算的各种财产物资账户，如"原材料"、"库存商品"等账户的明细分类核算。其格式和内容如表6-11所示。

表6-11　　**明细账(数量金额式)**

__×××__明细账

类别：　　编号：

品名或规格：　　存放地点：

储备定额：　　计量单位：

年		凭证		摘　要	收入			发出			结存		
月	日	种类	编号		数量	单价	金额	数量	单价	金额	数量	单价	金额

(3)多栏式明细账　多栏式明细账是根据经济业务的特点和经营管理的要求，在一张账页内按照明细账户或明细项目分设若干专栏，用以登记各个明细账户或明细项目的金额。这种账页格式适用于成本、费用、收入和财务成果等账户，如"生产成本"、"管理费用"、"营业外收入"、"本年利润"、"利润分配"等账户的明细分类核算。成本、费用类明细账可设借方多栏式，其格式和内容如表6-12所示。

表6-12　　**明细账(借方多栏式)**

__×××__明细账

年		凭证		摘　要	借方(项目)					贷方	余额
月	日	种类	编号						合计		

收入类明细账可设贷方多栏式，其格式和内容如表6-13所示。

表6-13　　**明细账(贷方多栏式)**

__×××__明细账

年		凭证		摘　要	贷方(项目)					借方	余额
月	日	种类	编号						合计		

财务成果明细账一般按借方和贷方分设多栏，其格式和内容如表 6-14 所示。

表 6-14　　明细账（借方、贷方均多栏式）

____×××____明细账

年		凭证		摘要	借方（项目）					贷方（项目）					借或贷	余额
月	日	种类	编号						合计					合计		

各种明细账的登记方法，应根据各单位的业务量大小、管理需要以及所记录的经济业务的内容而定，可根据记账凭证、原始凭证或原始凭证汇总表逐日逐笔或定期汇总登记。但固定资产、债权债务等明细账应逐日逐笔登记；库存商品、原材料、收入、费用等明细账可以逐笔登记，也可以定期汇总后登记。

第三节　总分类账和明细分类账的平行登记

一、总分类账和明细分类账

总分类账简称总账，是根据总分类科目开设的，用来对会计要素的具体内容进行总括分类核算的账户，它能够提供某一具体内容的总括核算指标。为了保持会计信息的一致性和可比性，企业单位必须根据国家统一会计制度的规定，设置总分类账户。

总分类账的特点是：在总分类账中只使用货币计量单位反映经济业务；总分类账提供总括核算指标，该指标是编制会计报表的主要依据，但不能满足管理上的具体需要。例如，根据“原材料”总分类科目开设“原材料”总分类账户，用以提供所有材料的收发领退和结存的总括核算指标。但“原材料”账户不能提供各种材料增减变动的详细情况。

明细分类账简称明细账，是根据明细分类科目设置的，用来对会计要素的具体内容进行明细分类核算的账户。它是根据某一总分类账户的核算内容，按照实际需要所作的更加详细的分类。例如，为了具体掌握各种材料的收发、结存情况，就要在“原材料”总分类账户下，按照材料的品名和规格，分别设置明细分类账户。明细分类账户除了用货币计量单位反映经济业务外，有些账户还要利用实物计量单位或劳动量计量单位从数量上和时间上反映经济业务，以满足日常经营管理的需要。

总分类账和明细分类账是既有联系又有区别的两类账户。总分类账户与其所属明细分类账户核算的内容相同，但反映和提供指标的详细程度不同。总分类账户反映总括情况，提供总括指标；明细分类账户反映具体情况，提供详细指标。总分类账户对明细分类账户起统驭控制作用；明细分类账户对总分类账户起补充说明作用。总分类账户的金额与其所属明细分类账户的金额合计应当相符。

二、总分类账与明细分类账的平行登记

根据总分类账户与其所属明细分类账户之间的关系，在会计核算中，为了便于账户记录的核对，保证会计核算资料的完整性和正确性，总分类账户与其所属明细分类账户必须采用平行登记的方法。

所谓平行登记，是指对发生的每项经济业务，都要以相关的会计凭证为依据，一方面记入有关的总分类账户，另一方面记入有关总分类账户所属明细分类账户的方法。总分类账户与明细分类账户平行登记的要点如下：

（一）登记的依据相同

对于发生的经济业务，要以相关的会计凭证为依据，既记入有关的总分类账户，又记入有关总分类账户所属的明细分类账户。登记总分类账户和明细分类账户的原始依据必须相同，不能根据对方记录进行转记，以便总账和明细账之间能够互相验证和核对。

（二）登记的方向相同

将经济业务记入总分类账和明细分类账时，记账方向必须相同。即总分类账户记入借方，所属明细分类账户也记入借方；总分类账户记入贷方，所属明细分类账户也记入贷方。

（三）登记的期间相同

对每项经济业务在记入总分类账和明细分类账的过程中，可以有先有后，但必须在同一会计期间全部登记入账。

（四）登记的金额相等

记入总分类账户中的金额，应与记入其所属明细分类账户的金额之和相等。

只有符合上述要求才能使总分类账户的记录和明细分类账户的记录保持一致。总分类账户和明细分类账户平行登记所产生的数量关系可用公式表示如下：

总分类账户本期发生额＝所属明细分类账户本期发生额合计

总分类账户期末余额＝所属明细分类账户期末余额合计

在会计核算过程中，通常利用这种相等关系来检查总分类账户和明细分类账

户记录的完整性和正确性。

下面以“原材料”和“应付账款”账户为例，说明总分类账户和明细分类账户的平行登记。

【例 6.1】 某企业 20××年 9 月 1 日“原材料”账户的月初余额为借方余额 120 000 元，“应付账款”账户的月初余额为贷方余额 120 000 元，其所属明细分类账户的月初余额分别如表 6-15 和表 6-16 所示。

表 6-15

材料名称	数量(千克)	单价(元)	金额(元)
甲材料	10 000	10	100 000
乙材料	1 000	20	20 000
合　计	11 000	—	120 000

表 6-16

债权人名称	应付账款余额(贷方余额)(元)
新华工厂	50 000
红星工厂	70 000
合　　计	120 000

假设该企业本月份发生的材料收发业务及与供应单位的结算业务如下：

1. 9 月 6 日，向红星工厂购进甲种材料 2 000 千克，单价 10 元，共计货款 20 000 元，材料已验收入库，货款尚未支付(为简化，暂不考虑增值税，下同)。

2. 9 月 10 日，以银行存款偿还前欠红星工厂货款 50 000 元。

3. 9 月 15 日，向新华工厂购进乙材料 1 500 千克，单价 20 元，共计货款 30 000 元，材料已验收入库，货款暂欠。

4. 9 月 23 日，开出转账支票用于偿还前欠货款，其中：偿还红星工厂 20 000 元，偿还新华工厂 40 000 元，共计 60 000 元。

5. 9 月 28 日，仓库发出甲材料 8 000 千克，单价 10 元，计 80 000 元；乙材料 2 000 千克，单价 20 元，计 40 000 元，材料直接用于制造产品。

根据上述资料，采用平行登记的方法登记“原材料”和“应付账款”总分类账户及其所属各明细分类账户。具体做法如下：

1. 将月初余额分别记入“原材料”和“应付账款”总分类账户及其所属各明细分类账户。

2.根据上列有关经济业务编制会计分录如下：

(1)借:原材料——甲材料　　20 000
　　贷:应付账款——红星工厂　　20 000

(2)借:应付账款——红星工厂　　50 000
　　贷:银行存款　　50 000

(3)借:原材料——乙材料　　30 000
　　贷:应付账款——新华工厂　　30 000

(4)借:应付账款——红星工厂　　20 000
　　　　　　　——新华工厂　　40 000
　　贷:银行存款　　60 000

(5)借:生产成本　　120 000
　　贷:原材料——甲材料　　80 000
　　　　　　——乙材料　　40 000

3.根据上列会计分录,平行登记“原材料”和“应付账款”两个总分类账户及其所属各明细分类账户,并分别计算出本期发生额和期末余额。登账结果如表6-17至表6-22所示。

表6-17　　总分类账户

账户名称:原材料　　单位:元

20××年		凭证号数	摘　要	借方	贷方	借或贷	余额
月	日						
9	1		月初余额			借	120 000
	6	(1)	购入	20 000		借	140 000
	15	(3)	购入	30 000		借	170 000
	28	(5)	生产领用		120 000	借	50 000
	30		本月发生额及余额	50 000	120 000	借	50 000

表6-18　　原材料明细分类账户

账户名称:甲材料　　单位:元/千克

20××年		凭证号数	摘　要	收　入			发　出			结　余		
月	日			数量	单价	金额	数量	单价	金额	数量	单价	金额
9	1		月初余额							10 000	10	100 000
	6	(1)	购入	2 000	10	20 000				12 000	10	120 000
	28	(5)	生产领用				8 000	10	80 000	4 000	10	40 000
	30		本月发生额及余额	2 000	10	20 000	8 000	10	80 000	4 000	10	40 000

表 6-19 原材料明细分类账户

账户名称:乙材料 单位:元/千克

20××年		凭证字号	摘 要	收 入			发 出			结 余		
月	日			数量	单价	金额	数量	单价	金额	数量	单价	金额
9	1		月初余额							1 000	20	20 000
	15	(3)	购入	1 500	20	30 000				2 500	20	50 000
	28	(5)	生产领用				2 000	20	40 000	500	20	10 000
	30		本月发生额及余额	1 500	20	30 000	2 000	20	40 000	500	20	10 000

表 6-20 总分类账户

账户名称:应付账款 单位:元

20××年		凭证字号	摘 要	借方	贷方	借或贷	余额
月	日						
9	1		月初余额			贷	120 000
	6	(1)	购料欠款		20 000	贷	140 000
	10	(2)	偿还欠款	50 000		贷	90 000
	15	(3)	购料欠款		30 000	贷	120 000
	23	(4)	偿还欠款	60 000		贷	60 000
	30		本月发生额及余额	110 000	50 000	贷	60 000

表 6-21 应付账款明细分类账户

账户名称:新华工厂 单位:元

20××年		凭证字号	摘 要	借方	贷方	借或贷	余额
月	日						
9	1		月初余额			贷	50 000
	15	(3)	购料欠款		30 000	贷	80 000
	23	(4)	偿还欠款	40 000		贷	40 000
	30		本月发生额及余额	40 000	30 000	贷	40 000

表 6-22 应付账款明细分类账户

账户名称:红星工厂 单位:元

20××年		凭证字号	摘 要	借方	贷方	借或贷	余额
月	日						
9	1		月初余额			贷	70 000
	6	(1)	购料欠款		20 000	贷	90 000
	10	(2)	偿还欠款	50 000		贷	40 000
	23	(4)	偿还欠款	20 000		贷	20 000
	30		本期发生额及余额	70 000	20 000	贷	20 000

三、总分类账与明细分类账的核对

对总分类账及其所属各明细分类账进行平行登记之后，为了检查账户记录是否正确，应当对总分类账户和明细分类账户登记的结果，进行相互核对。核对时可通过编制明细分类账户本期发生额及余额表进行。

明细分类账户本期发生额及余额表是根据明细分类账户的记录编制的，原则上每一个设有明细分类账户的总分类账户编制一张。某一总分类账户的明细分类账户本期发生额及余额表中期初余额合计、借方本期发生额合计、贷方本期发生额合计、期末余额合计，应分别与该总分类账户的期初余额、本期借方发生额、本期贷方发生额和期末余额相符。

以例 6.1 资料，编制原材料明细分类账户本期发生额及余额表、应付账款明细分类账户本期发生额及余额表如表 6-23、表 6-24 所示。

表 6-23　　原材料明细分类账户本期发生额及余额表

明细分类账户名称	月初余额		本期发生额		月末余额	
	借方	贷方	借方	贷方	借方	贷方
甲材料	100 000		20 000	80 000	40 000	
乙材料	20 000		30 000	40 000	10 000	
合　计	120 000		50 000	120 000	50 000	

表 6-24　　应付账款明细分类账户本期发生额及其余额表

明细分类账户名称	月初余额		本期发生额		月末余额	
	借方	贷方	借方	贷方	借方	贷方
红星工厂		70 000	70 000	20 000		20 000
新华工厂		50 000	40 000	30 000		40 000
合　计		120 000	110 000	50 000		60 000

表 6-23、表 6-24 的数据表明，总分类账户与其所属明细分类账户记录结果金额相等。如果有关数据不符，则说明记账有差错，应及时更正错账，以保证账簿记录的正确性。

第四节　会计账簿的使用和登记的规则

会计账簿的使用包括启用、登记、更换和保管。账簿登记的方法已在上一节阐述，本节分别说明新年初始启用账簿的规则、年度中登记账簿应遵循的规则以及年终更换并保管账簿的规则。

一、启用账簿的规则

为了切实做好记账工作，保证会计核算工作的质量，必须按照一定的规则启用账簿。

（1）启用新的会计账簿，应当在账簿封面上写明单位名称和账簿名称。

（2）在账簿扉页上应当附有启用表，即“账簿启用登记表”，其内容包括：启用日期、账簿起止页数、记账人员和会计机构负责人或会计主管人员姓名，并加盖名章和单位公章。当记账人员或者会计机构负责人或会计主管人员调动工作时，要在“账簿启用登记表”上注明交接日期、接办人员或者监交人员姓名，并由交接双方签名或者盖章，以明确有关人员的责任，维护会计账簿记录的严肃性。“账簿启用登记表”的格式和内容如表 6-25 所示。

表 6-25　　账簿启用登记表

单位名称：________　　　　账簿页数：________

账簿名称：________　　　　启用日期：________

账簿册数：________　　　　记账人员（签章）________

账簿编号：________　　　　会计主管（签章）________

交接日期			移交人	接管人	会计主管
年	月	日			

（3）账簿第一页应设置账户目录，记录账户名称、各账户页数，其格式和内容如表 6-26 所示。

表 6-26　　账户目录（科目索引）

页数	账户名称	页数	账户名称	页数	账户名称

（4）订本式账簿应按顺序编定页数，不得跳页、缺号。活页式账簿应按账户顺序编号，定期装订成册，年度终了再按实际使用的账页顺序编定页数和建立账户目录。

（5）在年度开始启用新账簿时，为了保证年度之间账簿记录的相互衔接，应把上年度的年末余额记入新账的第一行，并在摘要栏中注明“上年结转”或“年初余额”字样。

二、登记账簿的规则

(一)登记账簿的依据

登记会计账簿必须以经过审核无误的会计凭证为依据，并符合国家统一会计制度的规定。

(二)登记账簿的时间

各种账簿应当多长时间登记一次，没有统一规定。一般原则是：总账应按照本单位所采用的账务处理程序及时登记；各种明细账登账的间隔时间一般比登总账时间短；现金日记账和银行存款日记账，应当根据办理完毕的收、付款凭证，随时逐笔顺序登记。

(三)登记账簿的规范要求

(1)登记账簿时，应当将会计凭证日期、编号、业务内容摘要、金额和其他有关资料逐项记入账内，做到数字准确、摘要清楚、登记及时、字迹工整。同时记账人员要在记账凭证上签名或者盖章并注明已经记账的符号（一般画“√”符号），表示已经记账，以防重记和漏记。

(2)各种账簿要按账页页次顺序连续登记，不得跳行、隔页。如发生跳行、隔页，应当将空行、空页划红线对角注销，或者注明“此行空白”、“此页空白”字样，并由记账人员签名或者盖章。

(3)为了使账簿保持持久，便于长期检查使用和防止涂改，登记账簿时要用蓝黑墨水或者碳素墨水书写，不得用圆珠笔(银行的复写账簿除外)或者铅笔书写。红色墨水只能用于会计制度规定的下列几种情况：

①按照红字冲账的记账凭证冲销错误的账簿记录；

②在不设借贷等栏的多栏式账页中，登记减少数；

③在三栏式账户的余额栏前，如未印明余额方向的，在余额栏内登记负数余额；

④根据国家统一会计制度的规定可以用红字登记的其他会计记录。

(4)保持账簿清晰、整洁，书写的文字和数字要端正、清楚、规范；文字和数字不要写满一格，一般应占格距的1/2位置，以便留有改错的空间。

(5)凡需要结出余额的账户，结出余额后应在“借或贷”栏内写明“借”或者“贷”字样。没有余额的账户，应在“借或贷”栏内写“平”字，并在余额栏内用“0”表示。

(6)每页登记完毕结转下页时，应当结出本页合计数及余额，写在本页最后一行和下页第一行有关栏内，并在摘要栏分别注明“过次页”和“承前页”字样，以保证账簿记录的连续性。也可以将本页合计数及金额只写在下页第一行有关栏内，并在摘要栏内注明“承上页”字样。

对需要结计本月发生额的账户，结计“过次页”的本页合计数应当自本月初起至本页末止的发生额合计数；对需要结计本年累计发生额的账户，结计“过次页”的本页合计数应当为自年初起至本页末止的累计数；对既不需要结计本月发生额也不需要结计本年累计发生额的账户，可以只将每页末的余额结转次页。

(7)记账时，如果账簿记录发生错误，不准涂改、挖补、刮擦，或者用褪色药水消除字迹，不准重新抄写，必须根据错误的具体情况，采用正确的方法予以改正。

对实行会计电算化的单位，用计算机打印的会计账簿必须连续编号，经审核无误后装订成册，并由记账人员和会计机构负责人(或会计主管人员)签字或者盖章，以防止账页丢失和被抽换，保证会计资料的完整性。总账和明细账应当定期打印。发生收款和付款业务的，在输入收款凭证和付款凭证的当天，必须打印出现金日记账和银行存款日记账，并与库存现金核对无误。

三、账簿的更换和保管

账簿的更换是指在会计年度终了，将上年旧账更换为下一年度的新账。即年度终了，将有余额账户的余额直接记入新账的余额栏内，不需要编制记账凭证。具体操作是：在本年有余额的账户“摘要”栏内注明“结转下年”字样。在新账中，注明各账户的年份，在第一行“日期”栏内写明 1 月 1 日；“记账凭证”栏不填；注明余额的借贷方向，在“余额”栏填写金额。

建立新账并不是所有的账簿都要更换为新的。一般总账、日记账和大多数明细账应每年更换一次。但是有些财产物资明细账和债权债务明细账，因为材料品种、规格繁多以及往来单位较多，如在更换新账时重新登记一遍余额，工作量较大，所以可以跨年度使用，不必每年换一次。第二年使用时，可直接在上年终了的双红线下面记账。各种备查账簿也可以连续使用。

各种账簿同会计凭证及会计报表一样，都是重要的经济档案，必须重视和加强保管。账簿的保管分为平时管理和归档保管。平时账簿管理的要求主要包括：各种账簿要分工明确，指定专人管理，账簿经管人员既要负责记账、对账、结账等工作，又要负责保证账簿安全；会计账簿未经领导和会计负责人或者有关人员批准，非经管人员不能随意翻阅查看；会计账簿除需要与外单位核对外，一般不能携带外出，对需要携带外出的账簿，应由经管人员或会计主管指定专人负责；会计账簿不能随意交与其他人员管理，以保证账簿安全和防止任意涂改账簿等问题发生。旧账归档保管的要求主要包括：年度终了更换并启用新账后，对更换下来的旧账要整理装订，造册归档；旧账装订完毕应编制目录并编写移交清单，然后按期移交档案部门保管；账簿必须按照统一会计制度规定的保存年限妥善保管，不得丢失和任意销毁，保管期满后，应按照规定的审批程序报经批准后才能销毁。

第五节　错账的更正方法

在记账过程中，账簿记录错误，必须按照规定的方法更正。错账更正的方法一般有划线更正法、红字更正法和补充登记法三种。

一、划线更正法

在结账前，如果发现账簿记录有错误，而记账凭证并无错误，只是过账时不慎，发生文字或数字记录笔误，应采用划线更正法予以更正。更正的方法是：先在错误的文字或数字上画一条红色横线，表示注销；然后将正确的文字或数字用蓝字或黑字写在被注销的文字或数字的上方，并由记账人员在更正处盖章，以明确责任。但应注意，对于错误的数字应当全部划销，不能只划销写错的个别数字，而且对划销的数字，不允许全部涂抹，应当使原有字迹仍能辨认，以备日后查考。

【例 6.2】　某企业 20××年 6 月 4 日以现金支付行政管理部门购买的用文具用品 1 357 元。已编制现金付款凭证，借记“管理费用”科目 1 357 元，贷记“库存现金”科目 1 357 元。记账员根据记账凭证登“管理费用”明细账时，将 1 357 元，误记为 1 537 元。

更正的方法是：应将“管理费用”明细账中错误数字 1 537 元全部用红线注销，然后再用蓝字在其上方写上正确的数字 1 357 元，并加盖记账员名章，不能只删改“53”两个数字。

二、红字更正法

红字更正法，又称红字冲账法。这种方法适用于以下两种情况：

(1)记账后，发现记账凭证中的应借、应贷的会计科目有错误，致使账簿记录错误，应采用红字更正法予以更正。更正的方法是：先用红字填制一张与原错误记账凭证会计科目、借贷方向和金额完全相同的记账凭证，在摘要栏注明“冲销某月某日第×号记账凭证的错账”，并据以用红字登记入账，以冲销原账簿登记错误；然后用蓝字填制一张正确的记账凭证，在摘要栏内写明“更正某月某日记账凭证”，并据以登记入账。

【例 6.3】 某企业 20××年 6 月 5 日专设销售机构领用 350 元材料。

①编制"转字 1 号"记账凭证时将应记入"销售费用"科目 350 元误记为"管理费用"科目 350 元,并已登记入账。即:

借:管理费用　　350

　贷:原材料　　350

更正时,先用红字金额(以下用"□"表示红字)填制一张与原错误记账凭证相同的记账凭证,并用红字登记入账。

②冲销 20××年 6 月 5 日转字 1 号记账凭证错误时:

借:管理费用　　[350]

　贷:原材料　　[350]

然后,再用蓝字填制一张正确的记账凭证,并据以登记入账。

③更正 20××年 6 月 5 日转字 1 号记账凭证时:

借:销售费用　　350

　贷:原材料　　350

以上有关账户的更正记录,如图 6-1 所示。

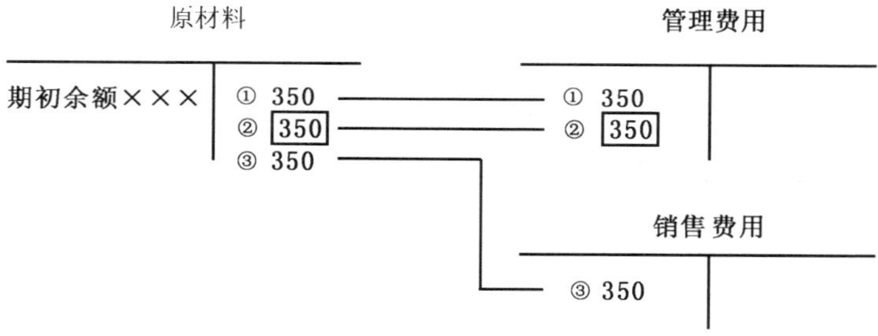

图 6-1 红字更正法更正示意图(1)

(2)记账后,发现记账凭证所记金额大于应记金额,而应借、应贷的会计科目并无错误,致使账簿记录错误,也应采用红字更正法予以更正。更正的方法是:会计科目、借贷方向不变,只将正确数字与错误数字之间的差额,即多记的金额用红字填制一张记账凭证,在摘要栏内写明"冲销某月某日第×号记账凭证多记金额"并据以登记入账,以冲销多记的金额。

【例 6.4】 某企业 20××年 6 月 8 日购买材料 2 500 元,已开出转账支票付款。

①编制"银付 5 号"记账凭证时,将应记入"材料采购"和"银行存款"科目 2 500 元误记为 25 000 元,并已登记入账。即:

借:材料采购 25 000

贷:银行存款 25 000

更正时,应将多记的 22 500 (25 000－2 500)元用红字填制一张记账凭证,并据以登记入账。

②冲销 20××年 6 月 8 日银付 5 号记账凭证多记金额时:

借:材料采购 22 500

贷:银行存款 22 500

以上有关账户的更正记录如图 6-2 所示。

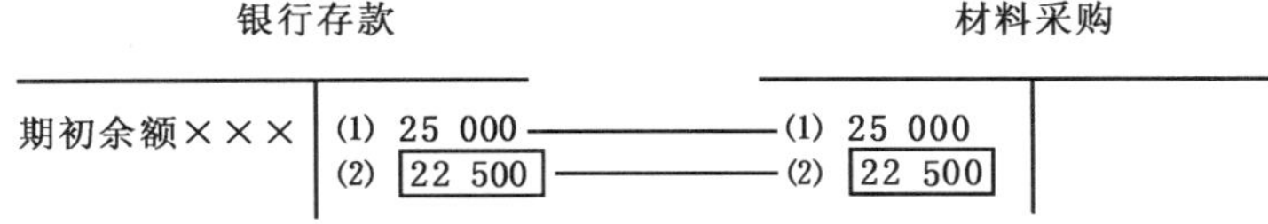

图 6-2 红字更正法更正示意图(2)

三、补充登记法

记账后,如果发现记账凭证中所记金额小于应记金额,而应借、应贷的会计科目并无错误,致使账簿记录错误,可用补充登记法予以更正。更正的方法是:会计科目、借贷方向不变,只将正确数字与错误数字之间的差额,即少记的金额用蓝字填制一张记账凭证,在摘要栏内写明"补记某月某日第×号记账凭证少记金额"并据以登记入账,以补充少记的金额。

【例 6.5】 某企业 20××年 6 月 10 日基本生产车间为制造产品领用材料 12 000 元。

(1)编制"转字 3 号"记账凭证时,将应记入"生产成本"和"原材料"科目 12 000 元误记为 1 200 元,并已登记入账。即:

借:生产成本 1 200

贷:原材料 1 200

更正时,应将少记的 11 800 (12 000－1 200)元用蓝字填制一张记账凭证,并据以登记入账。

(2)补充20××年6月10日转字3号记账凭证少记金额时：

借：生产成本 11 800

 贷：原材料 11 800

以上有关账户的更正记录如图6-3所示。

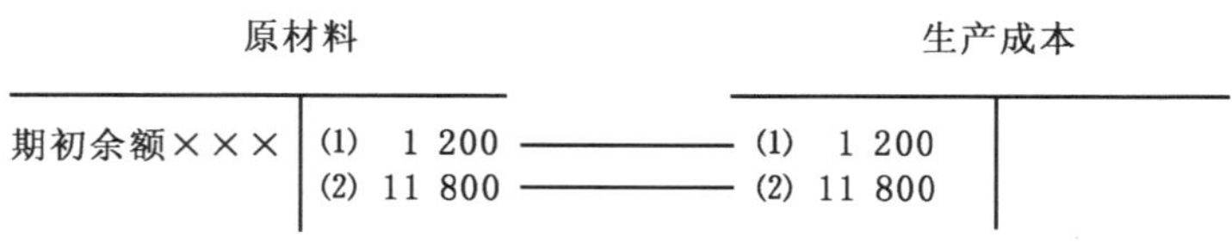

图6-3 补充登记法更正示意图

需要说明的是，在会计电算化条件下，一般采用作相反分录的方法冲销原错误的记录，再作一笔正确的分录并据以登记账簿，原账簿登记错误便得以更正。

第六节 结账与对账

为了总结某一会计期间(月份、季度、年度)的经济活动情况，考核经营成果，必须使各账簿记录保持完整和正确，以便据以编制会计报表。为此，必须定期进行结账和对账。

一、结账

(一)结账的程序和要求

结账，是指按照规定，定期把一定时期(月份、季度、年度)内所发生的经济业务登记入账，并将各种账簿结计清楚，以便进一步根据账簿记录编制会计报表。另外，企业因撤销、合并而办理账务交接时，也需要办理结账。

结账的程序和要求主要包括以下几方面：

(1)结账前，必须将本期内发生的各项经济业务全部登记入账，既不能提前结账，也不能将本期发生的经济业务延至下期登记入账。

(2)实行权责发生制的单位，按照权责发生制的要求，在会计期末进行账项调整的账务处理，并在此基础上，进行其他有关转账业务的账务处理，以计算确定本期的成本、费用、收入和财务成果。例如，期末将某生产车间发生的制造费用，按一定的分配标准由“制造费用”科目转入“生产成本”科目；将完工产品成本由“生产成本”科目转入“库存商品”科目；将本期已销产品成本由“库存商品”科目转入“主营业务成本”科目；将本期的各项收入和各项费用转入“本年利润”科目，以比较计算本期经营成果。

(3)结账时，计算、登记本期发生额和期末余额。计算登记各种账簿本期发生额和期末余额的工作，一般按月进行，称为月结；有的账目还应按季结账，称为季结；年度终了，还应进行年终结账，称为年结。

在手工操作条件下，结账的标志是划红线，目的是突出有关数字，表示本期的会计记录已经截止或者结束，并将本期与下期的记录明显分开。

结账时，不同的账户记录应分别采用不同的方法：

对不需要按月结计本期发生额的账户，如各项应收、应付款明细账和各项财产物资明细账等，每次记账以后，都要随时结出余额，每月最后一笔余额即为月末余额，在这一行数字的上端和下端各划一条通栏红线。

现金、银行存款日记账和需要按月结计发生额的收入、费用等明细账户，每月结账时要在最后一笔经济业务记录的下一行数字的上端划一条通栏红线，再在该行的摘要栏内注明“本月合计”字样，结出本月发生额和余额，并在该行数字下端划一条通栏红线。

需要结计本年累计发生额的某些明细账户，每月结账时应在“本月合计”行下结出自年初起至本月末止的累计发生额，登记在月份发生额下面，在摘要栏内注明“本年累计”字样，并在该行数字的上端和下端各划一条通栏红线。12月末的“本年累计”就是全年累计发生额，在该行数字上端划一条通栏红线，在其下端划通栏双红线。

总账账户平时只需结出月末余额。年终结账时，应将所有总账账户结出全年发生额和年末余额，在摘要栏内注明“本年合计”字样，并在该行数字的上端划一条通栏红线，在其下端划通栏双红线。

(二)结账的内容

结账的内容包括结清虚账户和结转实账户。账户按其是否有余额，可以划分为虚账户和实账户两类。虚账户又称临时性账户，是指期末结转后无余额的账户，如损益类账户。实账户又称永久性账户，是指期末结账后一般有余额的账户，如资产、负债及所有者权益类账户，其余额必须结转下期。所以结账的具体方法也可以划分为结清虚账户和结转实账户两类。

1.结清虚账户

结清虚账户是将本期实现的收入和发生的费用转入“本年利润”账户，并据以计算本期损益。结清虚账户按以下步骤进行：

(1)分别加计每一账户本期借方发生额与贷方发生额，再将借、贷方数额互相抵减，求得余额。正常情况下，收入类账户有贷方余额，费用支出类账户有借方余额。

(2)编制结账会计分录。收入类账户和费用类账户的余额都要结转到“本年利润”账户。收入类账户结账时，借记“主营业务收入”、“其他业务收入”、“营业外收入”等账户，贷记“本年利润”账户；费用支出类账户结账时，借记“本年利润”账户，贷记“主营业务成本”、“营业税金及附加”、“其他业务成本”、“营业外支出”、“管理费用”、“财务费用”、“销售费用”等账户。

(3)登记入账和结账。根据结账分录登记有关账户。登记入账后，所有损益类账户的余额均为零。作为结账的最后一道手续，是在各账户的最后一笔记录的数字下面，从左至右画一条红线，线下分别记入借方、贷方发生额；再在其下面画红线(月结为单红线，年结为双红线)，表示本期账户记录结束。

2.结转实账户

结转实账户是将资产、负债及所有者权益类账户的余额结转下期，以便做连续记录。具体方法是：在账户记录的最后一笔的下一行的上端画一条通栏红线，再在该行“摘要”栏注明“本期发生额及余额”字样，并结出本期发生额及余额；再在其下面画通栏红线(月结为单红线，年结为双红线)，表示本期账户记录结束。

结账的具体方法如表6-27所示。

表6-27 总 账

会计科目：原材料

年		记账凭证		摘 要	借方	贷方	借或贷	余额
月	日	种类	号数					
1	1			上年结转			借	5 000
	10	科汇	1	1～10日	10 000	6 000		
	20	科汇	2	11～20日	20 000	15 000		
	31	科汇	3	21～31日	40 000	45 000		
	31			本月发生额及余额	70 000	66 000	借	9 000
				（略）				
12	31			本月发生额及余额	35 000	25 000		8 000
	31			本季度发生额及余额	56 000	55 000		8 000
	31			本年发生额及余额	180 000	177 000		8 000

表中______表示单红线；______表示双红线。

二、对账

对账就是对账簿记录进行核对。为了保证账簿提供的会计资料正确、真实、可靠，登记账簿后还应定期做好对账工作，做到账证相符、账账相符、账实相符。

(一)账证核对

账证核对是指各种账簿的记录与有关会计凭证进行核对。这种核对除了在日常编制凭证和记账过程中进行外，在会计期末，如果发现账账不相符时，也需重新进行账证核对，以确保账证相符。

(二)账账核对

账账核对是指各种账簿之间的有关数字进行核对。主要包括：

(1)总账各账户本月借方发生额合计数与贷方发生额合计数核对是否相等。

(2)总账各账户余额与其所属明细账各账户余额之和核对是否相等。

(3)现金日记账和银行存款日记账的余额与总账各该账户余额核对是否相符。

(4)会计部门有关财产物资的明细账余额，与财产物资保管或使用部门所记录的内容、金额，应定期相互核对，保证相符。

(三)账实核对

账实核对是指各种财产物资的账面余额与实存数额相核对。具体内容包括：现金日记账账面余额与现金实际库存数每天核对；银行存款日记账账面余额与开户银行账目至少一个月核对一次；各种财产物资明细账账面余额与实存数相核对；各种应收款、应付款明细账账面余额与有关债务、债权单位的账目定期相核对。账实核对的方法是财产清查，此问题已在财产清查一章中阐述。

本章小结

本章主要阐述账簿的基本概念、账簿的设置和登记方法以及会计期末的结账和对账。

学习本章时应注意的问题如下：

1.账簿及分类

会计账簿简称账簿，是按照会计科目开设账户并由具有专门格式而又相互联结在一起的若干账页所组成，以会计凭证为依据，分类、连续、系统、全面地记录和反映各项经济业务的簿籍。

账簿的用途不同，可以分为序时账簿、分类账簿和备查账簿三种。

序时账簿:简称序时账,也称日记账,是按照经济业务发生的时间先后顺序逐日逐笔进行登记的账簿,如银行存款日记账、现金日记账。

分类账簿:简称分类账,是对全部经济业务进行分类登记的账簿。分类账簿按其提供核算指标的详细程度不同,又可分为总分类账簿和明细分类账簿两种。

2. 账簿的格式及登记

(1)现金日记账、银行存款日记账　最常见的格式是设置收入、支出、余额或借方、贷方、余额三栏。现金日记账,是出纳人员根据审核无误的现金收款凭证、现金付款凭证和银行付款凭证(从银行提取现金编制的凭证),按经济业务发生的先后顺序,逐日逐笔进行登记。银行存款日记账,是由出纳人员根据审核无误的银行存款收款凭证、银行存款付款凭证和现金付款凭证(将现金存入银行编制的凭证)按经济业务发生的先后顺序,逐日逐笔进行登记。

(2)总账　总账是按照总分类科目设置,用以登记全部经济业务的账簿。它能够全面、总括地反映经济活动情况并为编制会计报表提供资料,一切单位都要设置总账。总账必须采用订本式账簿。总账的账页格式及登记依据因账务处理程序不同而有所不同。

(3)明细账　明细账是按照二级科目或明细科目开设账户,提供某一类经济业务的详细核算资料,是对总账提供总括核算资料的必要补充,同时也是编制会计报表的依据之一。因此,各单位应根据实际需要设置明细账,其账页格式一般有三栏式、数量金额式和多栏式三种。

三栏式适用于只需要进行金额核算,不需要进行数量核算的债权、债务结算类账户,如"应收账款"、"应付账款"等账户的明细分类核算。

数量金额式适用于既要进行金额核算,又要进行实物数量核算的各种财产物资账户,如"原材料"、"库存商品"等账户的明细分类核算。

多栏式适用于成本、费用、收入和财务成果等账户,如"生产成本"、"管理费用"、"营业外收入"、"本年利润"、"利润分配"等账户的明细分类核算。

各种明细账的登记方法,应根据业务量大小、管理需要以及所记录的经济业务的内容而定,可根据记账凭证、原始凭证或原始凭证汇总表逐日逐笔或定期汇总登记。

3. 总分类账簿和明细分类账簿的登记方法

总分类账与其所属明细分类账必须采用平行登记的方法。所谓平行登记,是指对发生的每项经济业务,都要以相关的会计凭证为依据,一方面记入有关的总分类账户,另一方面记入有关总分类账户所属明细分类账户的方法。总分类账户与明细分类账户平行登记的要点如下：

(1)登记的依据相同；

(2)登记的方向相同；

(3)登记的期间相同；

(4)登记的金额相等。

4.错账的更正方法

错账更正的方法一般有划线更正法、红字更正法和补充登记法三种。

(1)划线更正法　在结账前，如果发现账簿记录有错误，而记账凭证并无错误，只是过账时不慎，发生文字或数字记录笔误，应采用画线更正法予以更正。

(2)红字更正法　红字更正法，又称红字冲账法。这种方法适用于以下两种情况：

①记账后，发现记账凭证中的应借、应贷的会计科目有错误，致使账簿记录错误，应采用红字更正法予以更正。

②记账后，发现记账凭证所记金额大于应记金额，而应借、应贷的会计科目并无错误，致使账簿记录错误，也应采用红字更正法予以更正。

(3)补充登记法　记账后，如果发现记账凭证中所记金额小于应记金额，而应借、应贷的会计科目并无错误，致使账簿记录错误，可用补充登记法予以更正。

5.结账和对账

结账，是指按照规定，定期把一定时期(月份、季度、年度)内所发生的经济业务登记入账，并将各种账簿结计清楚，以便进一步根据账簿记录编制会计报表。结账的内容包括结清虚账户和结转实账户。结清虚账户是将本期实现的收入和发生的费用转入“本年利润”账户，并据以计算本期损益。结转实账户是将资产、负债及所有者权益类账户的余额结转下期，以便做连续记录。

对账就是对账簿记录进行核对，做到账证相符、账账相符、账实相符。

复　习　题

一、判断题

1.登记账簿的目的在于为企业的经济管理提供各种总括的核算资料。(　　)

2.现金日记账和银行存款日记账，必须采用订本式账簿。(　　)

3.为了实行钱账分管原则，通常由出纳人员填制收款凭证和付款凭证，由会计人员登记现金日记账和银行存款日记账。(　　)

4. 多栏式明细分类账，一般适用于成本、费用、收入和财务成果等明细分类账。(　　)

5. 各种明细账的登记依据，既可以是原始凭证、汇总原始凭证，也可以是记账凭证。(　　)

6. 对于“存货”类账户的明细分类账，应采用三栏式账簿。(　　)

7. 总分类账户和其所属的明细分类账户平行登记，总账本期发生额与其所属明细账本期发生额之和相等。(　　)

8. 在结账前，如果发现账簿记录有错误，而记账凭证并无错误，应采用“红字更正法”予以更正。(　　)

9. 所有的总账、日记账和明细账都必须每年更换。(　　)

10. 记账后，如果发现记账凭证所记金额大于应记金额，而应借应贷的会计科目写反了，应采用“划线更正法”。(　　)

二、单项选择题

1. 现金和银行存款日记账属于(　　)。

A. 备查账簿　　B. 序时账簿

C. 分类账簿　　D. 联合账簿

2. 总分类账簿应采用(　　)。

A. 活页账簿　　B. 卡片账簿

C. 订本账簿　　D. 备查账簿

3. 材料明细账一般采用(　　)。

A. 三栏式　　B. 借方多栏式

C. 贷方多栏式　　D. 数量金额式

4. 从银行提取现金的业务，登记现金日记账的依据是(　　)。

A. 现金收款凭证　　B. 现金付款凭证

C. 银行存款收款凭证　　D. 银行存款付款凭证

5. 应收账款明细账一般采用的格式(　　)。

A. 三栏式　　B. 数量金额式

C. 多栏式　　D. 任意一种明细账格式

6. 会计人员在结账前发现，在根据记账凭证登记入账时，误将600元写成6 000元，而记账凭证无误，应采用(　　)进行更正。

A. 补充登记法　　B. 红字更正法

C. 划线登记法　　D. 涂改法

7. 记账以后，发现记账凭证中应借、应贷科目有错误，应采用（ ）更正。

A. 补充登记法　　B. 红字更正法

C. 划线登记法　　D. 平行登记法

8. 记账以后，发现记账凭证和账簿的所记金额小于应记金额，应借、应贷科目并无错误，应采用（ ）更正。

A. 补充登记法　　B. 红字更正法

C. 划线登记法　　D. 余额调整法

9. 将账簿分为序时账、分类账和备查账的依据是（ ）。

A. 按用途　　B. 按外表形式

C. 按结构　　D. 按格式

10. 在新的一年开始，启用新账时，可以继续使用，不必更换新账的是（ ）。

A. 总分类账　　B. 银行存款日记账

C. 固定资产卡片　　D. 管理费用明细账

三、多项选择题

1. 账簿按其用途分为（ ）。

A. 订本式账簿　　B. 序时账簿

C. 分类账簿　　D. 备查账簿

2. 银行存款日记账借方登记的依据是（ ）。

A. 现金收款凭证　　B. 现金付款凭证

C. 银行存款收款凭证　　D. 银行存款付款凭证

3. 现金日记账借方登记的依据是（ ）。

A. 现金收款凭证　　B. 现金付款凭证

C. 银行存款收款凭证　　D. 银行存款付款凭证

4. 明细分类账可以根据（ ）登记。

A. 原始凭证　　B. 汇总原始凭证

C. 累计凭证　　D. 记账凭证

5. 数量金额式明细分类账的账页格式适用于（ ）。

A. "库存商品"科目　　B. "生产成本"科目

C. "应付账款"科目　　D. "原材料"科目

6. 在账簿记录中，红笔只能用于（ ）。

A. 采用红字更正法，冲销错误记录

B. 在不设借方或贷方专栏的多栏式账页中，登记减少数

C. 在三栏式账户的余额栏前，如未表明余额方向的，在余额栏内登记负数金额

D. 采用补充登记法，更正错误的记录

7. 核对账目就是对账簿进行核对，包括(　　)。

A. 账账核对　　B. 账证核对

C. 账实核对　　D. 证证核对

四、简答题

1. 什么是账簿？设置账簿有哪些作用？

2. 明细账的设置有哪几种？分别适用于哪些账户？

3. 错账的更正方法有几种？各适用于什么情况？

4. 总分类账和明细分类账的平行登记要点是什么？

5. 什么是结账？结账的内容包括哪些？

五、综合题

某公司20××年6月份有关原材料资料如下：

1. 原材料明细账月初余额：

材料名称	计量单位	数 量	单 价	金额(元)
A	千克	1 000	0.90	900
B	千克	500	0.60	300
C	件	800	0.50	400

2. 6月份发生下列经济业务(假定购入材料不通过“材料采购”账户；不考虑增值税；发出材料采用先进先出法计价。)

(1)4日，用银行存款购入材料一批，已验收入库，货款共计3 050元。其中：A材料500千克，单价0.90元；B材料1 000千克，单价0.60元；C材料4 000件，单价0.50元。

(2)9日，用银行存款偿还上月应付甲公司的货款2 900元。

(3)10日，发出生产产品用材料：A材料600千克，B材料200千克，C材料3 800件。

(4)18日，用银行存款偿还上月应付丙公司的货款1 500元。

(5)20日，购入材料一批，共计1 200元，货款尚未支付。其中：向甲公司购入A材料1 000千克，单价0.90元；向丙公司购入B材料500千克，单价0.60元。

(6)29日，用银行存款偿还应付甲公司的货款800元。

要求：

根据上述经济业务编制会计分录；登记“原材料”总账和明细账并结出本月发生额和月末余额。（注：总账和明细账可以T形账代替）

思 考 题

1. 什么是账簿？设置账簿有哪些作用？账簿是如何分类的？
2. 怎样设置和登记三栏式现金日记账和银行存款日记账？
3. 明细账的设置有哪几种？分别适用于哪些账户？
4. 什么是平行登记？平行登记的要点有哪些？
5. 错账的更正方法有几种？各适用于什么情况？
6. 什么是结账？结账的内容是什么？
7. 什么是对账？如何进行核对？

第七章 财产清查

内容提要

本章主要介绍财产清查的基本概念、基本方法和账务处理。

学习目标

通过本章学习，应掌握如下知识：

1. 财产清查的意义和种类；
2. 财产清查的一般方法；
3. 现金清查方法和清查结果的账务处理方法；
4. 银行存款清查方法和银行存款余额调节表的编制；
5. 往来款项清查方法和清查结果的账务处理方法；
6. 存货清查方法和清查结果的账务处理方法；
7. 固定资产的清查方法和清查结果的账务处理方法。

学习提示

本章重点是财产清查的基本方法和账务处理，“待处理财产损溢”账户的应用。

第一节　财产清查的意义

一、财产清查的概念

财产清查是指通过对财产物资(或称实物资产)、货币资金和债权债务的查对，来确定实际结存数(下面简称实存数)，并查明账面结存数(下面简称账存数)与其实存数是否相符的一种专门方法。应说明的是，本章所涉及“财产”是广义的，指各项财产物资、货币资金和债权债务；所涉及“财产物资”是狭义的，仅指实物资产。

二、财产清查的意义

在会计核算中根据审核无误的原始凭证编制记账凭证，根据审核无误的记账凭证登记账簿，并及时进行账证核对和账账核对，做到账证相符，账账相符。但是，账簿记录正确还不能说明其记录的数量、金额真实可靠。在实际工作中，可能会因种种原因使各项财产的账存数与实存数之间发生差异，造成账实不符。例如：由于手续不健全或制度不严密，产生错收、错付情况；由于计量或验收不准确，造成品种、数量、质量与合同不符；由于管理不善或责任者过失，致使财产毁损、短缺、漏记、重复记或计算错误；由于财产保管中发生自然损耗或遭受自然灾害，甚至还可能有不法分子贪污盗窃、营私舞弊而发生损失等。因此，为了保证会计账簿记录真实、可靠，做到账实相符，为经营管理提供可靠的信息资料，还必须运用财产清查这一行之有效的会计核算方法。

通过财产清查，可以起到以下作用：

(一)确保会计核算资料真实可靠

通过财产清查，可以确定各项财产的实存数，查明实存数与其账存数之间的差异以及产生差异的原因和责任，以便及时调整账面记录，使账实相符，从而保证会计核算资料真实可靠，提高会计资料的有用性。

(二)保护各项财产安全完整

通过财产清查，可以查明各项财产保管情况是否良好，有无因管理不善，造成霉烂、变质、损失浪费或者被非法挪用、贪污盗窃等情况，以便采取措施，堵塞漏洞，改善管理工作，建立和健全财产保管的岗位责任制，切实保证各项财产的安全和完整。

(三)挖掘财产物资的潜力，加速资金周转

在财产清查中，可以查明各项财产物资储备和利用情况，对于储存不足的，应及时补充，保证生产需要；对于积压、呆滞和不配套的，应及时出售、调出，避免浪费和占用资金。因此，通过财产清查，可以促进财产物资的有效利用，充分挖掘其潜力，加速资金周转，提高资金使用效益。

（四）保证结算制度贯彻执行

在财产清查中，通过对债权债务等往来结算账款的核对，可以促使经办人员及时结算各种应收、应付款项，按规定处理无法收回的应收款项和无法支付的应付款项，避免长期拖欠和挂账，共同维护结算纪律和商业信用。

第二节　财产清查的种类和方法

一、财产清查的种类

财产清查可以按不同的标志进行分类，主要有按照清查对象的范围和时间分类。

（一）按照清查对象的范围分类

财产清查按照清查对象的范围大小，可以分为全面清查和局部清查。

1. 全面清查

全面清查是指对企业的全部财产进行盘点和核对。包括属于本单位和存放在本单位的所有财产物资、货币资金和各项债权债务。全面清查的对象一般包括：

(1)货币资金，包括库存现金、银行存款、其他货币资金等。

(2)财产物资，包括在本单位的所有固定资产、库存商品、原材料、包装物、低值易耗品、在产品、未完工程等；属于本单位但在途中的各种在途物资；委托其他单位加工、保管的材料物资；存放在本单位的代销商品、材料物资等。

(3)债权债务，包括各项应收款项、应付和应交款项以及银行借款等。

通过全面清查，可以准确地掌握本单位各项财产物资、货币资金、债权债务等的真实情况；但全面清查内容多，范围广，参加的人员多，花费的时间长，一般适用以下几种情况。

(1)年终决算前，为确保年终决算会计资料真实、正确，需进行全面清查。

(2)单位撤销、合并或改变隶属关系前，中外合资、国内联营前以及企业实行股份制改造前，为了明确经济责任，需进行全面清查。

(3)开展全面清产核资、资产评估等活动，为了摸清家底，准确地核定资产，需进行全面清查。

(4)单位主要负责人调离工作前。单位负责人是指单位法定代表人或法律、行政法规规定代表单位行使职权的主要负责人，按《会计法》规定其对本单位的会计工作和会计资料的真实性、完整性负责。单位负责人在调离工作前需进行离任审计，其中包括全面经济责任审计，为此需进行全面清查。

2. 局部清查

局部清查是指根据需要对一部分财产进行的清查。局部清查范围小，涉及人员少，但专业性较强，其清查对象主要是流动性较强的财产，一般包括：

(1)库存现金，出纳人员应于每日业务终了时清点核对。

(2)银行存款，出纳人员每月至少应同银行核对一次。

(3)库存商品、原材料、包装物等，年内应轮流盘点或重点抽查；对各种贵重物资，每月应盘点一次。

(4)债权债务，每年至少应同对方核对1～2次。

(二)按照清查时间分类

财产清查按照清查时间是否事先有计划，可分为定期和不定期清查。

1.定期清查

定期清查是指根据事先计划或管理制度规定的时间安排对财产所进行的清查。这种清查对象的范围，可以是全面清查，也可以是局部清查。例如，在年末、季末、月末结账前定期进行财产清查，可以在编制会计报表前对于所发现的账实不符的情况，调整有关账簿记录，使账实相符，从而保证会计报表资料的客观真实性。

2.不定期清查

不定期清查是指事先没有安排计划，而是根据需要所进行的临时性清查。这种清查对象的范围可以是局部清查，也可以是全面清查。一般适用以下几种情况：

(1)更换财产物资、现金保管人员，为了分清经济责任，要对其所保管的财产物资、现金进行清查。

(2)发生自然灾害或意外损失，为了查明损失情况，要对受损财产物资进行清查。

(3)有关财政、审计、银行等部门对本单位进行会计检查，为了验证会计资料的可靠性，要按检查的要求和范围进行清查。

(4)进行临时性清产核资，对某些要求清查的资产进行清查。

二、财产清查的方法

(一)财产清查前的准备工作

财产清查是一项涉及面较广、工作量较大，既复杂又细致的工作。因此，必须有计划、有组织地进行。财产清查前的准备工作，主要包括组织准备和业务准备。

1.组织准备

财产清查，尤其是全面清查，必须成立专门的清查组织。清查组织应在总会计师（或财务总监）及单位主要负责人的领导下，成立由财会部门牵头，有生产、技术、设备、行政及各有关部门参加的财产清查领导小组，具体负责财产清查的领导和组织工作。其主要任务是在财产清查前，研究制定财产清查的详细计划；在清查过程中，做好具体组织、检查和督促工作，及时研究和处理清查中出现的问题；在清查结束后，及时总结，将清查结果和处理意见上报有关机构审批。

2.业务准备

为了做好财产清查工作，会计部门和有关业务部门要在财产清查领导小组的指导下，做好各项业务准备工作，主要包括：

(1)会计部门，应在财产清查之前，将有关账簿登记齐全，结出余额并进行核对，做到账簿记录完整、计算正确，账证相符、账账相符，为账实核对提供正确的账簿资料。

(2)财产物资保管和使用部门，应在财产清查之前，登记所经管的各种财产物资明细账，结出余额。将所保管和使用的物资整理好，挂上标签，标明品种、规格、结存数量，以便盘点核对。

(3)准备好必要的各种计量器具，并进行仔细检查，保证计量准确。

(4)银行存款、银行借款和结算款项的清查，需要取得对账单以便查对。

(5)准备好有关财产清查应用的登记表册。

(二)财产清查的一般方法

财产清查首先要查清各项财产的实存数量和金额，确定其账存数量和金额，将两者进行比较，便可以查明实存数与其账存数是否相符。财产清查的一般方法是指清查财产的实存数量和金额的方法。

1.财产物资实际结存数量的清查方法

清查财产物资的实存数量，是指对固定资产、材料、库存商品、在产品、包装物等实物资产，在数量和质量上所进行的清查。不同品种的财产物资，由于实物形态、体积、重量、堆放方式不同，应采用不同的清查方法。一般采用实地盘点法和技术推算盘点法两种。

(1)实地盘点法　是指在财产物资堆放现场进行逐一点数或用过磅、量尺等计量仪器来确定实存数量的一种方法。这种方法也适用于现金等货币资金的清查。它适用范围较广，要求严格，数字准确可靠，清查质量高；但工作量大，要求事先按财产物资的实物形态进行科学的码放。

(2)技术推算盘点法　是指利用技术方法，对大量成堆难以逐一清点的财产物资实存数量进行推算的一种方法。例如露天存放的煤、矿石等的实存数量可以采用这种方法。

另外对于价值小、数量多、重量比较均匀的已经包装好的材料和商品等，一般不便于逐一点数，可以采用抽查盘点，然后确定其总数量。

在清查过程中，还要检查财产物资的质量，了解其储存、利用情况，以及在收发、保管等方面是否存在问题。

2.财产实际结存金额的确定方法

清查财产实际结存金额应区分两种情况：实物资产实存金额的确定方法一般采用账面价值法、评估确认法和协商议价法等。对于没有实物数量只有金额的财产，如现金应直接确定其金额；对于银行存款、债权债务则可以采用查询核实法或函证核对法等。

(1)账面价值法　是根据各项财产物资的实存数量乘以账面单位价值来确定实存金额的一种方法。其中账面单位价值的确定，可以采用先进先出法、后进先出法、全月一次加权平均法、移动加权平均法等。这种方法一般为企业在正常生产经营条件下普遍采用。

(2)评估确认法　是根据资产的特点，由专门的评估机构依据资产评估方法对有关的财产物资进行评估确定其实存金额的一种方法。这种方法适用于企业改组、隶属关系改变、联营、单位撤销、清产核资等情况。

(3)协商议价法　是根据涉及资产利益的有关各方，按照互惠互利原则，参考目前市场价格进行协商确定财产物资实存金额的一种方法。这种方法适用于企业以资产对外投资。

(4)查询核实法、函证核对法　是根据账簿记录，用查询或去函方式清查银行存款、债权债务金额的一种方法；也适用于出租出借和委托外单位加工、保管的财产物资，通过函证核对法查证核实。

为了明确经济责任，在进行财产物资盘点时，有关财产物资保管人员必须在场，并参加盘点工作。对各项财产物资的盘点结果，应逐一如实地登记在“盘存单”上，并由参加盘点的人员和实物保管人员同时签章生效。“盘存单”是记录各项财产物资实存数盘点的书面证明，也是财产清查工作的原始凭证之一，其一般格式如表7-1所示。

表 7-1　　盘　存　单

单位名称：　　　　　　　　盘点时间：

财产类别：　　　　　　　　存放地点：

编号	名称	计量单位	数量	单价	金额	备注

盘点人签章：　　　　　　　　实物保管人签章：

“盘存单”的“数量”栏，应在清查时如实填写。“单价”栏，一般按有明细账记录的单价填写；如果是账外财产物资，单价无据可查，可以按同类或类似资产的市场价格或估计价格填写；如果该项财产物资是残旧物品或已变质、毁损，则应按质论价，确定单价。“金额”栏是根据实有数量和单价计算填列的。“备注”栏内应注明储备不足或超储、积压、呆滞、不配套以及质量等情况。

为了进一步查明盘点结果与账面结存余额是否一致，确定盘盈、盘亏情况，还要根据“盘存单”和有关账簿记录，填制“实存账存对比表”(也称“盘点盈亏报告表”)。通过对比，确定各种实物资产的实存数与账存数之间的差异，用以调整账簿记录，分析产生差异的原因，明确经济责任。其一般格式见表 7-2。

表 7-2　　实存账存对比表

单位名称：　　　　年　　月　　日

序号	名称	规格型号	计量单位	单价	实存		账存		实存与账存对比				备注
									盘盈		盘亏		
					数量	金额	数量	金额	数量	金额	数量	金额	
金额合计													

(三)货币资金的清查

1. 现金的清查

清查现金采用实地盘点的方法，确定实有现金的数额，然后与现金日记账的账面余额核对，查明账款是否相符以及现金长款或短缺的原因。现金盘点时，出纳人员必须在场；在清查过程中不能用不具法律效力的借条、收据充抵库存现金。盘点后，应根据现金盘点结果，编制“现金盘点报告表”，并由盘点人员和出纳员签章。“现金盘点报告表”兼有“盘存单”和“实存账存对比表”的作用，是反映现金实有数和调整账簿记录的原始凭证，其一般格式如表 7-3 所示。

表 7-3　　现金盘点报告表

单位名称：　　　　年　月　日

实存金额	账存金额	实存与账存对比		备注
		长款	短款	

盘点人签章：　　　　出纳员签章：

2. 银行存款的清查

清查银行存款采用与开户银行核对账目的方法。在同银行核对账目之前，应先详细检查本单位银行存款日记账的正确性和完整性，发现有错记或者漏记的，应及时更正、补记。然后与从银行取来的对账单逐笔核对。核对的内容包括：收、付款金额，结算凭证的种类和号数，收入的来源，支出的用途，发生时间以及存款余额等。如发现本单位记账有错误，应及时更正；如发现银行记账有错误，应及时通知银行查明更正。但即使双方记账均无错误，也会出现企业银行存款日记账余额与银行对账单余额不一致的情况。这是因为存在未达账项。所谓未达账项是指由于结算凭证在双方之间传递需要一定时间，而造成一方已经入账，而另一方尚未收到结算凭证从而尚未入账的款项。未达账项有以下四种情况：

(1)企业已收入账，银行尚未收款入账。例如，企业将销售商品收到的转账支票存入银行，根据银行盖章退回的“进账单”回联已登记银行存款增加；而银行尚未登记入账。

(2)企业已付入账，银行尚未付款入账。例如，企业开出一张转账支票购办公用品，企业根据支票存根、发货票及入库单等原始凭证，已记银行存款减少；而银行此时尚未收到付款凭证尚未登记减少。

(3)银行已收入账，企业尚未收款入账。例如，外地某单位以汇兑方式支付企业销货款，银行收到汇款后已登记企业存款增加；而企业因未收到汇款凭证而尚未登记银行存款增加。

(4)银行已付入账，企业尚未付款入账。例如，银行受委托代企业支付电费，银行已取得支付电费的凭证，已减少了企业的存款；而企业因未到银行取支付电费凭证而尚未登记银行存款减少。

上述任何一种情况的发生，都会使企业和银行之间账簿记录不一致。因此，在核对账目时必须注意有无未达账项。如果有未达账项，应编制“银行存款余额调节表”，进行检查核对，如果没有记账错误，调节后双方的账面余额应相等。

银行存款余额调节表的编制方法主要有余额调节法。

余额调节法，是指编制调节表时，在企业和其开户行各方现有银行存款余额的基础上，各自加减未达账项进行调节的方法。具体调节时，又有两种方式：一种是补记式，即双方在原有余额基础上，各自补记对方已入账而本单位尚未登记入账的金额（包括增加和减少金额），然后检查经过调节后的账面余额是否相等。用公式表示如下：

$$\begin{array}{c}\text{企业银行存款}\\\text{日记账余额}\end{array}+\begin{array}{c}\text{银行已收入账企业}\\\text{尚未入账的账款}\end{array}-\begin{array}{c}\text{银行已付入账企业}\\\text{尚未入账的账款}\end{array}$$

$$=\begin{array}{c}\text{银行对账}\\\text{单余额}\end{array}+\begin{array}{c}\text{企业已收入账银行}\\\text{尚未入账的账款}\end{array}-\begin{array}{c}\text{企业已付入账银行}\\\text{尚未入账的账款}\end{array}$$

另一种是还原式，即双方在原有余额基础上，各自将本单位已入账而对方尚未入账的金额（包括增加和减少金额），从本单位原有账面余额中冲销，然后检查经过调节后的账面余额是否相等。用公式表示如下：

$$\begin{array}{c}\text{企业银行存款}\\\text{日记账余额}\end{array}+\begin{array}{c}\text{企业已付入账银行}\\\text{尚未入账的账款}\end{array}-\begin{array}{c}\text{企业已收入账银行}\\\text{尚未入账的账款}\end{array}$$

$$=\begin{array}{c}\text{银行对账}\\\text{单余额}\end{array}+\begin{array}{c}\text{银行已付入账企业}\\\text{尚未入账的账款}\end{array}-\begin{array}{c}\text{银行已收入账企业}\\\text{尚未入账的账}\end{array}$$

现举例说明“银行存款余额调节表”的编制方法如下：

【例 7.1】 某企业 20××年 9 月 30 日银行存款日记账账面余额为 51 300 元；银行对账单余额为 53 000 元。经查对发现有以下未达账项：

(1)29 日，企业存入银行一张转账支票，金额 3 900 元，银行尚未入账；

(2)29 日，银行收取企业借款利息 400 元，企业尚未收到付款通知；

(3)30 日，企业委托银行收款 4 100 元，银行已入账，企业尚未收到收款通知；

(4)30 日，企业开出转账支票一张，金额 1 900 元，持票单位尚未到银行办理手续。

根据以上未达账项，编制“银行存款余额调节表”如表 7-4 所示。

表 7-4 **银行存款余额调节表(补记式)**

20××年9月30日 单位:元

项目	金额	项目	金额
银行对账单余额	53 000	企业银行存款日记账余额	51 300
加:企业已收银行未收款	3 900	加:银行已收企业未收款	4 100
减:企业已付银行未付款	1 900	减:银行已付企业未付款	400
调整后余额	55 000	调整后余额	55 000

表7-4的编制方法采用补记式,经调整后双方余额相等,说明双方记账相符,否则说明记账有错误应予以更正;调整后余额是企业当时实际可以动用的存款数额。

应注意"银行存款余额调节表"只起对账作用,不能作为调节银行存款日记账账面余额的凭证,应在有关结算凭证到达后,再据记账凭证登记银行存款日记账;对于长期存在的未达账项应及时查明原因,予以解决。

(四)往来款项的清查

清查各项结算往来款项,一般采用函证核对方法。具体步骤是:在检查本单位各项往来结算账目正确、完整的基础上,按每一个经济往来单位填制"往来款项对账单"一式两联,其中一联送交对方单位核对账目,另一联作为回联单。对方单位经过核对相符后,在回联单上加盖公章退回,表示已核对;如有数字不符,对方单位应在对账单中注明情况退回本单位。本单位进一步查明原因,再行核对,将清查结果编制"往来款项清查报告单"并填入各项债权、债务的余额;对于有争执的款项以及无法收回的款项,应在报告单上详细列明情况,以便及时采取措施进行处理,避免或减少坏账损失。"往来款项对账单"、"往来款项清查报告单"的一般格式如表7-5、表7-6所示。

表 7-5 **往来款项对账单**

×××单位:

贵单位20××年×月×日在我公司购入乙商品50件,货款13 000元尚未支付,请核对后将回联单寄回。

清查单位:(盖章)
20××年×月×日

沿此虚线裁开,将以下回联单寄回!

往来款项对账单(回联)

×××清查单位:

贵单位寄来的"往来款项对账单"已收到,经核对相符无误。

×××单位:(盖章)
20××年×月×日

表 7-6

往来款项清查报告单

年　月　日

总账账户		明细账账户		清查结果		不同意原因			备注
账户名称	余额	账户名称	余额	同意	不同意	争执款项	无法收回(或偿还)款项	其他	

清查人员签章：　　　　　　　　　　　　经管人员签章：

第三节　财产清查结果的处理

财产清查后，如果实存数与其账存数不一致，会出现两种情况：实存数大于账存数，称为盘盈；实存数小于账存数，称为盘亏。当实存数与账存数一致，但财产物资有质量问题，不能正常使用，称为毁损。不论是盘盈，还是盘亏、毁损，都需要进行账务处理，调整账存数，以保证账实相符。盘盈、盘亏或毁损都说明企业在经营管理和财产保管中存在一定的问题。因此一旦发现账实不符，应核准数字，分析产生差异的原因，明确经济责任，提出相应的处理意见，按规定的程序批准后，才能对差异进行处理。

一、财产清查结果账务处理的程序

财产清查结果的账务处理分两步进行：

(1)根据已查明属实的财产盘盈、盘亏或毁损的数字，编制“实存账存对比表”，填制记账凭证，据以登记账簿，调整账簿记录，使各项财产的账存数与实存数一致。但对于应收而收不回的应收款项、应付而无法支付的应付款项，在批准前不做调整账簿记录，待批准后再作处理。在做好上述账簿调整工作后，将财产清查结果报送股东大会或董事会，或经理(厂长)会议或类似机构批准。

(2)根据上述机构批复的意见进行账务处理，编制记账凭证，登记有关账簿，并追回由于责任者个人原因造成的损失。财产清查结果的账务处理应于结账前处理完毕。

二、设置财产清查专用会计账户

为了核算和监督财产清查中查明的各种财产的盘盈、盘亏和毁损及其处理情况，应设置“待处理财产损溢”账户(注：盘盈固定资产不在此账户中核算)。它属于资产类。借方登记财产盘亏、毁损的价值以及经批准结转的盘盈数；贷方登记财产盘盈的价值以及经批准结转的盘亏、毁损数。本账户处理前的借方余额，反映企业尚未处理的各种财产的净损失；处理前的贷方余额，反映企业尚未处理的各种财产的净溢余。企业清查的各种财产的损溢，应在期末前查明原因，并根据企业的管理权限，经股东大会或董事会，或经理（厂长）会议或类似机构批准后，在期末结账前处理完毕。因此，期末处理后本科目应无余额。在会计实务中，如果清查的各项财产的损溢，在期末结账前尚未经批准的，会计人员可先按一般规定（见下面所述）处理，编制会计报表并在会计报表附注中做出说明；如果批复后批准处理的金额与已处理的金额不一致，应调整会计报表相关项目的年初数。该账户应按“待处理流动资产损溢”和“待处理固定资产损溢”设置明细科目，进行明细分类核算。“待处理财产损溢”账户的结构如图 7-1 所示。

借方　　　待处理财产损溢	贷方
（1）发生待处理财产盘亏和毁损的价值 （2）结转经批准处理的财产盘盈数	（1）发生待处理财产盘盈的价值 （2）结转经批准处理的财产盘亏和毁损数

图 7-1　“待处理财产损溢”账户结构图

三、财产清查结果账务处理的方法

（一）流动资产清查结果的账务处理

流动资产（如原材料、库存商品、在产品、库存现金等）发生盘盈时，借记“原材料”、“库存商品”、“生产成本”、“库存现金”等科目，贷记“待处理财产损溢”科目。除库存现金外其他流动资产经批准处理后，借记“待处理财产损溢”科目，贷记“管理费用”科目；对于长余的现金，经批准处理后，借记“待处理财产损溢”科目，属于应支付给有关单位或人员的，贷记“其他应付款”科目；属于无法查明原因的，则贷记“营业外收入”科目。

流动资产发生盘亏和毁损时，借记“待处理财产损溢”科目，贷记“原材料”、“库存商品”、“生产成本”、“库存现金”等科目。经批准处理后，借方应根据不同的原因做出不同的处理：收回的残料入库或变卖收入，应记入“原材料”、“银行存款”等科目；应收取保险公司的赔款以及因责任人造成的损失应由其赔偿的，记入“其他应收款”科目；盘亏和毁损总额扣除以上几部分的剩余净损失，若属于一般经营性损失或定额内损失，记入“管理费用”科目，若属非常损失，则记入“营业外支出”科目；同时，按盘亏和毁损的总金额贷记“待处理财产损溢”科目。

现举例说明待处理流动资产损溢的核算方法如下：

1. **流动资产盘盈**

【例 7.2】某企业在财产清查中，盘盈库存商品 1 000 元。已填制“实存账存对比表”，作会计分录如下：

(1)在报经批准前

借：库存商品	1 000	
贷：待处理财产损溢——待处理流动资产损溢		1 000

(2)经批准作冲减管理费用处理时

借：待处理财产损溢——待处理流动资产损溢	1 000	
贷：管理费用		1 000

【例 7.3】某企业在清点现金时，发现长余 100 元。已填制“现金盘点报告表”，作会计分录如下：

(1)在报经批准前

借：库存现金	100	
贷：待处理财产损溢——待处理流动资产损溢		100

(2)经查明现金长余 100 元中的 60 元应退还给某单位，40 元无法查明原因，经批准处理时

借：待处理财产损溢——待处理流动资产损溢	100	
贷：其他应付款——应付××单位		60
营业外收入		40

2. **流动资产盘亏、毁损**

【例 7.4】某企业在财产清查中，盘亏库存商品 800 元、材料 200 元(假定不考虑增值税)。已填制“实存账存对比表”，作会计分录如下：

(1)在报经批准前

借：待处理财产损溢——待处理流动资产损溢	1 000	
贷：库存商品		800
原材料		200

(2)经批准作如下处理：库存商品盘亏 800 元中有 100 元为定额内自然损耗，列为管理费用；200 元为保管不善所致，责成有关责任人赔偿；另 500 元应由保险公司赔偿。原材料盘亏 200 元属于自然灾害造成，列为营业外支出。

借：管理费用	100	
其他应收款——应收保险公司	500	
——应收××赔款	200	

营业外支出　200

贷:待处理财产损溢——待处理流动资产损溢　1 000

【例7.5】某企业在清点现金时,发现短款50元。已填制“现金盘点报告表”,作会计分录如下:

(1)在报经批准前

借:待处理财产损溢——待处理流动资产损溢　50

贷:库存现金　50

(2)经查明现金短款50元中,应由责任人赔偿20元;30元无法查明原因,据管理权限,经批准列入管理费用。

借:其他应收款——应收××赔款　20

管理费用　30

贷:待处理财产损溢——待处理流动资产损溢　50

(二)固定资产清查结果的账务处理

发生固定资产盘盈,应按重置价值计价,通过“以前年度损益调整”科目核算。具体核算方法待专业会计中学习。

发生固定资产盘亏和毁损,按账面已提折旧借记“累计折旧”科目,按固定资产的账面原始价值,贷记“固定资产”科目,按二者的差额借记“待处理财产损溢”科目。报经批准处理后,其损失数额借记“营业外支出”科目,贷记“待处理财产损溢”科目。若由于自然灾害造成固定资产盘亏和毁损,应向保险公司收取的保险赔偿款,借记“其他应收款”科目;所收回的残料入库或变卖收入,借记“原材料”、“银行存款”等科目,其净损失记入“营业外支出”科目。

现举例说明固定资产盘亏和毁损的核算方法如下:

【例7.6】某企业在财产清查中,盘亏机器设备一台,账面原值为8 000元,已提折旧3 000元。已填制“实存账存对比表”,作会计分录如下:

(1)在报经批准前

借:待处理财产损溢——待处理固定资产损溢　5 000

累计折旧　3 000

贷:固定资产　8 000

(2)经批准作营业外支出处理

借:营业外支出　5 000

贷:待处理财产损溢——待处理固定资产损溢　5 000

假定经查明上述机器设备因火灾所烧毁,保险公司应赔偿50%,残值变卖取得现金500元。则应作会计分录如下:

借：其他应收款　　2 500

　库存现金　　500

　营业外支出　　2 000

　贷：待处理财产损溢——待处理固定资产损溢　　5 000

对于代其他单位保管的物资和受托加工的物资，应认真履行受托和代管责任。在清查盘点后，对发生盘盈、盘亏情况，应分清责任分别处理。如属于本单位造成的损失，应由本单位负责处理和赔偿；如属于对方交货时数量不实或者属于自然损耗，应通知对方核实，并在有关账簿中做出相应的记录，调整有关数字，保证账实相符。

（三）往来款项清查结果的账务处理

1. 应收款项的账务处理

在财产清查中，应及时清理应收款项。对于经查明确认无法收回的应收账款，应作为坏账损失予以核销。核销时，不必通过"待处理财产损溢"科目核算，应按规定的程序批准核销后作账务处理。由于企业按期提取坏账准备，因此核销坏账时，应冲减坏账准备并核销应收账款。

现举例说明核销应收账款的核算方法如下：

【例 7.7】某公司在财产清查中，应收某单位货款 1 000 元，已查明该单位因遭受火灾生产经营受到重大损失，所欠款确实无法收回。经批准核销，作会计分录如下：

借：坏账准备　　1 000

　贷：应收账款　　1 000

2. 应付款项的账务处理

在财产清查中，应及时清理应付款项。对于经查明确认无法支付的应付账款，应予以核销。核销时，不必通过"待处理财产损溢"科目核算，应按规定的程序报经批准后，直接核销应付账款并转作营业外收入处理。

现举例说明核销应付账款的核算方法如下：

【例 7.8】某企业在财产清查中，查明应付某单位购料款 3 200 元，因该单位撤销，确实无法支付。经批准核销，作会计分录如下：

借：应付账款　　3 200

　贷：营业外收入　　3 200

本章小结

本章主要阐述财产清查的基本概念、基本方法和账务处理。

学习本章时应注意的问题如下：

1.财产清查的概念

财产清查是指通过对财产物资(或称实物资产)、货币资金和债权债务的查对，来确定实际结存数(下面简称实存数)，并查明账面结存数(下面简称账存数)与其实存数是否相符的一种专门方法。

2.财产清查的一般方法

财产清查的一般方法是指清查财产的实存数量和金额的方法。

(1)财产物资实际结存数量的清查方法

①实地盘点法：是指在财产物资堆放现场进行逐一点数或用过磅、量尺等计量仪器来确定实存数量的一种方法。这种方法也适用于现金等货币资金的清查。

②技术推算盘点法：是指利用技术方法，对大量成堆难以逐一清点的财产物资实存数量进行推算的一种方法。

(2)财产实际结存金额的确定方法　清查财产实际结存金额应区分两种情况：实物资产实存金额的确定方法一般采用账面价值法、评估确认法和协商议价法等。对于没有实物数量只有金额的财产，如现金应直接确定其金额；对于银行存款、债权债务则可以采用查询核实法或函证核对法等。

3.货币资金清查

(1)现金清查采用实地盘点的方法　确定实有现金的数额，然后与现金日记账的账面余额核对，查明账款是否相符以及现金长款或短缺的原因。现金盘点结果应编制“现金盘点报告表”，并由盘点人员和出纳员签章。“现金盘点报告表”兼有“盘存单”和“实存账存对比表”的作用，是反映现金实有数和调整账簿记录的原始凭证。

(2)银行存款清查采用与开户银行核对账目的方法　即以企业银行存款日记账与银行对账单逐笔核对，核对的结果，如果出现不一致，原因有两个，一是可能一方记账有误；二是存在未达账项。应着重理解未达账项及其种类，以及“银行存款余额”调节表的编制。

“银行存款余额调节表”只起对账作用，不能作为调节银行存款日记账账面余额的凭证，应在有关结算凭证到达后，再据记账凭证登记银行存款日记账。

4.往来款项的清查

清查各项结算往来款项,一般采用函证核对方法。

5.实物财产清查结果的账务处理

财产清查结果的账务处理分两步进行:即批准前,批准后。账务处理需专设“待处理财产损溢”账户,它是既核算财产盘盈又核算财产盘亏的双重性质的账户。结合教材中的例题,掌握“待处理财产损溢”账户的结构,及批准前后的账务处理。

6.往来款项清查结果的账务处理

往来款项包括应收和应付款项,二者清查结果的处理均不必通过“待处理财产损溢”账户。应收账款核销时,应冲减坏账准备并核销应收账款。应付账款核销时,直接转作营业外收入处理。

复 习 题

一、判断题

1. 在进行财产清查时,如发现账存数小于实存数,即为盘亏。(　　)

2. 对于坏账损失的转销,不通过“待处理财产损溢”账户进行核算。(　　)

3. 对于银行已登记入账,企业尚未登记入账的未达账项,可以根据“银行存款余额调节表”登记入企业的银行存款日记账。(　　)

4. 收不回来的应收账款,经批准后直接记入“管理费用”。(　　)

5. 存货的盘亏、毁损和报废,在报批后均记入“管理费用”。(　　)

二、单项选择题

1. 一般说来,单位撤销、合并或改变隶属关系时,要进行(　　)。

A. 全面清查　　B. 局部清查

C. 实地盘点　　D. 技术推算

2. 坏账损失是指(　　)。

A. 确实无法收回的应收款项　　B. 营业外收入

C. 无法支付的应付款项　　D. 营业外支出

3. 银行存款的清查,就是将(　　)进行核对。

A. 银行存款日记账和总分类账

B. 银行存款日记账和银行存款收、付款凭证

C. 银行存款日记账和银行对账单

D. 银行存款总分类账和银行存款收、付款凭证

4. 对于大量成堆难以逐一清点的财产物资的清查，一般采用(　　)方法进行清查。

A. 实地盘点　　B. 抽查检验

C. 查询核对　　D. 技术推算盘点

5. 盘亏及毁损的固定资产，经批准转销时应记入的账户是(　　)。

A. 管理费用　　B. 其他应收款

C. 营业外支出　　D. 营业外收入

三、多项选择题

1. 采用实地盘点法进行清查的是(　　)。

A. 固定资产　　B. 库存商品

C. 库存现金　　D. 银行存款

2. 财产物资清查中，常用的方法有(　　)。

A. 技术推算盘点法　　B. 局部清查法

C. 实地盘点法　　D. 全部清查法

3. 流动资产的盘亏和毁损，经批准后，所编制的会计分录涉及的账户有(　　)。

A. "管理费用"的借方　　B. "营业外支出"的借方

C. "其他应收款"的借方　　D. "待处理财产损溢"的贷方

4. 关于企业编制的"银行存款余额调节表"，下列说法正确的是(　　)。

A. 可据此调节银行存款的账面余额

B. 确定企业可实际动用的存款数额

C. 只起对账的作用

D. 经调整后，双方余额相等，说明双方记账相符

5. 在财产清查结果的账务处理中，经批准记入"营业外支出"的盘亏损失有(　　)。

A. 固定资产盘亏净损失　　B. 自然灾害造成的流动资产损失

C. 坏账损失　　D. 责任事故造成的流动资产损失

四、简答题

1. 什么是财产清查？进行财产清查有何意义？

2. 什么是未达账项？有哪些基本类型？

3. 清查财产物资的实际结存数量和金额的方法有哪些？

五、综合题

(一)乙公司20××年5月有关银行存款的资料如下:

1.5月30日,银行对账单存款余额为106 210元,公司银行存款日记账账面余额为15 330元。

2.月末通过与银行核对账目发现下列未达账项:

(1)28日,向银行借款100 000元,银行已转入本公司存款户,但本公司尚未记账。

(2)29日,本月5日存入银行的一张转账支票12 000元,因对方存款不足而被退回,出纳尚未到银行取退款凭证。

(3)29日,因采购材料开出一张转账支票4 730元,供货方持票人尚未到银行办理手续,银行尚未入账。

(4)30日,公司收入1 500元,已存入银行,但银行尚未入账。

(5)30日,银行已从本公司账户中划转借款利息费用350元,但出纳尚未到银行取付款凭证。

要求:

根据上述资料,编制银行存款余额调节表。

(二)乙公司20××年12月30日进行财产清查的有关资料如下:

1.盘亏设备一台,原值50 000元,已提折旧10 000元。

2.A商品盘亏18件,每件200元。

3.B材料盘盈5千克,每千克10元。

经查明原因,批准作如下处理:

1.固定资产盘亏作营业外支出处理。

2.A商品盘亏,其中3件属仓库保管员过失造成,责成其赔偿;15件属管理制度不健全造成,列入管理费用。

3.B材料盘盈是因为计量不准造成,应冲减管理费用。

要求:

根据以上资料编制会计分录。

思 考 题

1.什么是财产清查?账实不符的原因通常有哪些?进行财产清查有何意义?

2.财产清查怎样分类?在什么情况下需要进行全面清查?

3.如何清查财产物资的实际结存数量和金额?

4.现金如何清查?应如何进行长款或短款的账务处理?

5.什么是未达账项?有哪些基本类型?发生未达账项应如何进行调整?

6.对财产清查中发生的财产盘盈、盘亏和毁损,应运用什么账户进行核算?该账户的用途和结构如何?

7.怎样进行存货、固定资产盈亏和盘盈的账务处理?无法收回的应收账款、无非支付的应付账款怎样处理?

第八章　账户的分类

内容提要

本章主要介绍按不同标准对账户的分类。

学习目标

通过本章的学习，应掌握如下知识：

1. 账户的分类标准；
2. 账户按会计要素分类；
3. 账户按经济用途和结构分类；
4. 账户按期末余额分类。

学习提示

本章的重点是账户按经济用途和结构分类以及各类账户之间的区别和联系。

第一节　账户按会计要素分类

账户按会计要素的分类是账户分类的基础。所谓会计要素是指会计核算对象的具体内容。账户按会计要素的分类，就是按账户所反映的会计对象的具体内容进行分类。企业会计对象的具体内容有：资产、负债、所有者权益、收入、费用、利润六大会计要素。因此，账户按会计要素可以分为资产类账户、负债类的账户、所有者权益类账户、收入类账户、费用（成本）类账户和利润类账户等六大类账户。

一、资产类账户

资产类账户是用来反映资产增加、减少及其增减变动结果的账户。按照资产的流动性，这类账户又可以分成两大类：

第一类，反映流动资产的账户，如“库存现金”、“银行存款”、“应收账款”、“其他应收款”、“原材料”、“库存商品”、“待摊费用”账户等。

第二类，反映非流动资产的账户，如“长期股权投资”、“固定资产”、“累计折旧”、“在建工程”、“无形资产”、“长期待摊费用”等账户。

二、负债类账户

负债类账户是用来反映企业负债增加、减少及其增减变动结果的账户。按照债务期限长短及其流动性，这类账户又可以分成两大类：

第一类，反映流动负债的账户，如“短期借款”、“应付账款”、“其他应付款”、“应付职工薪酬”、“应付利息”、“应交税费”、“预提费用”等账户。

第二类，反映非流动负债的账户，如“长期借款”、“应付债券”、“长期应付款”等账户。

三、所有者权益类账户

所有者权益类账户是用来反映企业所有者权益增加、减少及其变动结果的账户。按照所有者权益的来源的不同，这类账户又可以分成两大类：

第一类，反映所有者原始投资的账户，如“实收资本”账户。

第二类，反映所有者投资盈余的账户，如“盈余公积”等账户。

四、收入类账户

收入类账户是用来反映企业收入的发生及其结转情况的账户。按照收入的不同性质，这类账户又可以分成三大类：

第一类，反映基本业务收入的账户，如“主营业务收入”账户。

第二类，反映其他业务收入的账户，如“其他业务收入”账户。

第三类，反映营业外收入的账户，如“营业外收入”账户。

五、费用(成本)类账户

费用(成本)类账户是用来反映费用(成本)发生及其结转情况的账户。按照费用(成本)的耗费所处经营过程的阶段不同，这类账户又可以分成四大类：

第一类，反映生产过程费用(成本)的账户，如“生产成本”、和“制造费用”账户。

第二类，反映营业成本和营业费用的账户，如“主营业务成本”、“销售费用”、“营业税金及附加”、“管理费用”、“财务费用”等账户。

第三类，反映营业外支出的账户，如“营业外支出”账户。

第四类，反映所得税费用的账户，如“所得税费用”账户。

六、利润类账户

利润类账户是反映企业利润的实现及其分配情况的账户。按照账户所反映的情况不同，这类账户又可以分成两大类：

第一类，反映利润实现情况的账户，如“本年利润”账户。

第二类，反映利润分配及其历年分配后结存情况的账户，如“利润分配”账户。

账户按其会计要素的分类，可以用表表示(表 8-1)。

表 8-1　　账户按会计要素分类

会计要素	账户的类别	账户的名称
资产	反映流动资产的账户	库存现金、银行存款、交易性金融资产、应收票据、应收账款、预付账款、其他应收款、原材料、库存商品、待摊费用等
	反映非流动资产的账户	长期股权投资、固定资产、累计折旧、在建工程、无形资产、长期待摊费用等
负债	反映流动负债的账户	短期借款、应付账款、其他应付款、应付职工薪酬、应交税费、应付利息、应付利润、预提费用等
	反映非流动负债的账户	长期借款、应付债券、长期应付款

续表 8-1

会计要素	账户的类别	账户的名称
所有者权益	反映所有者投资的账户	实收资本
	反映所有者投资盈余的账户	盈余公积
收入	反映基本业务收入的账户	主营业务收入
	反映其他业务收入的账户	其他业务收入
	反映营业外收入的账户	营业外收入
费用(成本)	反映生产过程费用(成本)的账户	生产成本、制造费用、劳务支出、研发支出等
	反映营业成本与营业费用的账户	主营业务成本、营业费用、营业税金及附加、管理费用、财务费用等
	反映营业外支出的账户	营业外支出
	反映所得税费用的账户	所得税费用
利润	反映利润实现的账户	本年利润
	反映利润分配及分配后结存的账户	利润分配

第二节 账户按用途结构分类

账户按会计要素进行分类,可以帮助我们概括地了解各类账户反映些什么,应当设置哪些账户来核算和监督会计对象的具体内容,才能满足经济管理的需要,这是十分必要的,也是账户分类最基本的方法。但是,账户按会计要素的分类,还不能使我们详细了解各类账户的作用,以及它们如何提供经营管理所需要的各种核算指标。因此,需要进一步按账户的用途和结构进行分类。

所谓账户的用途,是指通过账户的记录,能够提供哪些核算指标,也就是设置和运用账户的目的。如设置“银行存款”账户的目的是为了提供银行存款收、付和结存情况,通过“银行存款”账户的记录,可以提供一定时期内银行存款的收入、支出和结存指标。所谓账户的结构,是指在账户中如何记录经济业务,以取得各种必要的核算指标。具体包括:账户的借方核算什么?贷方核算什么?余额在哪一方?表示什么?如“原材料”账户的借方记录原材料的入库数,贷方记录原材料的发出数,借方余额表示原材料的库存数。再如“固定资产”账户和“累计折旧”账户,按其会计要素分类,二者都是资产类账户。但是,这两个账户的用途和结构又是不相同的。“固定资产”账户是按原始价值反映固定资产增减变动及其结存情况的账户，增加记借方，减少记贷方，期末余额在借方，表示企业现有固定资产的原始价值。而“累计折旧”账户则是用来反映固定资产由于损耗而引起的价值减少，即累计提取折旧情况的账户，计提折旧的增加记贷方，已提折旧的减少或注销记借方，期末余额在贷方，表示现有固定资产的累计折旧。另外，按会计要素归属不同类别的账户，可能具有相同或相似的用途和结构。如“待摊费用”账户和“预提费用”账户，这两个账户按会计要素分类，一个是资产账户，另一个是负债账户，但它们却有着相同的用途和结构，都是根据权责发生制的要求，为了划清各个会计期间的费用界限而设置和运用的，账户结构也基本相同。账户按会计要素分类是基本的、主要的分类，而账户按用途和结构分类也是必要的，并且是对按会计要素分类的补充。因此，账户按用途和结构的分类，就是在账户按会计要素分类的基础上，对用途和结构基本相同的账户进行归类。

研究账户按用途和结构的分类，目的在于理解和掌握各类账户提供指标及各类账户结构的规律性，以便更准确地运用账户，为经济管理提供有用的会计核算指标体系。

账户按用途和结构分类，可以分为盘存账户、结算账户、调整账户、所有者投资账户、收入账户、集合分配账户、成本计算账户、跨期摊提账户、费用账户、财务成果账户和计价对比账户等 11 类账户。

下面分别说明各类账户用途、结构和特点。

一、盘存账户

盘存账户是用来核算和监督各项财产物资和货币资金的增减变动及其实存数额的账户。这类账户的结构是，借方登记各项财产物资和货币资金的增加数，贷方登记各项财产物资和货币资金的减少数，其余额在借方，表示期末各项财产物资和货币资金的结存数。这类账户的结构如图 8-1 所示。

借方 盘存账户	贷方
期初余额：期初财产物资和货币资金的结存数 发生额：本期财产物资和货币资金的增加数	发生额：本期财产物资和货币资金的减少额
期末余额：本期财产物资和货币资金的结存数	

图 8-1 盘存账户结构

属于盘存类账户的有："库存现金"、"银行存款"、"原材料"、"库存商品"、"固定资产"等账户。"生产成本"账户的期初、期末余额表示在产品，也具有盘存账户的性质。

盘存账户的特点是：

(1)可以通过财产清查的方法，即实地盘点或与银行对账的方法，来核对财产物资和货币资金的实存数同账存数是否相等。

(2)盘存账户中，除"库存现金"和"银行存款"以外，其他各账户通过设置明细账，可以提供实物数量和金额两种指标。

(3)盘存账户的余额总是在借方。

二、结算账户

结算账户是用来核算和监督企业同其他单位或个人之间的债权(应收款项)、债务(应付款项)等结算业务的账户。由于结算业务的性质不同，决定了结算账户有着不同的用途和结构。结算账户按照用途和结构的不同，又可以分为债权结算账户、债务结算账户和债权债务结算账户三类。

(一)债权结算账户

债权结算账户，又称资产结算账户，是用来核算和监督企业同各单位或个人之间的债权结算业务的账户。这类账户的结构是，借方登记债权(应收款项)的增加数，贷方登记债权(应收款项)的减少数，其余额一般在借方，表示期末尚未收回的债权(应收款项)的实有数。这类账户的结构如图 8-2 所示。

借方　　　　债权结算账户	贷方
期初余额：期初尚未收回的债权(应收款项)的实有数 发生额：本期债权(应收款项)的增加数	发生额：本期债权(应收款项)的减少数
期末余额：期末尚未收回的债权(应收款项)的实有数	

图 8-2　债权结算账户结构

属于债权结算类账户的有："应收账款"、"其他应收款"、"预付账款"等账户。

(二)债务结算账户

债务结算账户，又称负债结算账户。是用来核算和监督企业同其他单位或个人之间的债务结算业务的账户。这类账户的结构是，贷方登记债务(借入款项和应付款项)的增加数，借方登记债务(借入款项和应付款项)的减少数，其余额一般在贷方，表示尚未偿还的债务(借入款项和应付款项)的实有数。这类账户的结构如图 8-3 所示。

借方	债权结算账户　　　　贷方
发生额:本期借入款项和应付款项的减少数(偿还数)	期初余额:期初尚未偿还的借入款项和应付款项的实有数 发生额:本期借入款项和应付款项的增加数
	期末余额:期末尚未偿还的借入款项和应付款项的实有数

图 8-3　债权结算账户结构

属于负债结算账户的有:“应付账款”、“预付账款”、“其他应付款”、“应付职工薪酬”、“短期借款”、“长期借款”、“应交税费”、“应付利息”、“应付利润”等。

(三)债权债务结算账户

债权债务结算账户,又称资产负债结算账户。是用来核算和监督企业同其他单位或个人往来结算业务的账户。这类账户既反映债权结算业务,又反映债务结算业务,是双重性质的结算账户。发生这些往来结算业务的单位和个人,有时是企业的债权人,有时是企业的债务人。如企业向同一单位销售产品,如果是先发货后收款,发生的应收而尚未收到的款项就构成了企业的债权;如果合同规定购买方先预付货款,企业预收的款项就构成了企业的债务。这类账户的结构是,借方登记债权(应收款项和预付款项)的增加数或债务(应付款项和预收款项)的减少数,贷方登记债务的增加数和债权的减少数,期末账户余额可能在借方,也可能在贷方,如果余额在借方,表示尚未收回债权的净额,即尚未收回的债权大于尚未偿付债务的差额;如果余额在贷方,表示尚未偿付债务的净额,即尚未偿付的债务大于尚未收回债权的差额。该账户所属明细账户的借方余额之和与贷方余额之和的差额,应当与总账账户的余额相等。这类账户的结构如图 8-4 所示。

借方　　　　债权债务结算账户	贷方
期初余额:期初债权大于债务的差额,即尚未收回的应收款项 发生额:本期应收款项的增加数或应付款项的减少数	期初余额:期初债务大于债权的差额,既尚未偿付的应付款项 发生额:本期应付款项的增加数或应收款项的减少数
期末余额:期末债权大于债务的差额	期末余额:期末债务大于债权的差额

图 8-4　债权债务结算账户结构

如果企业预收款项的业务不多，可以不单设“预收账款”账户，而用“应收账款”账户同时反映企业应收款项和预收款项的增减变动及其结果，此时的“应收账款”账户就是一个债权债务结算账户；如果企业预付款项的业务不多，可以不单设“预付账款”账户，而用“应付账款”账户同时反映企业应付款项和预付款项的增减变动及其结果，此时的“应付账款”就是一个债权债务结算账户。此外，若将“其他应收款”和“其他应付款”合并，以“其他往来”账户来反映应收应付款的发生及其增减变动的情况下，“其他往来”账户也是债权债务结算账户。

结算账户的特点：

(1)结算账户只提供货币指标；

(2)应按发生结算业务的对方单位或个人开设明细分类账户，以便及时进行结算和核对账目；

(3)对债权债务结算账户，需根据总分类账户所属明细分类账户的余额方向分析判断其账户的性质。

三、调整账户

调整账户是用来调整被调整账户的余额，以表示被调整账户的实际余额而设置的账户。在会计核算中，由于经营管理上的需要或其他原因，对某些项目，有时要用两种不同的数字进行核算，因此需要设置两个账户。一个账户用来核算原始数字，另一个账户用来核算对原始数字的调整数字，将原始数字与调整数字相加或相减，即可求得调整后的实有数字。核算原始数字的账户，称为被调整账户；核算调整数字的账户，称为调整账户。

调整账户，由于调整的方式不同，又可分为备抵账户、附加账户和备抵附加账户三类。

(一)备抵账户

备抵账户又称抵减账户，它是用来抵减被调整账户的余额，以求得被调整账户的实际余额的账户。其调整方式，可用下列计算公式表示：

被调整账户余额－备抵账户余额＝被调整账户实际余额

备抵账户，按照被调整账户的性质，又可分为资产备抵账户和权益备抵账户两类。

1.资产备抵账户

资产备抵账户是用来抵减某一资产账户(被调整账户)余额，以求得资产账户实际余额的账户。例如，“累计折旧”账户是“固定资产”账户的备抵账户。根据“固定资产”账户(被调整账户)的记录,可以取得固定资产原始价值的数字,从“累计折旧”账户中,可以取得固定资产损耗价值的数字,将“固定资产”账户的借方余额减去“累计折旧”账户的贷方余额,其差额就是固定资产的实际价值(净值)。通过“累计折旧”账户和固定资产净值这个指标的核算分析,可以了解固定资产的新旧程度。

“固定资产”账户(被调整账户)与“累计折旧”账户(调整账户)的关系及其抵减方式,如图 8-5 所示。

图 8-5　固定资产账户与累计折旧账户的关系及其抵减方式

固定资产的原始价值－固定资产的损耗价值＝固定资产的现有价值

即:2 000 000－100 000＝1 900 000

又如“坏账准备”账户是“应收账款”账户的备抵账户。根据“应收账款”账户(被调整账户)的记录,可以取得应收账款的总额数字,从“坏账准备”账户可以取得预计收不回来的应收账款的数字,将“应收账款”的借方余额减去“坏账准备”的贷方余额,其差额就是应收账款的实际价值(可收回应收账款的净额)。

2. 权益备抵账户

权益备抵账户是用来抵减某一权益账户(被调整账户)的余额,以求得该权益账户实际余额的账户。如“利润分配”账户是“本年利润”账户的备抵账户。“本年利润”账户的期末贷方余额,反映期末已实现利润数,“利润分配”账户的借方余额,反映期末已分配的利润数。用“本年利润”账户的贷方余额减去“利润分配”账户的借方余额,其差额表示企业期末尚未分配的利润数。“本年利润”账户(被调整账户)与“利润分配”账户(调整账户)的关系及其抵减方式,如图 8-6 所示。

图 8-6　本年利润账户与利润分配账户的关系及其抵减方式

实现的利润－已分配的利润＝未分配的利润数

即:500 000－80 000＝420 000

备抵账户的特点:被调整账户的余额同调整账户的余额一定在不同(相反)的方向,如果被调整账户的余额在借方(或贷方),则备抵账户的余额一定在贷方(或借方)。

(二)附加账户

附加账户是用来增加被调整账户的余额,以求得被调整账户的实际余额的账户。其调整方式,可用下列公式表示:

被调整账户余额＋附加账户余额＝被调整账户实际余额

附加账户的特点:被调整账户的余额同附加账户的余额一定在相同的方向,也就是说,如果被调整账户的余额在借方(或贷方),则附加账户的余额同样也在借方(或贷方)。

在实际的会计工作中,纯粹的附加账户很少运用。

(三)备抵附加账户

备抵附加账户是根据调整账户的余额方向判别,该账户是用来抵减被调整账户余额,还是用来增加被调整账户的余额,以求得被调整账户实际余额的账户。当其余额与被调整账户的余额方向相反时,即为备抵账户;反之,当其余额与被调整账户的余额方向相同时,则为附加账户。如工业企业材料按计划成本组织核算时,所开设的“材料成本差异”账户就是备抵附加账户,用它来调整(抵减或增加)材料的计划成本与实际成本的差异,以求得库存材料的实际成本。有关“材料成本差异”账户的调整方法,将在财务会计课程中阐述。

调整账户的特点:

(1)调整账户与被调整账户所反映的经济内容相同,被调整账户反映的是原始数字，而调整账户反映对原始数字的调整数字。

(2)调整的方式是将原始数字同调整数字相加或相减，就可以求得实有数字。

(3)调整账户不能离开被调整账户而独立存在，有调整账户就有被调整账户。

四、资本账户

资本账户也称所有者投资账户，是用来核算和监督企业所有者投资的增减变动及其结存情况的账户。这类账户的贷方登记资本及公积金的增加数或形成数，借方登记资本及公积金的减少数或支用数，其余额总是在贷方，表示各项资本、公积金的实有数。资本账户的结构如图 8-7 所示。

借方　　　　　　资本账户	贷方
	期初余额：期初资本和公积金的实有数
发生额：本期资本和公积金的减少数	发生额：本期资本和公积金的增加数
	期末余额：期末资本和公积金的实有数

图 8-7　资本账户结构

属于资本账户的有："实收资本"、"资本公积"、"盈余公积"等账户。

资本账户的特点：该类账户的总分类账和明细分类账只提供货币指标；账户的余额总在贷方。

五、收入账户

收入账户是用来核算和监督企业一定会计期间内取得的各种收入的账户。收入具有广义和狭义之分。此处的收入是指广义，即不仅包括营业收入(主营业务收入和其他业务收入)，还包括投资收益和营业外收入。这类账户的结构是，贷方登记本期收入的增加数；借方登记本期收入减少数和期末转入"本年利润"账户的收入数。期末结转后该类账户应无余额。这类账户的结构如图 8-8 所示。

借方　　　　　　收入账户	贷方
发生额：(1)本期收入的减少数 (2)期末转入"本年利润"账户的收入数	发生额：本期收入的增加数

图 8-8　收入账户结构

属于收入账户的有“主营业务收入”、“其他业务收入”、“营业外收入”账户等。

收入账户的特点：收入账户的余额期末必须结转，结转后应无余额。

六、集合分配账户

集合分配账户是用来汇集和分配经营过程中某个阶段所发生的某种费用的账户，借以核算和监督有关费用计划的执行情况和费用的分配情况。这类账户的结构是：借方登记各种费用的发生数；贷方登记按照一定的分配标准分配记入各个成本计算对象的费用分配数。一般情况下，这类账户期末无余额，因为本期发生的费用，期末应全部分配出去。集合分配账户的结构如图 8-9 所示。

借方　　　　集合分配账户	贷方
发生额：本期各种费用的发生额	发生额：并且各种费用的分配数

图 8-9　集合分配账户结构

属于集合分配账户的有：“制造费用“账户。

集合分配账户的特点：该类账户是具有明显过渡性质的账户。平时用来归集那些不能直接记入某个成本计算对象的间接费用，一旦费用分配出去，该类账户的使命就完成，期末一般无余额。

七、成本计算账户

成本计算账户是用来核算和监督经营过程中某一阶段所发生的全部费用，并据此计算该阶段各个成本计算对象实际成本的账户。这类账户的结构是：借方登记应记入某一成本计算对象的全部费用(包括直接费用和通过集合分配账户分配转来的间接费用)；贷方登记转出已完成某个阶段的成本计算对象的实际成本，期末如有余额，一定在借方，表示尚未完成某个阶段成本计算对象的实际成本。成本计算账户的结构，如图 8-10 所示。

借方　　　　成本计算账户	贷方
期初余额：期初尚未完成某个阶段的成本计算对象的实际成本 发生额：某个阶段所发生的全部费用	发生额：结转已结束该阶段的成本计算对象的实际成本
期末余额：尚未完成该阶段的成本计算对象的实际成本	

图 8-10　成本计算账户结构

属于成本计算账户的有“材料采购”、“生产成本”等账户。

成本计算账户的特点：该类账户除了设置总分类账户之外，还应按各个成本计算对象分别设置明细分类账进行明细核算，既提供货币指标，又提供实物指标。

八、跨期摊提账户

跨期摊提账户是用来核算和监督应由几个会计期间共同负担的费用，并将这些费用在各个会计期间进行分摊或预提的账户。这类账户是按照权责发生制的要求，为严格划清费用的受益期限而设置的。在企业的生产经营过程中，有些是在某一个会计期间支付，但由几个受益的会计期间共同负担，以正确地计算各个会计期间的损溢。这类账户的结构是：借方登记费用的实际支出数或发生数；贷方登记由各个会计期间负担的费用数；期末余额若在借方，表示已支付而尚未摊销的费用数，若在贷方表示已提取而尚未摊销的费用数。跨期摊提账户的结构如图 8-11 所示。

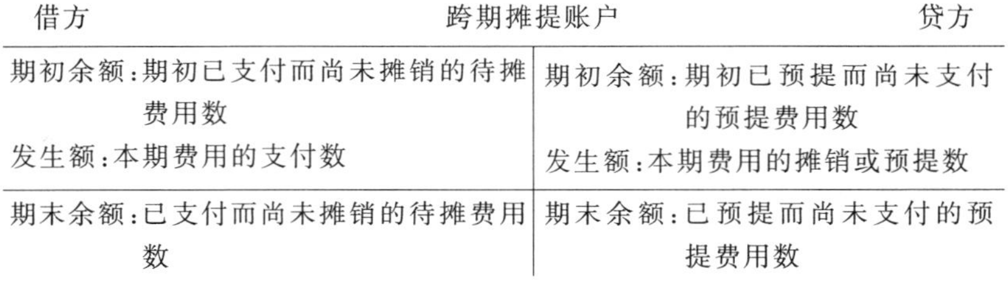

借方　　　　跨期摊提账户	贷方
期初余额：期初已支付而尚未摊销的待摊费用数 发生额：本期费用的支付数	期初余额：期初已预提而尚未支付的预提费用数 发生额：本期费用的摊销或预提数
期末余额：已支付而尚未摊销的待摊费用数	期末余额：已预提而尚未支付的预提费用数

图 8-11　跨期摊提账户结构

属于跨期摊提账户的有“待摊费用”、“预提费用”等账户。

账户按会计要素分类时，“待摊费用”账户属于资产类账户，“预提费用”账户属于负债类账户，但这两个账户在用途和结构上有相同之处，即其借方都登记费用的实际支出数或发生数；贷方都登记由各个会计期间负担的费用数。“待摊费用”账户的余额总是在借方，表示已支付而尚未摊销的待摊费用数额。“预提费用”账户的期末余额一般在贷方，表示已预提而尚未支付的预提费用数额。有时“预提费用”账户的期末余额也会出现在借方，如分期记入各期的费用数额小，而实际支付的数额大，“预提费用”账户出现借方余额，表示已支付而尚未摊销的待摊费用数额。

跨期摊提账户的特点是：

(1)“待摊费用”和“预提费用”账户的期末余额方向相反。

(2)两个账户的性质不同,但在结构上有相同之处。借方都是登记费用的实际支出数或发生数,贷方都是登记费用由各个会计期间负担的数额。

九、费用账户

费用账户是用来核算和监督企业一定时期内发生的,应记入当期损益的各项费用的账户。费用有广义和狭义之分。此处的费用是广义的,即不仅包括为取得产品销售收入及经营管理而发生的各种耗费,也包括营业外的支出和所得税费用。这类账户的结构是:借方登记本期费用支出的增加数;贷方登记本期费用支出的减少数或期末转入“本年利润”账户的费用数。结转后该类账户应无余额。费用账户的结构如图 8-12 所示。

借方　　　　　　费用账户	贷方
发生额:本期费用支出的增加数	发生额:(1)本期费用支出的减少数 (2)期末转入“本年利润”账户的费用数

图 8-12　费用账户结构

属于费用账户的有“主营业务成本”、“其他业务成本”、“营业税金及附加”、“销售费用”、“管理费用”、“财务费用”、“营业外支出”、“所得税费用”等账户。

费用账户的特点:由于当期发生的各项费用都在期末全部转入“本年利润”账户中,故费用账户期末无余额。

十、财务成果账户

财务成果账户是用来核算和监督企业在一定时期全部经营活动的最终成果的账户。这类账户的贷方登记企业期末从各收入账户转入的本期发生的各项收入数;借方登记期末从各费用账户转入的本期发生的、与本期收入相配比的各项费用数。期末如为贷方余额,表示收入大于费用的差额,为企业本期实现的净利润数;若出现借方余额,则表示本期费用支出大于收入的差额,为本期发生的亏损总额。年末,本年实现的利润或发生的亏损都要结转记入“利润分配”账户,结转后该类账户应无余额。财务成果账户的结构如图 8-13 所示。

借方	财务成果账户 贷方
发生额:转入本期发生的各项费用数	发生额:转入本期发生的各项收入数
期末余额:本期发生的亏损数	期末余额:本期实现的净利润总额

图 8-13 财务成果账户结构

属于财务成果账户的有“本年利润”账户。

财务成果账户的特点:在年度中间,账户的余额(无论是实现的利润还是发生的亏损)不转账,一直在该账户中保留,目的是提供截至本期累计实现的利润或发生的亏损,因此年度中间该账户有余额,可能在贷方,也可能在借方。年终结算,要将本年实现的利润或发生的亏损从“本年利润”账户转入“利润分配”账户。所以,年末转账后,该账户应无余额。

账户按用途和结构分类如表 8-2 所示。

表 8-2 账户按用途和结构的分类

账户类别		账户名称
盘存账户		库存现金、银行存款、原材料、库存商品、固定资产等
结算账户	债权结算账户	应收账款、预付账款、其他应收款等
	债务结算账户	应付账款、预收账款、短期借款、长期借款、应付职工薪酬、应付利息、应交税费、应付利润、其他应付款等
	债权债务结算账户	应收账款、应付账款等
调整账户	备抵调整账户	累计折旧、坏账准备、利润分配等
	附加调整账户	
	备抵附加调整账户	材料成本差异
资本账户		实收资本、资本公积、盈余公积
收入账户		主营业务收入、其他业务收入、营业外收入等
集合分配账户		制造费用
成本账户		生产成本、材料采购
跨期摊提账户		待摊费用、预提费用等
费用账户		主营业务成本、营业税金及附加、销售费用、管理费用、财务费用、其他业务成本、营业外支出、所得税费用等
财务成果账户		本年利润

为了更好地理解和掌握、运用账户，了解两种账户之间的联系，将上述两种账户分类进行比较，如表 8-3 所示。

表 8-3 **两种账户分类的联系**

用途和结构＼会计要素	资产账户	负债账户	所有者权益账户	收入账户	费用（成本）账户	利润账户
盘存账户	库存现金 银行存款 原材料 库存商品 固定资产					
结算账户	应收票据 应收账款 预付账款 其他应收款 应收利息	应付票据 应付账款 预收账款 其他应付款 短期借款 长期借款 应付职工薪酬 应交税费 应付利润 应付利息				
资本账户			实收资本 资本公积 盈余公积			
集合分配账户					制造费用	
成本计算账户					生产成本 材料采购	
收入账户				主营业务收入 其他业务收入 营业外收入		

续表 8-3

会计要素 / 用途和结构	资产账户	负债账户	所有者权益账户	收入账户	费用(成本)账户	利润账户
费用账户					主营业务成本 营业税金及附加 销售费用 管理费用 财务费用 其他业务成本 营业外支出 所得税费用	
财务成果账户						本年利润
调整账户	累计折旧 坏账准备 材料成本差异					利润分配
跨期摊提账户	待摊费用	预提费用				

第三节　账户的其他分类方法

账户除按会计要素、用途和结构分类外，还可以按提供指标详细程度分类，按与会计报表关系分类，按期末余额分类等。

一、账户按提供指标详细程度分类

账户按提供指标详细程度分类，账户分为总分类账户和明细分类账户。

(一)总分类账户

总分类账户是对企业经济活动的具体内容进行总括核算的账户，可以提供总括的核算指标。上述第一、二节所介绍的账户均为总分类账户，亦称总账账户、一级账户。在我国，为了保证会计核算指标口径一致，并具有可比性，保证会计核算资料能够进行综合汇总，对总分类账户的名称、核算内容及具体使用方法目前是由财政部统一制定的。

(二)明细分类账户

明细分类账户是对企业某一经济业务进行明细核算的账户，它可以提供详细的核算指标，对总分类账户起着补充的作用。

在会计核算中，并非所有的总分类账户都需要设置明细分类账户。明细分类账户是依据企业经济业务的具体内容设置，它所提供的明细核算资料是为了满足企业内部经营管理的需要。

研究账户按提供指标详细程度分类，目的在于掌握各级账户提供核算指标的规律性，以便于正确地运用各级账户，提供全面的核算指标，以满足经营管理的不同需要。

二、账户按与会计报表关系分类

账户按与会计报表的关系分类，可以分为资产负债表账户和损益表账户。

（一）资产负债表账户

资产负债表账户是指账户所提供的资料是编制资产负债表的依据。资产负债表账户包括资产类、负债类和所有者权益三类，分别与资产负债表中的这三类项目相对应。如果“生产成本”账户期末有借方余额，表示在产品，也应列入资产负债表。

（二）损益表账户

损益表账户也称利润表账户，是指账户所提供的资料是编制利润表的依据。利润表账户包括收入类和费用类两类，这些账户是根据利润表的项目设置的。

研究账户按列入会计报表的分类，目的在于通过这些账户的具体核算，提供编制会计报表所需要的数据资料。

三、账户按期末余额分类

账户按期末余额分类，分为实账户和虚账户。

（一）实账户

实账户通常是指期末结账后有余额的账户。实账户的期末余额代表着企业的资产、负债和所有者权益，它是编制资产负债表的依据。

账户按期末余额的方向分类，又可以分为借方余额账户和贷方余额账户。借方余额账户是指账户的借方发生额表示增加，贷方发生额表示减少，期末余额一定在借方的账户。资产类账户一般都是借方余额。贷方余额账户是指账户的贷方发生额表示增加，借方发生额表示减少，期末余额一定在贷方的账户。负债类和所有者权益类账户的期末余额一般都在贷方。

（二）虚账户

虚账户通常是指期末结账后无余额的账户。虚账户的发生额反映企业的损益情况，它是编制损益表的依据。期末无余额账户是指期末结账时，将本期汇集的借(贷)方发生额分别从相反的方向贷(借)方转出，结转后期末没有余额的账户。收入类和费用类账户为期末没有余额的账户。

研究账户按期末余额分类，目的在于掌握账户期末余额代表的内容及期末余额结转的规律性，以便正确地组织会计核算。

研究账户的分类，可揭示账户的特征，有利于加深对账户的认识，探明设置和运用账户的规律性。账户分类标准是依据账户具有的一些特征确定的，每一个账户都具有若干个特征，因此，每一个账户都可以按不同的标准加以分类。如"固定资产"账户，从会计要素来看，它属于资产类账户，反映企业在生产经营过程中必不可少的固定资产；从用途和结构来看，它属于盘存账户，其借方登记固定资产的增加数，贷方登记固定资产的减少数，余额在借方，表示固定资产原始价值总额；从提供指标的详细程度来看，它属于总分类账户，总括地反映企业固定资产的增减变动及结存情况；从列入会计报表来看，它属于资产负债表账户，账户的期末余额作为企业资产的一部分，列入资产负债表中；从期末余额来看，它属于实账户，是属借方余额账户，反映企业拥有固定资产的原始价值总额。

本章小结

本章主要阐述借贷记账法下账户的分类，重点是研究账户按用途和结构的分类。

学习本章时应注意的问题如下：

1. 账户的用途和结构

账户的用途，是指通过账户的记录，能够提供哪些核算指标，也就是设置和运用账户的目的。账户的结构，是指在账户中如何记录经济业务，以取得各种必要的核算指标。具体包括：账户的借方核算什么？贷方核算什么？余额在哪一方？表示什么？

2. 账户按用途和结构分类

账户按用途和结构分类，可以分为盘存账户、结算账户、调整账户、所有者投资账户、收入账户、集合分配账户、成本计算账户、跨期摊提账户、费用账户、财务成果账户和计价对比账户等 11 类账户。其中结算账户、调整账户和跨期摊提账户应着重理解和把握。

3. 结算账户

结算账户，是用来核算和监督企业同其他单位或个人之间的债权(应收款项)、

债务(应付款项)等结算业务的账户。学习时应重点掌握以下两点:

(1)债权结算账户和债务结算账户的性质、账户结构特点和所包括的账户;

(2)债权债务结算账户的结构特点和在实际工作中的应用。

债权债务结算账户,是既反映债权又反映债务的双重性质账户,是债权结算账户和债务结算账户的结合。此类账户的借方或贷方余额只是表示债权和债务增减变动后的差额,并不一定反映企业债权债务的实际余额。

4.调整账户

调整账户是用来调整被调整账户的余额,以表示被调整账户的实际余额而设置的账户。核算原始数字的账户,称为被调整账户;核算调整数字的账户,称为调整账户。调整账户,由于调整的方式不同,又可分为备抵账户、附加账户和备抵附加账户三类。

(1)备抵账户 备抵账户又称抵减账户,它是用来抵减被调整账户的余额,以求得被调整账户的实际余额的账户。例如,“累计折旧”账户是“固定资产”账户的备抵账户;“坏账准备”账户是“应收账款”账户的备抵账户。

(2)附加账户 附加账户是用来增加被调整账户的余额,以求得被调整账户的实际余额的账户。在实际的会计工作中,纯粹的附加账户很少运用。

(3)备抵附加账户 备抵附加账户是根据调整账户的余额方向判别,该账户是用来抵减被调整账户余额,还是用来增加被调整账户的余额,以求得被调整账户实际余额的账户。当其余额与被调整账户的余额方向相反时,即为备抵账户;反之,当其余额与被调整账户的余额方向相同时,则为附加账户。如“材料成本差异”账户就是备抵附加账户。

调整账户的特点:

①调整账户与被调整账户所反映的经济内容相同,被调整账户反映的是原始数字,而调整账户反映对原始数字的调整数字。

②调整的方式是将原始数字同调整数字相加或相减,就可以求得实有数字。

③调整账户不能离开被调整账户而独立存在,有调整账户就有被调整账户。

5.跨期摊提账户

跨期摊提账户是用来核算和监督应由几个会计期间共同负担的费用,并将这些费用在各个会计期间进行分摊或预提的账户。这类账户是按照权责发生制的原则,为严格划清费用的受益期限而设置的。属于跨期摊提账户的有“待摊费用”、“预提费用”等账户。

跨期摊提账户的特点是:

(1)“待摊费用”和“预提费用”账户的期末余额方向相反。

(2)两个账户的性质不同,但在结构上有相同之处。借方都是登记费用的实际支出数或发生数,贷方都是登记费用由各个会计期间负担的数额。

此外,还应注意集合分配账户的特点。

复 习 题

一、判断题

1. 账户按会计要素分类是账户最基本的分类方法。( )

2. "累计折旧"账户的贷方登记的是折旧的提取额,表示折旧的增加,所以是负债类账户。( )

3. 债权债务结算账户的贷方余额,表示尚未偿付的债务。( )

4. 调整类账户与被调整类账户的用途和结构是相同的,但反映的经济内容不同。( )

5. 按账户的用途和结构分类,盈余公积与实收资本同属于资本类账户。( )

二、单项选择题

1. 用来归集购入材料的买价和采购费用,计算材料采购成本的账户是( )。

A. 原材料　　B. 材料采购

C. 生产成本　　D. 材料成本差异

2. 债权债务账户的借方或贷方余额只是表示( )。

A. 债权债务的实际余额　　B. 债权债务增减变动后的差额

C. 债权债务增加变动后的差额　　D. 债权债务减少变动后的差额

3. "待摊费用"和"预提费用"账户的借方都是用来登记( )。

A. 费用的摊配数　　B. 费用的预提数

C. 费用的实际发生数或支用数　　D. 尚未摊配和尚未预提的费用数

4. 财务成果账户的余额在贷方表示( )。

A. 实现的利润总额　　B. 发生的费用总额

C. 实现的净利润　　D. 发生的亏损总额

5. 不属于调整类账户的是( )。

A. "利润分配"账户　　B. "累计折旧"账户

C. "坏账准备"账户　　D. "原材料"账户

6. 当调整账户的余额与被调整账户的余额在同一方向时,应属于( )。

A. 附加调整账户　　B. 资产备抵账户

C. 权益备抵账户　　D. 盘存账户

三、多项选择题

1. 账户的结构，应包括（　　）。

A. 账户借方登记的内容　　B. 账户贷方登记的内容

C. 账户期末余额及方向　　D. 账户余额反映的内容

2. 下列盘存账户中，（　　）通过设置和运用明细账可以提供数量和金额两种指标。

A. "银行存款"账户　　B. "原材料"账户

C. "库存商品"账户　　D. "库存现金"账户

3. 下列账户中属于资产备抵账户的有（　　）。

A. "预提费用"账户　　B. "坏账准备"账户

C. "累计折旧"账户　　D. "利润分配"账户

4. 关于"待摊费用"和"预提费用"两个账户下列说法正确的是（　　）。

A. 都是为了划清各会计期间的费用界限而设置的

B. 借方都是用来登记费用的实际发生数或支用数

C. 贷方都是用来登记费用的实际发生数或支用数

D. "待摊费用"账户的余额不可能在贷方

5. 属于债权债务结算类账户的是（　　）。

A. "应收账款"账户　　B. "应付账款"账户

C. "预提费用"账户　　D. "待摊费用"账户

四、简答题

1. 账户按会计要素可分为哪几类？

2. 什么是账户的结构？包括哪些内容？举例说明。

3. 什么调整类账户？调整类账户有什么特点？

思　考　题

1. 账户分类有几种方法？

2. 账户按会计要素可分为哪几类？

3. 账户按用途和结构不同可分为哪几类？有何作用？

4. 什么是调整类账户？它与被调整账户的关系怎样？

5. 什么是债权债务结算类账户？举例说明。

第九章 财务报告

内容提要

本章主要介绍财务报告的构成内容、会计报表的编制方法。

学习目标

通过本章学习，应掌握如下知识：

1. 财务报告的构成内容；
2. 财务报告的编制要求；
3. 资产负债表的定义、作用、结构、内容和编制方法；
4. 利润表的作用、结构、内容和编制方法；
5. 现金流量表的作用和内容；
6. 会计报表附注的意义和内容。

学习提示

本章重点是资产负债表和利润表设置的理论依据和编制方法。

第一节 财务报告概述

一、财务报告及其组成

财务报告，是指企业对外提供的反映企业某一特定日期财务状况和某一会计期间经营成果、现金流量的文件。

企业在生产经营活动中，发生了大量的经济业务，会计部门根据反映经济业务的原始凭证，编制记账凭证，并分门别类地记入账簿中。但是，在账簿中归集的信息仍然是分散的，而且数量很多，如果直接通过账簿系统地了解企业的经营情况会花费较多的时间和精力；而且不便于理解和利用，难以符合国家宏观经济管理的需要，难以满足投资人、债权人等会计信息使用者了解企业财务状况、经营成果和现金流量的需要，也难以满足企业内部加强经营管理的需要。因此，必须在日常会计核算的基础上，根据会计信息使用者的需要，定期编制成各种财务报告，为财务报告使用者提供经营决策所需的相关信息。

企业财务报告由会计报表和会计报表附注组成。

(一)会计报表

会计报表是以企业日常会计核算资料为依据，按照规定的格式和要求定期编制并对外提供的，以货币为计量单位，总括地反映企业的财务状况、经营成果和现金流量的书面文件。

企业对外提供的会计报表的种类和格式由国家统一会计制度规定。现行制度规定企业向外提供的会计报表由主表和附表两部分组成。其中，主表包括资产负债表、利润表和现金流量表、所有者权益(或股东权益)变动表等；附表包括利润分配表、资产减值准备明细表等。

会计报表可根据需要，按照不同的标准进行分类。

(1)按照会计报表反映的经济内容不同，可以分为反映企业财务状况及其变动情况的会计报表和反映企业经营成果的会计报表。反映企业财务状况及其变动情况的会计报表又可以分为两种，一种是反映企业在特定日期财务状况的会计报表，如资产负债表；另一种是反映企业在一定时期内现金流量情况的会计报表，如现金流量表。反映企业经营成果的会计报表，是反映企业在一定时期经营成果的会计报表，如利润表。

(2)按照会计报表反映的资金运动形态不同，可以分为静态会计报表和动态会计报表。静态会计报表是综合反映企业在特定日期资产、负债与所有者权益状况的会计报表,如资产负债表。动态会计报表则是综合反映企业在一定时期经营成果或现金流量情况的报表,如利润表、现金流量表。

(3)按照会计报表服务的对象不同,可以分为外部报表和内部报表。外部报表是企业按照国家统一规定的格式、统一编报要求向外提供为满足投资人、债权人、政府部门以及社会公众等需要而编制的会计报表,如资产负债表、利润表和现金流量表。内部报表则是为满足企业内部管理需要而自行设计和编制的会计报表,如商品产品成本表、期间费用表等。

(4)按照会计报表编报的时间不同,可以分为月度会计报表(简称月报)、季度会计报表(简称季报)、半年度会计报表(简称半年报)和年度会计报表(简称年报)。其中,月报、季报是月度、季度终了提供的会计报表,要求简明扼要、及时反映,如编制资产负债表、利润表。半年报是每个会计年度的前 6 个月结束后对外提供的会计报表,其提供的会计信息详细程度,介于月报和年报之间。年报是年度终了对外提供的会计报表,要求反映全面、揭示完整;年报至少应包括资产负债表、利润表、现金流量表、所有者权益(或股东权益)变动表、利润分配表、会计报表附注。

应说明的是,月报、季报和半年报又统称中期会计报表。中期会计报表是以中期为基础编报的会计报表。中期是指短于一个完整的会计年度的报告期间。可以是一个月、一个季度或者半年,也可以是其他短于一个会计年度的报告期间(如 1 月 1 日至 5 月 31 日的期间)等。因此中期会计报表有可能是月报,也有可能是季报或者半年报表,当然也包括年初至本中期末的会计报表;企业在中期财务报告中应当提供的会计报表及其附注,按照《企业会计准则第 32 号——中期财务报告》执行。

(5)按照会计报表编报的单位不同,可以分为单位会计报表和合并会计报表。单位会计报表是企业在自身会计核算的基础上,反映自身财务状况、经营成果和现金流动情况的报表。合并会计报表是单位对其他单位的投资如占该单位的资本总额 50%以上,或者虽然占该单位注册资本总额不足 50%但具有实质控制权的,应编报合并会计报表。合并会计报表是以母公司和子公司组成的企业集团为会计主体,由母公司编报的综合反映企业集团财务状况、经营成果和现金流动情况的报表。

(二)会计报表附注

会计报表附注是为了便于会计报表使用者阅读理解会计报表的内容而提供的有关会计报表的编报基础和企业针对重要经济业务采用的会计政策和会计估计的说明、对会计报表中重要项目的进一步解释,以及虽未在会计报表中列示,但国家统一的会计制度要求披露,或有助于准确、完整地理解会计报表信息的一些文字说明。

二、财务报告的作用

编制财务报告是会计循环最后一个阶段的工作，是企业财务会计工作的一项重要内容，也是对外传递财务会计信息的主要工具。企业编制和对外提供财务报告的目的是为了真实、完整地反映企业的财务状况、经营成果和现金流量，财务报告受到企业外部政府有关管理部门、投资者、债权人以及其他利益关系人和企业内部管理部门的高度重视和关注，他们都将通过企业编报的财务报告，了解企业各种重要的财务会计信息，并据以做出相应的决策或进行有效的监管，也有助于企业加强会计管理，提高经济效益。具体而言，财务报告的作用有以下几个方面：

（一）为国家有关管理部门进行宏观经济调控提供必要的信息资料

在社会主义市场经济条件下，国家负有进行宏观经济调控的任务。国家的经济管理部门，为了加强宏观经济管理，需要利用各企业提供的财务报告，及时了解、检查和分析企业的生产经营状况和管理情况，以对企业实施管理和监督。例如，税务部门并不参与企业的日常经营活动，对其执行国家税法情况无法直接了解，而是利用企业对外提供的财务报告，检查企业是否及时、足额地缴纳了税金和其他应交款，发现企业是否遵守了有关管理制度等。

（二）为投资者作投资决策，为债权人了解企业资金运转情况、短期偿债能力和支付能力提供必要的信息资料

在现代企业中，现有的投资者一般不参加企业日常经营，对企业的经营管理状况并不知情，需要通过企业对外提供的财务报告了解企业财务状况和资金使用效果等信息。他们可以通过财务报告对企业的盈利能力、资源利用情况、未来经营状况做出适当的评价，以便于做出投资决策。企业投资者还包括潜在的投资者，他们关注所想投资企业的风险和报酬，为降低投资风险并保证投资获得预期报酬，也需要借助财务报告对企业的经营业绩、股利政策、销售收入等做出判断，以便为将来投资作决策。

债权人也是企业经营资金的提供者，他们所关注的是债务企业有无充足的利润以求得回报以及企业是否有能力归还本金，这些信息通常由利润表、资产负债表、现金流量表提供。因此企业对外提供的财务报告为其了解该企业资金运转情况、短期偿债能力和支付能力等提供了必要的信息资料。

（三）为企业内部经营管理者进行日常经营管理提供必要的信息资料

会计信息内部使用者包括经理和职工。经理（包括由其聘任的经营管理者）为

完成管理、计划、控制、决策等管理职能，需要利用会计信息全面了解财务状况和经营成果；了解资产、负债、所有者权益的结构及其合理性；了解资金、成本、利润等经济指标计划的完成情况；了解企业财务风险的大小、资金运用能力；检查内部经营管理责任制的落实情况，以考核和评价企业内部各部门的工作业绩，并总结经验，挖掘企业内部潜力，进一步提高经济效益。职工依赖企业发放工资，因而关注企业是否能够生存下去并特别注意企业的长期盈利性，利润表能够帮助职工评价企业未来的生存能力。

三、编报财务报告的要求

编报财务报告的要求分为总体要求和具体要求两个层次。

（一）编报财务报告的总体要求

编报财务报告的总体要求，包括以下六方面内容。

1.遵循国家统一会计制度

应从三个方面理解这一要求。第一，企业应当遵循国家统一会计制度的规定编制并对外提供财务报告。第二，对于国家统一会计制度没有规定统一核算方法的交易或事项，企业按照会计核算的一般原则进行确认和计量的，应当在会计报表附注中对所采用的会计处理方法予以说明；对于国家统一会计制度未规定的会计报表项目，企业应当根据该项目的重要性，单独列示或合并列示。第三，如果在某项会计准则生效日期以前提前采用该项准则的，企业应当在会计报表附注中对此予以披露。这一要求体现了编报财务报告的合法性原则，以保证对外传递的会计信息真实、可靠。

2.编报财务报告的基础

编报财务报告的基础，是指企业编报财务报告以持续经营为基础，并在编报会计报表时，应当对持续经营的能力进行估计。如果企业管理部门已决定进行清算或停止营业，或者在下一个会计期间被迫进行清算或停止营业，资产、负债的计量基础与持续经营完全不同，则会计报表不是在持续经营的基础上编报的，应当在会计报表附注中以显著的方式让财务报告的使用者知晓，并使其了解企业未能以持续经营基础编报会计报表的原因。这一要求是会计核算的持续经营基本假设在编报财务报告中的体现。

3.会计报表项目的列示和分类一致性

会计报表项目的列示和分类一致性，是指会计报表项目的列示和分类在各会计期间保持一致。当符合以下条件之一时，企业才可以变更会计报表项目的列示和分类。

(1)国家统一的会计制度要求；

(2)企业经营性质发生重大变化，或者企业发现原有的列示和分类不能够真实、完整地反映企业的财务状况、经营成果和现金流量，并且变更后的会计报表项目列示和分类更为恰当。

当会计报表项目的列示和分类发生重大变化时，企业应当在会计报表附注中披露变化的项目和原因，以及假设未发生变化该项目原来的列示方法、分类和金额。这一要求是会计核算的一致性原则在编报财务报告中的体现。

4.会计报表项目的单独列示

会计报表项目的单独列示，包括两种情况：第一，按国家统一会计制度规定在会计报表中至少应列示的项目，应当在会计报表中单独列示(具体内容见本章第二节和第三节)；第二，对于国家统一会计制度中未规定的但是重要的项目，也应当在会计报表中单独列示。是否是“重要项目”需会计人员进行职业判断。判断时应综合考虑项目的性质、金额，以及如果不单独列示该项目是否影响真实、完整地反映企业的财务状况、经营成果和现金流量。这一要求是会计核算的重要性原则在编报财务报告中的体现。

5.会计报表项目间的相互抵消

编报会计报表时，不允许随意相互抵消会计报表项目，一般不能将资产项目与负债项目相互抵消，例如，不能将应收款项与应付款项、预付款项与预收款项等相互抵消后的余额填入会计报表。

有的项目是国家统一的会计制度要求或允许抵消的，例如，财务费用是将利息支出扣减利息收入后的余额填入利润表的。因此，除国家统一会计制度要求或允许抵消的外，会计报表中的资产项目和负债项目、收入项目和费用项目不应相互抵消。

6.提供比较会计信息

提供比较会计信息，是指除国家统一的会计制度另有规定或无法取得前期比较数据外，在列报当期会计报表及其附注的数据时，企业至少应当同时列报前一会计期间相同项目的比较数据。如果有助于真实、完整地反映当期的会计信息及其从前期至当期的变化过程，企业还应当提供与当期会计报表附注中叙述性信息相关的前期资料。

当会计报表项目的列示和分类发生变化时，企业应当对一同提供的比较数据按照当期的要求进行重新分类，并在会计报表附注中披露重新分类的性质、金额和原因。如果无法对比较数据进行重新分类，企业应当披露不能重新分类的原因。这一要求体现了财务报告编报的可比性原则。

（二）编报财务报告的具体要求

企业对外提供的财务报告除应符合上述总体要求外，还应遵循下列具体要求。

1.真实性

真实性，要求企业对外编报的财务报告，必须如实地反映企业真实的交易、事项，财务会计报告的所有数据都必须真实可靠，不允许弄虚作假、隐瞒虚报、篡改数字；不允许用估计数代替实际数；不允许提前或推迟结账。

2.准确性

准确性，要求企业对外编报的财务报告中各种数据的计算正确无误；各报表之间各项目之间，凡有勾稽关系的数字，应相互一致。

3.完整性

完整性，要求企业对外编报的财务报告内容要完整，手续要完备。必须按规定的报表种类、格式和内容填报齐全，不得漏填、漏报，也不得缺页、缺项；对外提供的财务报告应装订成册，加具封面，加盖公章，同时要由企业行政领导人和财务会计负责人签名并盖章。

4.及时性

及时性，要求企业对外编报的财务报告应按会计制度规定的时限及时编报和对外提供。现行会计制度规定了财务报告的编制期限：月度中期财务报告应于月度终了后 6 天内（节假日顺延，下同）对外提供；季度中期财务报告应于季度终了后 15 天内对外提供；半年度中期财务报告应于年度中期结束后 60 天内（相当于两个连续的月份）对外提供；年度财务报告应当于年度终了后 4 个月内对外提供。

另外，需明确财务报告编报的法律责任。《企业财务会计报告条例》规定：“企业的行政领导和有关人员，包括编报财务会计报告的直接主管人员和其他直接责任人员，应对财务会计报告的正确编报负法律责任。凡有违规违纪行为的，应依法予以追究；其中构成犯罪的，应追究其刑事责任。”

第二节　资产负债表

一、资产负债表的概念

资产负债表是反映企业某一特定日期（月末、季末、中期期末、年末）财务状况的报表。资产负债表列示了企业在特定日期的资产、负债、所有者权益情况，表明企业在某一特定日期所拥有或控制的经济资源、所承担的现有义务和所有者对企业资产的要求权。

资产负债表以“资产 = 负债+所有者权益”这一基本会计等式为理论依据。其编制原理是把企业特定日期（通常是期末）的资产、负债和所有者权益项目按一定的分类标准和排列次序予以排列而形成的一定格式的报表。可见，资产负债表是一张静态报表，其所反映的财务状况（企业的资产、负债和所有者权益的总量及构成）只是某一时点（编报日）上的状态，过了这一时点企业的财务状况就会变化，因此，该表对于编报日具有重要意义。另外，从经济内容上分析，资产负债表实际上是用来反映企业从哪里取得资金，又将这些资金投放到哪些方面去了。前者可以理解为是一种筹资活动，后者则是广义的投资活动。而筹资和投资通常是企业财务活动的主要内容，所以资产负债表又称为财务状况表。

二、资产负债表的作用

资产负债表是企业编报的重要报表之一。它可以向报表使用者提供多方面的会计信息，其作用主要有以下几方面：

（一）反映企业拥有或控制的经济资源及其结构，有助于报表使用者分析企业的营运效率和生产经营的稳定性

资产负债表把企业所拥有或控制的资产按经济性质、用途分成流动资产、长期投资、固定资产、无形资产和其他长期资产等类别；在各类别下，又分成若干项目。各类别资产之间以及各项目资产之间形成的比例关系，即企业的资产结构。资产负债表所反映的企业拥有或控制的经济资源及其结构，有助于报表使用者分析企业的营运效率和生产经营的稳定性。

企业的营运效率，需要分析各项资产周转运用情况，资产周转越快，营运效率就越高。例如，存货周转率、应收账款周转率等是反映企业资产周转的指标。这些指标的计算要借助于资产负债表提供的各种资产的平均占用额。

企业的资产结构反映其生产经营过程的特点，有利于报表使用者进一步分析企业生产经营的稳定性。例如，在企业产品生产与销售规模基本稳定的情况下，固定资产与流动资产之间保持合理的比例，而且这种比例与本行业的整体特征相一致，既能了解企业对资产的使用是否合理，又能判断企业生产经营是否稳定。计算资产结构要借助于资产负债表提供的各类别资产及各项目资产的金额。

(二)反映企业流动资产和流动负债的对应关系,有助于报表使用者分析和评价企业的短期偿债能力

企业的短期偿债能力取决于其资产的流动性,即流动资产转换为现金或流动负债到期清偿所需要的时间。流动资产转换为现金或流动负债到期清偿所需要的时间越短,表明企业资产的流动性越强,短期偿债能力也越强,一般用流动资产与流动负债的比例关系来反映。这就是报表使用者所关注的流动比率、速动比率等指标。资产负债表提供了企业流动资产和流动负债的对应关系,有助于报表使用者计算、分析和评价企业的短期偿债能力。

(三)反映企业的资本结构和财务实力,有助于报表使用者分析、预测企业生产经营的安全程度和抗风险的能力

资本结构(也称权益结构),是指负债与所有者权益之间的比例关系和负债、所有者权益与企业权益总额之间的比例关系。它反映了企业生产经营的安全程度和抗风险能力。例如,资本负债率反映自有资本与借入资金的比率,该比率越高,借入的资金相对自有资本就越少,企业的经营安全程度就越高,抗拒经营风险的能力就越强。该指标的计算要借助于资产负债表提供的数据。

财务实力,是指企业运用其财务资源(资产、负债、所有者权益)以适应环境变化的能力,其取决于企业的资产结构和资本结构。保持合理的资产和资本结构,既可以使企业以较低的成本获得资金,又可以增强企业的财务安全程度。资产负债表所提供的资产、负债和所有者权益有助于报表使用者评估企业的财务实力和分析、预测企业的财务风险。

三、资产负债表的格式和内容

(一)资产负债表的格式

资产负债表的格式主要有账户式、报告式(也称垂直式)和财务状况式。

1. 账户式

账户式资产负债表依据“资产= 负债 + 所有者权益”会计基本等式设计。其基本结构是:分为左右两方,左方为资产类,反映资产分布的情况,分为流动资产、长期投资、固定资产、无形资产及其他资产等主要类别;右方为负债及所有者权益类,反映资产形成的来源情况,分为负债和所有者权益两大类,其中负债类分为流动负债、长期负债等主要类别。根据会计基本等式的平衡原理,报表左右两方的总额必须相等。其简化格式如表 9-1 所示。

表 9-1 **资产负债表(账户式)**

编制单位： 年 月 日

资产	负债及所有者权益
流动资产：	流动负债：
货币资金	短期借款
应收账款	应付账款
预付账款	预收账款
存货	应付职工薪酬
……	应交税费
非流动资产：	……
长期股权投资	非流动负债：
投资性房地产	长期借款
固定资产	应付债券
无形资产	长期应付款
……	……
	所有者权益：
	实收资本(或股本)
	资本公积
	盈余公积
	未分配利润
资产总额	负债及所有者权益总额

账户式较好地将资产负债表的形式和内容统一起来，揭示了各项目之间内在的勾稽关系，报表使用者能够一目了然地了解企业所控制的经济资源及其来源，也便于对资产负债表进行结构分析。按照国家统一的会计制度规定，我国资产负债表采用该种格式。

2.报告式

报告式资产负债表将资产、负债和所有者权益项目按纵向顺序排列，其排列方式有两种。

第一种是依据“资产＝负债＋所有者权益”会计基本等式设计，按纵向顺序排列，其简化格式如表 9-2 所示。

表 9-2　　　　**资产负债表(报告式 1)**

编制单位：　　　　年　　月　　日　　　　金额单位：

项目	金额
资产	
……	
资产总计	
负债	
……	
负债合计	
所有者权益	
……	
所有者权益合计	
负债及所有者权益总计	

第二种是依据“资产－负债＝所有者权益”这一变形的会计等式设计，按纵向顺序排列，其简化格式如表 9-3 所示。

表 9-3　　　　**资产负债表(报告式 2)**

编制单位：　　　　年　　月　　日　　　　金额单位：

项目	金额
资产	
……	
资产总计	
减：负债	
……	
负债合计	
资产减负债	
所有者权益	
……	
所有者权益合计	

报告式资产负债表，便于按顺序阅读，也便于根据需要将各部分的内容进行组合排列。但是当企业规模较大、业务内容较多的情况下，报表将会显得过长，不便于存放。

3. 财务状况式

财务状况式资产负债表依据“流动资产－流动负债＝营运资金”、“营运资金＋

非流动资产－非流动负债＝所有者权益”两个会计等式设计，其一般格式如表 9-4 所示。

表 9-4 资产负债表（财务状况式）

编制单位： 年 月 日 金额单位：

项目	金额
流动资产	
减：流动负债	
营运资金	
加：非流动资产	
减：非流动负债	
所有者权益	

财务状况式资产负债表特别强调“营运资金”项目，由于营运资金是衡量企业短期偿债能力的一个重要指标，所以便于报表使用者大致了解企业短期支付能力。

不论采用哪一种格式，资产负债表能提供企业在某一特定日期资产、负债、所有者权益全貌的信息；可以为报表使用者提供进行财务分析的基本资料，据以计算出各种财务指标。

（二）资产负债表的内容

资产负债表各类项目的主要内容如下。

1. 资产类

资产负债表中资产类至少包括以下主要项目：

（1）流动资产项目　归类为流动资产项目应是符合下列条件之一的资产：

①预计在自资产负债表日起一年内或超过一年的一个营业周期内的正常经营活动中变现、出售或耗用的；

②主要为交易目的而持有的，且预期在自资产负债表日起一年内变现的；

③在自资产负债表日起一年内，用途不受限制的货币资金。

列入流动资产的具体项目包括货币资金、交易性金融资产、应收票据、应收账款、其他应收款、预付账项、存货、待摊费用项目等。

（2）非流动资产项目　流动资产以外的资产应当归类为非流动资产，并按其性质分类列示。在资产负债表中至少应单独列示反映非流动资产项目的信息有持有至到期投资、长期股权投资、投资性房地产、固定资产、递延所得税资产和无形资产项目等。

2. 负债类

资产负债表中负债类至少包括以下主要项目。

(1)流动负债项目 归类为流动负债的,应满足下列条件之一的负债:

①预计在一个正常营业周期中清偿;

②主要为交易目的而持有;

③自资产负债表日起一年内到期应予以清偿;

④企业无权自主地将清偿推迟至资产负债表表日后一年以上。

列入流动负债的具体项目应包括短期借款、应付票据、应付账款、其他应付款、预收款项、应付职工薪酬、应交税费、应付股利和预提费用项目等。

(2)非流动负债项目 流动负债以外的负债应归类为非流动负债,并应按其性质分类列示。列入非流动负债的具体项目应包括长期借款、应付债券、长期应付款和递延所得税负债项目等。

3.所有者权益类

在资产负债表中应单独列示反映所有者权益类项目的信息至少应包括实收资本(或股本)、资本公积、盈余公积和未分配利润四个项目。

四、资产负债表的编制方法

资产负债表"年初数"栏内项目的数字,应根据上年末资产负债表"期末数"栏内所列的相应数字填列。如果本年度资产负债表规定的项目的列示和分类与上年度不一致时,应对上年年末资产负债表按照本年度的要求进行重新分类,填入资产负债表"年初数"栏内。

资产负债表"期末数"栏内各项目数字,一般根据总账和有关明细账的期末余额填列。资产负债表中有的项目与相应账户的内容也不完全相同。因此,这些项目的数字不能直接根据账户的期末余额填列,而应根据有关项目的特定要求,对账簿的资料进行整理、加工、分析和计算后才能填列。资产负债表各项目的填制主要有下列几种方法:

(1)根据总账账户期末余额直接填列 例如,"应付职工薪酬"项目,直接根据"应付职工薪酬"账户期末贷方余额填列。属于这种方法的还有应收票据、短期借款、应付票据、应付利息、应交税费、应付股利、实收资本、资本公积、盈余公积等项目。

(2)根据几个总账账户期末余额计算后填列 例如:①"货币资金"项目,根据"库存现金"和"银行存款"等货币资金账户余额的合计数填列。②编制中期会计报表(1～11 月份)时,"未分配利润"项目,根据"本年利润"账户期末贷方余额加上"利润分配"账户期末贷方余额的数额填列(如发生亏损,有未弥补的亏损,则应在本项目内以"—"号填列)。

(3)根据有关总账科目余额与其备抵科目余额抵消后的净额填列 例如:

①“应收账款”项目，应根据“应收账款”项目的期末余额减去“坏账准备”科目期末余额后的净额填列；②“存货”项目，应根据“材料采购”、“原材料”、“库存商品”、“生产成本”等科目的借方余额合计数减去“存货跌价准备”科目贷方余额的净额填列；③固定资产项目，应根据“固定资产”科目期末余额减去“累计折旧”、“固定资产减值准备”科目期末余额后的净额填列。

(4)根据有关总账账户及其所属明细账账户的期末余额分析计算后填列　例如：①“应收账款”和“预收账款”项目，应根据二者所属的明细账账户余额分析填列。若二者所属的明细账户期末有借方余额，应加计起来填列在“应收账款”项目下；若二者所属的明细账户期末有贷方余额，应加计起来填列在“预收账款”项目下。②“应付账款”和“预付账款”项目，应根据二者所属明细账账户余额分析填列。若二者所属的明细账户期末有借方余额，应加计起来填列在“预付账款”项目下；若二者所属的明细账户期末有贷方余额，应加计起来填列在“应付账款”项目下。

(5)根据有关账户的明细账账户资料分析后填列　例如：“一年内到期的非流动负债”项目，根据“长期借款”账户的明细账，将一年内将到期的金额填入流动负债方的“一年内到期的长期负债”项目内。

现举例说明资产负债表的编制方法如下。

【例 9.1】乙公司 20××年 10 月 31 日有关总账、明细账余额的资料如表 9-5 所示。

表 9-5　　金额单位：元

总账	明细账	借方余额	贷方余额	总账	明细账	借方余额	贷方余额
库存现金		2 000		短期借款			50 000
银行存款		156 000		应付账款			400
应收账款		1 200			—E 公司		1 000
	—A 公司	1 700			—F 公司	600	
	—B 公司		500	其他应付款			19 500
其他应收款		6 400		应付职工薪酬			1 500
预付账款		850		应交税费			18 400
	—C 公司		150	长期借款			45 000
	—D 公司	1 000		其中：次年 4 月到期的借款			20 000
材料采购		2 550		实收资本			
原材料		30 000		盈余公积			369 700
库存商品		62 000		本年利润			55 000
生产成本		3 000		利润分配			136 500
固定资产		600 000				25 000	
累计折旧			193 000				

根据上述资料编制资产负债表如表 9-6 所示。

表 9-6 **资产负债表**

编制单位:乙公司 20××年 12 月 31 日 金额单位:元

资产	行次	年初数	期末数	负债及所有者权益	行次	年初数	期末数
流动资产:		略		流动负债:		略	
货币资金			158 000	短期借款			50 000
交易性金融资产				交易性金融负债			
应收票据				应付票据			
应收账款			1 700	应付账款			1 150
预付款项			1 600	预收款项			500
应收利息				应付职工薪酬			1 500
应收股利				应付利息			
其他应收款			6 400	应付股利			
存货			97 550	应交税费			18 400
待摊费用			5 400	其他应付款			19 500
一年内到期的长期债权投资				一年内到期的长期负债			20 000
流动资产合计			265 250	流动负债合计			111 050
非流动资产:				非流动负债:			
可供出售金融资产				长期借款			25 000
持有至到期投资				应付债券			
长期应收款				长期应付款			
长期股权投资				专项应付款			
投资性房地产				递延所得税负债			
固定资产			407 000	其他非流动负债			
在建工程				非流动负债合计			25 000
工程物资				负债合计			136 050
固定资产清理							
无形资产				所有者权益:			
开发支出				实收资本			369 700
商誉				盈余公积			55 000
长期待摊费用				未分配利润			111 500
递延所得税资产				所有者权益合计			536 200
其他非流动资产							
非流动资产合计			407 000	负债及所有者权益合计			672 250
资产合计			672 250				

其中：

货币资金＝2 000＋156 000＝158 000(元)

应收账款＝1 700(元)

预付款项＝1 000＋600 ＝1 600(元)

存货＝2 550＋30 000＋62 00＋3 000＝97 550(元)

应付账款＝1 000＋150＝1 150(元)

预收款项＝500(元)

一年内到期的长期负债＝20 000(元)

长期借款＝ 45 000－20 000＝25 000(元)

未分配利润＝136 500－25 000＝111 500(元)

第三节 利 润 表

一、利润表的概念

利润表又称损益表、收益表，是反映企业在一定时期（月份、季度或年度）内经营成果(或亏损，下同)的会计报表。企业在一定期间的经营成果，一般是指企业在一定期间内实现的利润，其包括收入减去费用的净额、直接记入当期利润的利得和损失等。其中:收入减去费用后净额形成企业的营业利润或亏损;直接记入当期利润的利得和损失，是指应记入当期损益，会导致所有者权益增减变动的、与所有者投入资本或者向所有者分配利润无关的利得或者损失。

二、利润表的作用

一个企业利润的多少及其发展趋势，是企业生存和发展的关键，其所报告的财务信息对会计报表使用者具有举足轻重的作用，已逐渐成为人们关注的重要报表之一。利润表的作用主要有以下几方面。

(一)提供了企业经营成果的基本数据，有助于报表使用者分析和预测企业的经营成果与获利能力

利润表提供了企业的净利润及其构成情况，报表使用者通过分析净利润及其构成情况，可以掌握企业的经营成果及其变动趋势;将净利润与企业投入资本、占用资金相比较，还可以进一步分析企业的获利能力。企业的经营成果与获利能力既是投资者投资决策，又是考核企业经营者受托责任完成好坏的重要依据。

（二）提供了企业盈利能力的情况，有助于分析、评价和预测企业的长期偿债能力

企业的长期偿债能力主要取决于企业的资本结构和盈利能力。在资本结构确定的情况下，获利能力对企业的长期偿债能力有着至关重要的影响。如果企业的获利能力不强，企业资产的流动性和资本结构可能逐步趋于恶化，其最终必将危及企业的偿债能力，陷入资不抵债的困境。因此，管理人员和债权人可以利用利润表的信息，尤其是通过各期利润的比较与分析，对企业的长期偿债能力做出评价和预测，以便决定与企业信贷关系的规模。

（三）利润表提供的信息，有利于提高企业经营管理水平，也有助于考核管理人员的业绩

利润表提供的收入、费用与利润的信息，有利于经营管理人员将它与本企业的前期资料、与同行业先进企业的资料进行对比分析，从中找出本企业在生产经营方面存在的差距，制定出解决问题的有效措施。

管理人员的业绩可以体现在很多方面，但最主要的是反映在利润的多少上。因为利润是一项综合性的信息，它是企业在生产、经营、理财、投资等各项活动中管理效率和效益的直接表现，是生产经营过程中投入与产出对比的结果，它基本上能够反映企业管理者的工作业绩。

三、利润表的结构和内容

利润表是根据“收入－费用＝利润”的平衡原理设计的，在项目的排列方式上有单步式和多步式两种结构。

单步式利润表，是将本期所有收入加在一起，再将本期所有费用加在一起，两者相减，一次计算出本期的净利润。其格式和内容如表 9-7 所示。

单步式利润表格式简单，易于理解；但它只能提供净利润，不能提供利润的构成情况，因而不能直接提供管理所需的某些有价值的资料。规模小、业务单一、收入与费用种类较少的企业，可采用这种格式。

多步式利润表，是通过多步计算求得本期净利润。

(1)营业利润＝营业收入－营业成本－主营业务税金及附加－销售费用－管理费用－财务费用－资产减值损失＋(－)公允价值变动收益(损失)＋(－)投资收益(损失)

(2)利润总额＝营业利润＋营业外收入－营业外支出

(3)净利润＝利润总额－所得税费用

表 9-7　　利润表(单步式)

项目	本年累计数
收入:	
营业收入	
其他业务收入	
营业外收入	
投资收益	
合计:	
费用:	
主营业务成本	
营业税金及附加	
销售费用	
管理费用	
财务费用	
其他业务成本	
营业外支出	
所得税费用	
合计:	
净利润	

多步式利润表按照利润的组成结构分别列示,揭示了各项收入与其成本费用之间的配比关系,其反映的重点不仅在于企业最终的利润还在于企业利润形成的过程。这种格式虽然较单步式利润表复杂、烦琐,但是便于对企业生产经营情况进行分析,有利于不同企业之间进行比较,更重要的是利用多步式利润表有利于预测企业今后的盈利能力,因而被普遍采用。按照企业会计准则的规定,我国利润表采用这种格式。

不论采用哪一种格式,利润表可以提供这样的信息:企业本年度的经营结果(盈利还是亏损)、企业利润的构成、企业是否依法纳税、企业获利能力及其趋势。

四、利润表编制的方法

编制利润表,应根据损益类账户本期发生额分析后填列。

利润表中“本月数”栏反映各项目本月实际发生数;在编制中期财务会计报告时,填列上年同期累计发生数;在编制年度财务会计报告时,填列上年全年累计发生数。如果上年度利润表与本年度利润表的项目的列示和分类不一致,应对上年度利润表按照本年度的规定进行重新分类后,填入利润表“上年数”栏内。在编制中期和年度财务会计报告时,应将“本月数”栏改为“上年数”栏。

利润表中“本年累计数”栏反映各项目自年初起至报告期末止的累计实际发生数。各项目应根据损益类科目的发生额分析填列。

现举例说明利润表的编制方法如下:

【例 9.2】乙公司 20××年度本年损益类科目累计发生额的资料,如表 9-8 所示。

表 9-8 金额单位:元

项目	本年累计发生额
主营业务收入	225 000
其他业务收入	50 000
主营业务成本	125 000
营业税金及附加	2 000
管理费用	15 800
销售费用	20 000
财务费用	4 200
其他业务成本	20 000
营业外收入	5 000
营业外支出	1 500
所得税费用	22 875

根据上述资料编制该公司利润表如表 9-9 所示。

表 9-9 **利润表(多步式)**

编制单位:乙公司 20××年度 金额单位:元

项目	行次	上年数	本年累计数
一、营业收入			275 000
减:营业成本			145 000
营业税金及附加			2 000
销售费用		(略)	20 000
管理费用			15 800
财务费用			4 200
资产减值损失			

续表 9-9

项目	行次	上年数	本年累计数
加:公允价值变动收益(损失"—")			
投资收益(损失"—")			
其中:对联营企业和合营企业的投资收益			
二、营业利润(亏损"—")			88 000
加:营业外收入			5 000
减:营业外支出			1 500
其中:非流动资产处置损失			
三、利润总额(亏损"—")			91 500
减:所得税费用			22 875
四、净利润(亏损"—")			68 625
五、每股收益			
(一)基本每股收益			
(二)稀释每股收益			

其中:①营业收入项目,根据"主营业务收入"和"其他业务收入"科目的发生额分析填列;

②营业成本项目,根据"主营业务成本"和"其他业务成本"科目的发生额分析填列;

③所得税费用项目,根据"所得税费用"科目的发生额分析填列。

本例计算所得税费用时假定资产负债表日资产、负债的账面价值与计税基础之间不存在差异,所得税率为25%,因此,当期所得税费用为22 875(91 500×25%)元。

第四节　现金流量表

一、现金流量表的概念

现金流量表是由最初的资金表逐步演变为资金来源和运用表、财务状况变动表而来的。我国企业从1998年开始编制现金流量表。现金流量表是反映企业一定会计期间内有关现金和现金等价物流入和流出信息的会计报表。它主要反映三个方面的内容:现金从何处来,即企业在一定期间内取得的现金来自何处;现金用于何处,即企业在一定期间内取得的现金都用在了什么地方;现金余额发生了什么变化,即当期收到的现金扣除当期动用的现金后的现金净增加额。现金流量表是资产负债表和利润表的补充说明,反映和揭示企业的理财过程。企业至少应一年编报一次。

二、现金流量表与资产负债表、利润表的关系

资产负债表是反映企业在某一特定日期财务状况的报表。通过它,可以提供企业在某一日期资产或负债的总额及其结构,表明企业拥有或控制的资源及其分布情况,表明企业未来需要用多少资产或劳务清偿债务以及清偿时间;同时还可以反映所有者拥有的权益,据以判断资本保值、增值的情况以及对负债的保障程度。但是,资产负债表没有说明一个企业的资产、负债和所有者权益为什么发生了变化,从期初的总量和结构到期末的总量和结构,即财务状况为什么发生了变化。

利润表是反映企业在一定会计期间经营成果的报表。通过它,可以反映企业在一定会计期间的收入实现情况和费用耗费情况,从而反映企业生产经营活动的成果,即净利润的实现情况,据以判断资本保值、增值情况。利润表中有关营业收入和营业成本等信息说明了经营活动对财务状况的影响,一定程度上说明了财务状况变动的原因,但由于利润表是按照权责发生制原则确认和计量收入和费用的,它没有提供经营活动引起的现金流入和现金流出的信息。利润表中有关投资损益和财务费用的信息反映了企业投资和筹资活动的效率和最终成果,如投资效益、资金成本等,但是没有反映投资和筹资本身的情况,即对外投资的规模和投向以及筹集资金的规模和具体来源。

现金流量表为报表使用者提供了企业在一定会计期间内现金和现金等价物流入和流出的信息,而现金的流入和流出是在企业的经营活动、投资活动和筹资活动中发生的。因此,现金流量表反映了企业的经营活动、投资活动、筹资活动和其他活动对现金流量的影响额,说明了在这个会计期间内现金状况变动的原因。报表使用者对现金流量表的要求,都是从这个变动原因的披露中得到满足的。现金状况的变动是指本期期初与本期期末的现金和现金等价物的变动,而现金流量表对于变动原因的分析因素之和应等于现金和现金等价物本期期初与本期期末之差。

可见,资产负债表和利润表只能提供某一方面的信息。而现金流量表如同桥梁沟通了资产负债表和利润表,提供了关于企业现金变动情况的会计信息,有利于使用者对其总体财务状况和净利润的质量进行客观评价。它也使企业的对外会计

报表体系进一步完善，全面反映企业经营活动、投资活动和筹资活动引起的现金流量的变化，向投资者与债权人提供更全面和更有用的信息。

三、现金流量表的作用

编制现金流量表的主要目的是为会计报表使用者提供企业一定会计期间内现金和现金等价物流入和流出的信息，以便于会计报表使用者了解和评价企业获取现金和现金等价物的能力，并据以预测企业未来现金流量。所以，现金流量表在评价企业经营业绩、衡量企业财务资源和财务风险以及企业未来前景方面，有十分重要的作用。具体来说，现金流量表主要有以下作用：

(一)有助于投资者和债权人等评估企业未来产生现金净流量的能力

在现代市场经济环境下，企业的投资者和债权人等在阅读会计报表时，最关心的信息莫过于现金流量情况。投资者、债权人进行投资与信贷的主要目的是增加未来的现金收入。投资者在决策时要考虑原始投资的保障以及获得满意的股票市价变动利益与股利，债权人要考虑能否安全、及时收回本金与利息，而这些均取决于企业未来的现金流量情况。企业有好的现金净流量，就有能力还本付息，支付股利。现金流量表提供了企业一定时期的经营活动、投资活动和筹资活动对企业现金流量的影响，有助于报表使用者评估和预测企业未来产生现金净流量的能力。

会计按权责发生制原则和配比原则确认、计量会计期间的收入与费用，因此会导致损益确认的时间与现金支付的时间可能不完全一致。但现金流量表揭示的是本期净利润与经营活动现金流量之间的差异及其原因，因而便于投资者、债权人等合理分析本期净利润与经营活动现金流量的差异原因，正确地预测未来的现金流量。

现金流量表除了披露经营活动的现金流量、投资活动和筹资活动的现金流量外，一般还反映不涉及现金流量的投资与筹资活动。这类活动对企业的资本结构及未来现金流量有显著的影响，因此披露这些信息也有利于报表使用者评估企业未来的现金流量并制定合理的投资与信贷决策。

(二)有助于报表使用者评估企业支付股利能力、偿债能力和对外筹资能力

报表使用者评估企业支付股利能力、偿债能力和对外筹资能力如仅利用资产负债表和利润表提供的资料进行分析，可能会导致决策失误。例如，一般以流动比率衡量企业资金的流动性和短期偿债能力，流动比率越高，则资金的流动性与短期偿债能力越强。但影响流动比率因素之一的流动资产中并不是每种资产都具有相

同的流动性，而在计算流动比率时却一视同仁。如果应收账款中含有大量难以收回的款项，存货中有较多的滞销商品时，企业的流动资产看起来很充足，流动比率也较高，但这时可能企业的现金流量已恶化，难以用现金兑付到期的债务。因此，评估企业支付股利能力、偿还债务能力和对外筹资能力最直接有效的方法是分析现金流量。现金流量表披露的经营活动、投资活动、筹资活动的现金净流量的信息能更客观地分析企业的资金流动性与偿债能力。经营活动的现金净流量，本质上代表了企业经营活动产生现金的能力。经营活动的现金净流量占企业现金及现金等价物净增加额的比重越高，企业的财务基础就越稳固，支付股利能力、偿还债务能力和对外筹资能力就越强。现金流量表提供的信息有助于报表使用者实现上述分析。

（三）有助于增强会计信息的真实性

资产负债表和利润表均是建立在货币价值不变会计假设与历史成本、权责发生制和配比性要求的基础上，由此生成的信息既有合理公正的一面，也有因含有较多的选择与估计，掺有较多的主观因素而导致会计利润容易被人为操纵的另一面。而且体现权责发生制编制基础的这两张报表，有的项目如月末预计费用、应计收入等在当期并不发生任何现金流量，所调整的金额大小也取决于所选择的会计方法，含有一定的人为因素在内，这正是权责发生制的缺陷。而现金流量表，不使用权责发生制程序，只是确认当期的现金收入和当期的现金成本费用，而且有可靠的凭据验证，受主观因素影响较小，因而现金流量表提供的信息更真实、可靠。现金流量表与资产负债表和利润表结合在一起，从不同侧面反映企业的财务状况和经营成果，形成一个相辅相成、功能完整的报表体系，使会计信息能公允、合理、客观、真实和全面地反映企业的财务状况和经营成果。

四、现金流量表的结构和内容

现金流量表分为正表和补充资料两部分。正表采用多步式的结构，一般按企业的经济业务性质，将企业一定时期内产生的现金流量划分为三类：经营活动产生的现金流量、投资活动产生的现金流量和筹资活动产生的现金流量。其简化格式和内容，如表 9-10 所示。

表 9-10　　**现金流量表**

编制单位：　　20××年　　金额单位：元

项目	金额
一、经营活动产生的现金流量	
现金收入	
现金支出	
经营活动产生的现金流量净额	
二、投资活动产生的现金流量	
现金收入	
现金支出	
投资活动产生的现金流量净额	
三、筹资活动产生的现金流量	
现金收入	
现金支出	
筹资活动产生的现金流量净额	
四、现金及现金等价物净增加额	
补充资料	
1. 将净利润调节为经营活动现金流量	
净利润	
加：……	
……	
经营活动产生的现金流量净额	
2. 不涉及现金收支的投资和筹资活动	
……	
……	
现金及现金等价物净增加额	

在现金流量表正表的前三类中，以经营活动的现金流量最为重要。经营活动的现金流量，反映企业自身获得现金的能力，是企业获得持续资金来源的主要途径。它决定着企业不通过配股以及借债等筹资手段，就能够偿还债务、扩大经营规模和发放股利等。所以经营活动产生的现金流量净额反映了企业的盈余背后是否有充足的现金流入。在一般情况下，企业经营活动产生的现金流量越多，说明企业的销售畅通，资金周转快。

五、现金流量表编制的方法

现金流量表是以现金和现金等价物为基础编制的，编制方法有工作底稿法、T形账户法及分析填列法。其中，经营活动产生的现金流量要求同时用直接法和间接法编制。采用直接法编制经营活动的现金流量所需的资料，可以从会计记录中直接取得。间接法是在利润表提供的净利润的基础上，通过调整营业收入、营业成本、存货和经营性应收应付项目的变动，以及固定资产折旧、无形资产摊销等项目后获得。有关现金流量表各项目的编制方法，将在专业会计中学习，在此不作介绍。

第五节　所有者权益变动表

一、所有者权益变动表的概念

所有者权益变动表，是指反映构成所有者权益各组成部分当期增减变动情况的报表。其内容主要包括：当期损益、直接记入所有者权益的利得和损失以及与所有者(或股东，下同)的资本交易导致的所有者权益的变动。报表的各构成内容应当分别列示。企业至少每年末编制一次。

二、所有者权益变动表的结构

所有者权益变动表采用分别项目列示的方法，在表中至少应当单独列示反映下列信息的项目：净利润，直接记入所有者权益的利得和损失项目及其总额，会计政策变更和差错更正的累积影响金额，所有者投入资本和向所有者分配利润等，按照规定提取的盈余公积，实收资本、资本公积、盈余公积、未分配利润的期初和期末余额及其调节情况。

所有者权益的增减变动直接反映了某会计主体在一定期间的总收益和总费用，全面地反映了主体权益的综合变动，其格式如表 9-11 所示。

三、所有者权益变动表的编制方法

所有者权益表中各项目应根据“实收资本”、“资本公积”、“盈余公积”、“利润分配”等科目的发生额分析后填列。具体填列方法将在专业会计中学习，在此不作介绍。

表 9-11　　**所有者权益变动表**

编制单位：　　　　　　__________年度　　　　　　单位：元

项目	本年金额						上年金额					
	实收资本（或股本）	资本公积	减：库存股	盈余公积	未分配利润	所有者权益合计	实收资本（或股本）	资本公积	减：库存股	盈余公积	未分配利润	所有者权益合计
一、上年年末余额												
加：会计政策变更												
前期差错更正												
二、本年年初余额												
三、本年增减变动金额（减少以“—”填列）												
（一）净利润												
（二）直接记入所有者权益的利得和损失												
1.可供出售金融资产公允价值变动净额												
2.权益法下被投资单位其他所有者权益变动的影响												
3.与记入所有者权益项目相关的所得税影响												
4.其他												
上述（一）和（二）小计												
（三）所有者投入和减少资本												
1.所有者投入资本												
2.股份支付记入所有者权益的金额												
3.其他												
（四）利润分配												

续表 9-11

项目	本年金额						上年金额					
	实收资本（或股本）	资本公积	减：库存股	盈余公积	未分配利润	所有者权益合计	实收资本（或股本）	资本公积	减：库存股	盈余公积	未分配利润	所有者权益合计
1.提取盈余公积												
2.对所有者（或股东）的分配												
3.其他												
（五）所有者权益内部结转												
1.资本公积转增资本（或股本）												
2.盈余公积转增资本（或股本）												
3.盈余公积弥补亏损												
4.其他												
四、本年年末余额												

第六节　会计报表附注

会计报表附注是财务报表的重要组成部分，是对资产负债表、利润表、现金流量表和所有者权益变动表等报表中列示项目的文字描述或明细资料，以及对未能在这些报表中列示项目的说明等。

一、会计报表附注的结构和内容

（一）会计报表附注披露的结构和顺序

会计报表附注披露的结构和顺序，遵循重要的信息先披露，次要的信息后披露，以便于财务报告使用者迅速清晰地掌握有关企业的重要会计信息。即首先披露是否遵循了国家统一的会计制度和会计报表的编制基础；其次披露采用的会计政策和会计估计；然后对会计报表重要项目作进一步解释；最后披露的是未在会计报表中列示，但对理解企业财务状况、经营成果和现金流量十分有用的信息，如对或有事项和承诺事项的说明等。

(二)会计报表附注的主要内容

一般企业年度会计报表附注至少应披露以下内容：

(1)企业的基本情况。

(2)财务报表的编制基础。

(3)遵循企业会计准则的声明。

(4)重要会计政策和会计估计。

(5)会计政策和会计估计变更以及差错更正的说明。

(6)报表重要项目的说明。

二、编制会计报表附注的作用

企业编制会计报表附注，可以使报表使用者对企业的财务状况、经营成果和现金流动情况获得更加充分的了解，从而做出正确的决策。具体作用包括以下几方面：

(一)提高会计信息的可比性

会计报表是依据会计准则和会计制度编制的，而会计准则和会计制度在某些方面提供了多种会计处理方法供企业选择使用。这就可能造成：第一，不同行业或同一行业的不同企业之间所提供的会计信息存在差异；第二，在某些情况下，企业所采用的会计政策也可能发生某些变动或调整，而使同一企业不同时期的会计信息缺乏可比性。而编制会计报表附注，可以使报表使用者了解企业会计政策的选择、会计政策调整的原因以及会计政策调整对有关指标的影响等，从而提高会计信息的可比性。

(二)增强会计信息的可理解性

会计报表附注将会计报表中的有关重要数据做出解释或说明，将比较抽象的数据具体化，有利于报表使用者正确地理解报表，合理地利用所需要的会计信息。

(三)促使会计信息充分披露

在会计报表内有些信息无法或不适宜反映，而编制会计报表附注可以用文字说明的方式，充分披露报表所提供的信息以及报表以外与报表使用者的决策有关的重要信息，从而有利于投资者、债权人等全面地了解企业的财务状况和经营成果，以便做出合理的判断和决策。

另外需要说明的是，企业根据管理的需要编报财务情况说明书，是对企业报告期相关的重大事项的补充说明，是对在会计报表及其附注中未披露的对企业经营影响较大的、不能用货币计量的事项，以及虽然在会计报表及其附注中披露但需要用文字做进一步说明以便与报表使用者理解的事项，作进一步解释说明与分析提炼和归纳总结。其主要内容一般包括：企业生产经营的基本情况、利润实现和分配情况、资金增减和周转情况，以及对企业财务状况、经营成果和现金流量有重大影响的其他事项。包括企业管理层对企业经营情况的分析和讨论，以及对经营计划的说明和未来前景的预测等内容。

本章小结

本章主要阐述了财务报告的基本理论和编制方法。

学习时应注意的问题如下：

1. 财务报告及其组成

财务报告，是指企业对外提供的反映企业某一特定日期财务状况和某一会计期间经营成果、现金流量的文件。企业财务报告由会计报表和会计报表附注以及财务情况说明书组成。会计报表是财务报告的主要构成内容。

2. 会计报表及种类

会计报表是以企业日常会计核算资料为依据，按照规定的格式和要求定期编制并对外提供的、以货币为计量单位，总括地反映企业的财务状况、经营成果和现金流量的书面文件。

企业对外提供的会计报表主要是资产负债表、利润表和现金流量表。

3. 资产负债表

资产负债表是反映企业某一特定日期（月末、季末、中期期末、年末）财务状况的报表。资产负债表列示了企业在特定日期的资产、负债、所有者权益情况，表明企业在某一特定日期所拥有或控制的经济资源、所承担的现有义务和所有者对企业资产的要求权。

资产负债表以“资产＝负债＋所有者权益”这一基本会计等式为理论依据。

我国资产负债表采用账户式。账户式资产负债表依据“资产＝负债＋所有者权益”会计基本等式设计。根据会计基本等式的平衡原理，报表左右两方的总额必须相等。

资产负债表“年初数”栏内项目的数字，应根据上年末资产负债表“期末数”栏内所列的相应数字填列。资产负债表“期末数”栏内各项目数字，一般根据总账和有关明细账的期末余额填列。注意表中一些特殊项目的填列，如货币资金、存货、待摊费用、未分配利润、应收账款、预收账款、应付账款、预付账款等项目的填列。

4.利润表

利润表是反映企业在一定时期（月份、季度或年度）内经营成果(或亏损,下同)的会计报表。企业在一定期间的经营成果,一般是指企业在一定期间内实现的利润。

利润表是根据“收入－费用 ＝ 利润”的平衡原理设计的。我国利润表采用多步式。多步式利润表按照利润的组成结构分别列示,揭示了各项收入与其成本费用之间的配比关系,其反映的重点不仅在于企业最终的利润还在于企业利润形成的过程。

利润表中“本月数”栏,应根据损益类账户本期实际发生额分析后填列;利润表中“本年累计数”栏反映各项目自年初起至报告期末止的累计实际发生数。

5.会计报表附注的主要内容

一般企业年度会计报表附注至少应披露以下内容:

(1)企业的基本情况。

(2)财务报表的编制基础。

(3)遵循企业会计准则的声明。

(4)重要会计政策和会计估计。

(5)会计政策和会计估计变更以及差错更正的说明。

(6)报表重要项目的说明。

复 习 题

一、判断题

1.财务报告是指企业对外提供的反映某一特定日期和某一会计期间经营成果、现金流量的文件。(　　)

2.财务报告就是会计报表。(　　)

3.企业对外提供的会计报表的种类和格式由企业自己决定。(　　)

4.资产负债表是反映企业某一特定日期财务状况的报表。(　　)

5.资产负债表各项目期末数的填列均是根据各总账账户余额直接填列。(　　)

6.资产负债表中的“应收账款”项目,是根据“应收账款”总账账户的期末余额填列。(　　)

7.利润表是反映企业一定期间内经营成果的会计报表。(　　)

8.利润表设置的理论依据是:资产＝负债＋所有者权益＋收入－费

用。(　　)

9. 利润表的各项目应根据损益类账户的发生额和期末余额分析填列。(　　)

10. 营业利润+营业外收入-营业外支出=利润总额。(　　)

二、单项选择题

1. 财务报告是反映会计主体财务状况、经营成果和现金流量情况的文件，由(　　)组成。

A. 会计报表和会计报表附注　　B. 会计报表

C. 会计报表附注　　D. 会计账册

2. 反映某一期间经营成果的会计报表是(　　)。

A. 资产负债表　　B. 利润表

C. 产品成本表　　D. 现金流量表

3. 资产负债表项目填列的依据是(　　)。

A. 各总账账户的余额

B. 各总账账户本期发生额

C. 各总账账户余额和某些明细账户的余额

D. 各总账账户发生额和明细账户的发生额

4. 在资产负债表中，(　　)项目金额根据总分类账户余额填列。

A. 应付利润　　B. 未分配利润

C. 待摊费用　　D. 预收账款

5. 资产负债表中"未分配利润"项目是根据(　　)填列。

A. "本年利润"账户余额

B. "利润分配"账户余额

C. "本年利润"账户余额-"利润分配"账户余额

D. "本年利润"账户余额-"利润分配"账户借方余额+"利润分配"账户的贷方余额

6. 我国企业的利润表多采用(　　)格式。

A. 账户式　　B. 单步式

C. 报告式　　D. 多步式

7. 利润表中本年累计数栏是根据损益类账户的(　　)填列的。

A. 期初余额　　B. 期末余额

C. 本期发生额　　D. 本期累计发生额合计

8. 对"利润表"中的营业利润无影响的项目是(　　)。

A. 其他业务收入　　B. 管理费用
C. 主营业务收入　　D. 营业外收入

9. 企业的利润表是通过多步计算求出当期实现的净利润的，即(　　)。
A. 营业利润、利润总额、净利润
B. 营业利润、投资净收益、营业外收支净额
C. 毛利、营业利润、利润总额
D. 营业利润、利润总额、可供分配的利润

10. 反映企业一定期间内现金和现金等价物流入和流出信息的会计报表是(　　)。
A. 资产负债表　　B. 利润表
C. 现金流量表　　D. 利润分配表

三、多项选择题

1. 会计报表的使用者有(　　)。
A. 投资人　　B. 债权人
C. 企业内部管理人员　　D. 国家宏观经济管理部门

2. 会计报表的编制必须做到(　　)。
A. 内容完整　　B. 数字真实
C. 计算准确　　D. 编报及时

3. 企业对外报送的会计报表主要包括(　　)。
A. 资产负债表　　B. 利润表
C. 现金流量表　　D. 期间费用明细表

4. 年度会计报表附注的主要内容有(　　)。
A. 会计政策及其变更情况说明　　B. 重大会计差错更正的说明
C. 企业合并、分立的说明　　D. 会计报表重要项目的说明

5. 按会计报表反映的经济业务内容不同，可分为(　　)。
A. 资产负债表　　B. 利润表
C. 现金流量表　　D. 发出材料汇总表

6. 反映企业财务状况的报表有(　　)。
A. 资产负债表　　B. 利润表
C. 现金流量表　　D. 利润分配表

7. 填列资产负债表期末数，可以采取的具体方法有(　　)。
A. 根据总账科目的期末余额直接填列
B. 根据明账科目的期末余额分析填列

C. 根据若干总账科目的期末余额计算填列

D. 根据明细科目的期末余额计算填列

8. 在编制资产负债表时需要根据若干明细科目的期末余额计算填列的项目有(　　)。

A. 存货　　B. 应收账款

C. 预付账款　　D. 应付账款

9. 下列账户,可能影响资产负债表中“应付账款”项目金额有(　　)。

A. 应收账款　　B. 应付账款

C. 预收账款　　D. 预付账款

10. 下列项目,影响利润表中利润总额的有(　　)。

A. 营业利润　　B. 营业外收入

C. 营业外支出　　D. 所得税费用

四、简答题

1. 什么是财务报告? 简要说明编制财务报告的作用。

2. 简要说明编制财务报告的具体要求。

3. 什么是资产负债表? 为什么要编制资产负债表?

4. 什么是利润表? 为什么要编制利润表?

五、综合题

(一)练习资产负债表的编制方法。

【资料】乙公司20××年4月30日有关账户余额的资料如下:

账户	余额	
	借方	贷方
库存现金	400	
银行存款	35 000	
其他应收款	2 500	
固定资产	500 000	
累计折旧		100 000
本年利润		42 000
利润分配——未分配利润	20 500	
原材料	53 365	
生产成本	63 750	

续表

账户	余额	
	借方	贷方
库存商品	37 260	
应收账款——甲厂	70 000	
——乙厂		600
应付账款		80 000
预收账款——丙厂		32 000
——丁厂	1 000	
预付账款——光明厂		1 500
——明华厂	600	

要求:根据所提供的资料填制资产负债表中的有关项目:

货币资金=

应收账款=

预付账款=

存货=

固定资产=

应付账款=

预收账款=

未分配利润=

(二)练习利润表的编制方法。

【资料】乙公司20××年6月有关资料如下(假定不考虑增值税):

1. 销售甲A产品1 000件,每件售价80元,货款已通过银行收妥。
2. 销售给红星厂B产品900件,每件售价50元,货款尚未收回。
3. 结转已售A、B产品的生产成本。其中:A产品的生产成本为65 400元,B产品的生产成本为36 000元。
4. 以银行存款支付销售产品的包装费、运输费1 520元。
5. 根据规定计算应交消费税8 750元。
6. 采购员王一外出归来报销差旅费350元(原已预支400元)。
7. 以现金支付厂部办公费1 000元。
8. 收到红星公司前欠货款49 500,款项已存入银行。
9. 摊销应由本月负担的材料仓库租赁费200元。

10. 经批准结转盘亏的固定资产，其价值为 3 000 元。

11. 收到本月出租包装物租金收入 3 020 元。

12. 结转本月损益类科目的发生额。

13. 计算本月应交所得税(假定没有纳税调整项目)，所得税率 25%。

14. 月末用存款缴纳本月应交消费税和所得税。

要求：根据上述业务编制会计分录；编制利润表(格式参见教材)。

思　考　题

1. 什么是财务报告？财务报告包括哪些内容？为什么要编报财务报告？

2. 会计报表如何分类？编报会计报表应遵循哪些总体要求？

3. 什么是资产负债表？其基本结构和内容有哪些？如何编制？

4. 什么是利润表？如何编制 ？

5. 什么是现金流量表？包括哪些基本内容？

6. 为什么要编报会计报表附注？至少应披露哪些内容？

第十章　会计账务处理程序

内容提要

本章主要介绍会计账务处理程序的规律和特征。

学习目标

通过本章的学习，应掌握如下知识：

1. 会计账务处理程序的要求；

2. 账务处理程序的基本模式；

3. 记账凭证账务处理程序的特点、账簿组织、记账程序及适应范围；

4. 科目汇总表账务处理程序的特点、账簿组织、记账程序及适应范围；

5. 汇总记账凭证账务处理程序的特点、账簿组织、记账程序及适应范围。

学习提示

重点掌握记账凭证账务处理程序、科目汇总表账务处理程序的特点，以及各种账务处理程序的区别。

第一节 会计账务处理程序的意义和种类

一、账务处理程序的意义

以上各章节，分别介绍了会计工作从设置会计科目和账户、复式记账、填制和审核会计凭证、账簿的设置与登记以及会计报表的编制等一系列会计核算方法体系的内容和运用程序，从中可以看出，会计核算方法体系中的每一个具体方法都不是彼此孤立的，而是相互联系的一个整体。会计实务操作过程中，由于各个会计主体的规模大小、会计管理体制、信息提供要求以及业务复杂程度都存在着不同的差异，所以，上述会计核算方法体系在不同企业的运用过程中，会计凭证的种类、账簿体系构成设计、信息加工程序以及各个会计核算方法相互衔接的方式等也就各有特色，对会计核算方法体系进行科学设计和合理组织，使之有机结合起来，就形成了各种会计账务处理程序。

账务处理程序，又叫做会计核算形式或会计核算组织程序。是指在会计循环中，账簿组织及记账程序和记账方法相互结合的方式。

账簿组织，是指会计凭证和账簿的种类和格式、各种凭证之间、各种账簿之间以及各种凭证与各种账簿之间账簿与会计报表之间的相互关系，是决定账务处理程序的核心内容。

记账程序和方法，是指从审核、整理原始凭证开始，到填制记账凭证、登记各种账簿、编制会计报表为止的一系列工作顺序和方法，是提供会计信息的整个步骤和方法。

设计账务处理程序，不仅是会计制度设计的一项重要内容。而且，合理的账务处理程序，对于科学组织会计核算工作，提高会计核算质量，保证会计信息真实、完整，充分发挥会计在经济管理中的作用，都具有十分重要的意义。

(1)选用适当的会计核算组织程序，有利于科学地组织本单位的会计核算工作，保证会计数据的整个处理过程有条不紊地进行，保证会计记录正确、及时、完整。

(2)可以迅速编制报表，提高会计核算工作的效率；可以保证迅速形成财务信息，提高会计核算资料的质量，为企业的经营管理提供准确的财务资料；可以减少不必要的核算环节和手续，避免重复，提高会计核算工作的效率。

二、会计账务处理程序的要求

实际工作中，尽管各会计主体单位都应该根据企业的业务性质、经营规模、经济业务繁简程度等实际情况和具体条件，设计出一套适合本单位经济业务特点的账务处理程序。合理的账务处理程序，一般应符合以下要求：

(1)适合本单位的业务性质、规模大小、繁简程度、经营管理的要求和特点，有利于加强会计核算工作的分工协作，有利于落实会计核算工作的岗位责任制。

(2)能正确、及时、完整地提供本单位经营管理和国民经济宏观调控所需要的各种必要的会计核算资料。

(3)在保证会计核算工作质量的前提下，力求简化核算手续，节约人力和物力，降低核算费用，提高会计核算工作效率。

三、账务处理程序的种类

目前，我国企业、单位所采用的账务处理程序主要有以下三种：

(1)记账凭证账务处理程序；

(2)科目汇总表账务处理程序；

(3)汇总记账凭证账务处理程序。

四、账务处理程序的基本模式

各种账务处理程序各有其特点，但它们也有共同的基本模式，其基本模式的一般程序是：

(1)根据原始凭证编制原始凭证汇总表。

(2)根据原始凭证或原始凭证汇总编制记账凭证。

(3)根据记账凭证登记现金日记账和银行存款日账。

(4)根据原始凭证、原始凭证汇总表或记账凭证登记各种明细分类账。

(5)根据记账凭证或先将记账凭证按一定方式进行汇总后，据以登记总分类账。

(6)月末，将日记账和明细分类账与总分类账的有关核算指标进行核对。

(7)月末，根据总分类账和明细分类账的资料编制会计报表。

各种账务处理程序的基本模式如图 10-1 所示。

一种账务处理程序区别于另一种账务处理程序，主要在于登记总分类账的程序和方法不同，与此相适应，登记总分类账的依据(即会计凭证)和总分类账的格式也不相同，但它们都不能脱离账务处理程序的基本模式。也就是说，各种账务处理

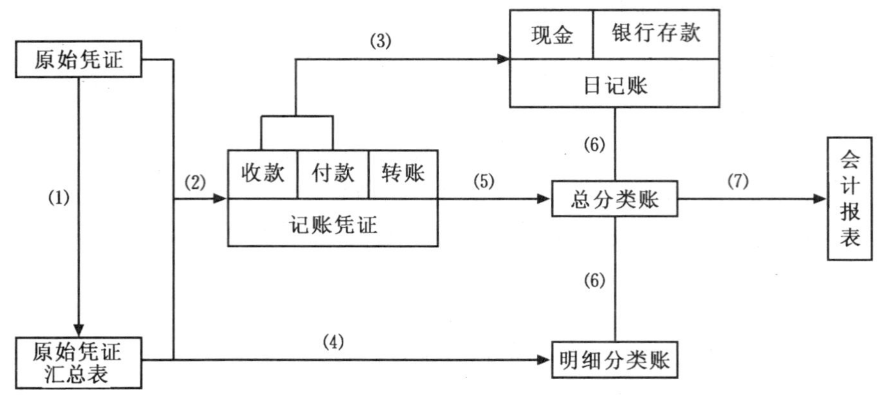

图 10-1 账务处理程序基本模式图

程序都是在账务处理程序的基本模式的基础上发展、形成的。以下分别对各种账务处理程序进行介绍。

第二节 记账凭证账务处理程序

一、记账凭证账务处理程序的特点

记账凭证账务处理程序的主要特点就是根据每张记账凭证逐笔登记总分类账簿。由于总分类账簿是直接根据记账凭证逐笔进行登记，所以把这种账务处理程序直接叫做记账凭证账务处理程序。记账凭证账务处理程序是会计核算中最基本的一种账务处理程序，其他各种账务处理程序基本上是在记账凭证账务处理程序的基础上发展和演变而形成的，也就是账务处理程序的基本模式。

二、记账凭证账务处理程序的账簿组织

在记账凭证账务处理程序下，记账凭证可以采用一种通用的格式，也可采用收款凭证、付款凭证、转账凭证三种格式。设置的账簿一般有现金日记账、银行存款日记账、总分类账和明细账，日记账和总分类账的格式均可采用三栏式格式；明细分类账可根据管理的需要设置，采用三栏式、数量金额式或多栏式格式。

三、记账凭证账务处理程序的步骤

在记账凭证账务处理程序下，其账务处理是按下列步骤进行：

(1)原始凭证编制原始凭证汇总表。

(2)根据原始凭证或原始凭证汇总编制记账凭证。

(3)根据记账凭证登记现金日记账和银行存款日记账。

(4)根据原始凭证、原始凭证汇总表和记账凭证登记各种明细分类账。

(5)根据记账凭证，或先将记账凭证按一定方式进行汇总后，据以登记总分类账。

(6)月末，将日记账和明细分类账与总分类账的有关核算指标进行核对一致。

(7)月末，根据总分类账和明细分类账的资料编制会计报表。

记账凭证账务处理程序如图 10-2 所示。

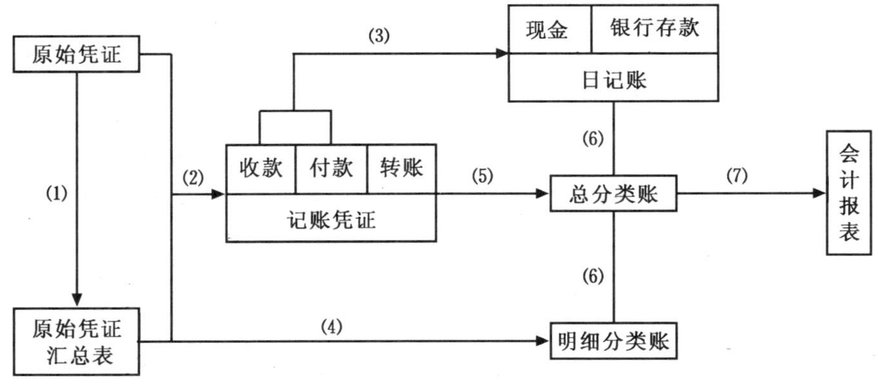

图 10-2　记账凭证账务处理程序图

四、记账凭证账务处理程序的优缺点和适用范围

记账凭证账务处理程序的优点是：记账程序简明易懂，使用方便；总分类账的记录能较详细地反映经济业务的内容，便于利用账簿资料为经济管理服务，也便于查账。记账凭证账务处理程序的缺点是：登记总分类账的工作量比较大。所以，记账凭证账务处理程序一般只适用于规模小、业务量少、凭证不多的单位。

第三节 科目汇总表账务处理程序

一、科目汇总表账务处理程序的特点

科目汇总表账务处理程序是在记账凭证账务处理程序下发展起来的。它的主要特点是根据原始凭证编制记账凭证后，先根据记账凭证定期地(5 天或 10 天)汇总编制成科目汇总表，然后根据科目汇总表直接登记总分类账簿。由于总分类账簿是根据科目汇总表直接登记的，所以把这种账务处理程序叫做科目汇总表账务处理程序。

二、科目汇总表账务处理程序的账簿组织和格式

采用科目汇总表账务处理程序，所需设置的会计凭证的种类、格式、账簿的种类和格式与记账凭证账务处理程序下基本相同。在记账凭证的设置上，一般也应设置收款凭证、付款凭证和转账凭证，但为了便于相同账户的归类汇总，避免差错，要求所有记账凭证中的科目对应关系，只能是一个借方科目与一个贷方科目相对应，即每一张记账凭证中只能编制简单会计分录，对于转账凭证最好复写一式两份，以便分别用来归类汇总借方科目和贷方科目的本期发生额；或者所有记账凭证采用单式记账凭证格式。

三、科目汇总表的编制方法

科目汇总表的编制方法是：根据一定时间内的全部记账凭证，按照相同的会计科目进行归类，定期(5 天或 10 天)汇总出每一个会计科目的借方本期发生额和贷方本期发生额，并填写在科目汇总表的相关栏目内。对于科目汇总表中“库存现金”、“银行存款”科目的借方本期发生额和贷方本期发生额，也可以直接根据现金日记账和银行存款日记账的收入合计与支出合计填列，而不再根据收款凭证和付款凭证归类汇总填列。科目汇总表可以每汇总一次编制一张，也可以按旬汇总一次，每月编制一张。任何格式的科目汇总表，都只反映各个会计科目的借方本期发生额和贷方本期发生额，不反映各个会计科目的对应关系。科目汇总表的一般格式，如表 10-1、表 10-2 所示。

表 10-1　　　　科目汇总表(格式一)

年　月　日至　日　　　　第　号

会计科目	记账凭证起讫号数	本期发生额		总账页数
		借方	贷方	
合计				

表 10-2　　　　科目汇总表(格式二)

年　月份

会计科目	总账页数	自 1 日至 10 日		自 11 日至 20 日		自 21 日至 31 日		本月合计	
		借方	贷方	借方	贷方	借方	贷方	借方	贷方
合计									

在科目汇总表账务处理程序下，由于科目汇总表不反映各个科目的对应关系，因而总分类账可采用不设立“对方科目”栏的借、贷、余三栏式账页。总分类账可以根据每次汇总编制的科目汇总表，随时进行登记。如果科目汇总表采用表 10-2 格式，也可以在月末根据科目汇总表各科目的借方发生额和贷方发生额的全月合计数一次登记。

四、科目汇总表账务处理程序的步骤

科目汇总表账务处理程序的基本步骤是：

(1)原始凭证编制汇总原始凭证。

(2)根据原始凭证、汇总原始凭证填制记账凭证。

(3)根据收款凭证、付款凭证逐笔登记现金日记账和银行存款日记账。

(4)根据原始凭证、汇总原始凭证或记账凭证登记各种明细分类账。

(5)根据记账凭证编制科目汇总表。

(6)根据科目汇总表登记总分类账。

(7)月末，将现金日记账、银行存款日记账和明细分类账的余额与总分类账的有关账户的余额进行核对一致。

(8)月末，根据总分类账和明细分类账的资料编制会计报表。

科目汇总表账务处理程序如图 10-3 所示。

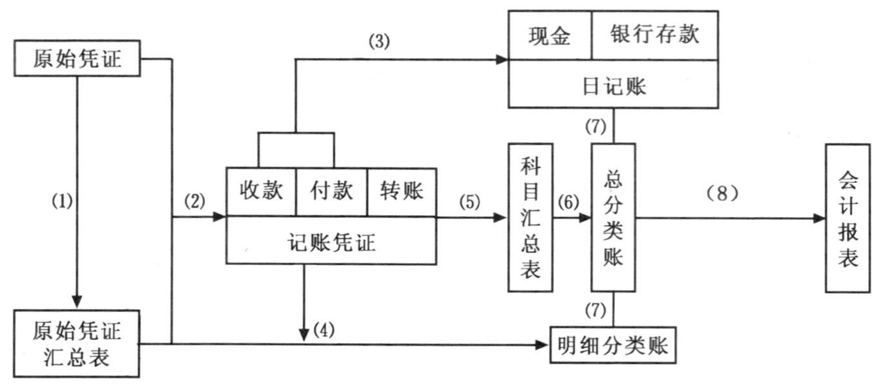

图 10-3 科目汇总表账务处理程序图

五、科目汇总表账务处理程序的优缺点和适用范围

科目汇总表账务处理程序的优点是:科目汇总表的编制和使用较为简便,易学易做,根据科目汇总表一次或分次登记总分类账,可以大大减少登记总分类账的工作量,而且科目汇总表还可以起到试算平衡的作用,从而保证总账登记的正确性。

科目汇总表账务处理程序的缺点是:在科目汇总表和总分类账中,不反映各科目的对应关系,因而不便于根据账簿记录进行检查和分析经济业务的来龙去脉,不便于查对账目。因此,科目汇总表账务处理程序一般适用于业务量较多的中小型企业以及事业行政单位。

第四节 汇总记账凭证账务处理程序

一、汇总记账凭证账务处理程序的特点

汇总记账凭证账务处理程序也是在记账凭证账务处理程序基础上发展起来的一种账务处理程序。汇总记账凭证账务处理程序的主要特点是:根据记账凭证定期(如 5 天或 10 天)编制成汇总记账凭证,然后再根据汇总记账凭证登记总分类账。由于总分类账是根据汇总记账凭证登记的,所以这种账务处理程序,就叫做汇总记账凭证账务处理程序。

二、汇总记账凭证账务处理程序的记账凭证、账簿组织和格式

在汇总记账凭证账务处理程序下，记账凭证除了要分别设置收款凭证、付款凭证和转账凭证外，还要分别设置汇总收款凭证、汇总付款凭证和汇总转账凭证。设置的账簿主要有现金日记账、银行存款日记账、总分类账和各种明细分类账，日记账和明细分类账的格式与记账凭证账务处理程序下基本相同；总分类账应采用在借、贷两栏内设有“对方科目”专栏的三栏式，以便清晰地反映科目之间的对应关系。

三、汇总记账凭证的编制方法

汇总记账凭证不同于科目汇总表，它是按照每个会计科目设置，并分为汇总收款凭证、汇总付款凭证和汇总转账凭证三种格式。现分别说明其编制方法以及根据汇总记账凭证登记总分类账的方法。

（一）汇总收款凭证的编制

收款凭证记录现金、银行存款增加的业务，所以会计分录的借方科目只有“库存现金”或“银行存款”科目，汇总收款凭证是按库存现金科目、银行存款科目的借方分别设置，定期（如 5 天或 10 天）将这一期间内的全部现金收款凭证、银行存款收款凭证，分别按与设置凭证科目（借方科目）相对应的贷方科目加以归类、汇总填列一次，每月编制一张。月终时，结算出汇总收款凭证的合计数，据以登记总分类账。登记总分类账时，应根据汇总收款凭证上的合计数，记入“库存现金”或“银行存款”总分类账户的借方，根据汇总收款凭证内各贷方科目的合计数分别记入有关总分类账户的贷方。汇总收款凭证的格式如表 10-3 所示。

表 10-3 **汇总收款凭证**

借方科目：银行存款 年 月份 第 号

贷方科目	金额				总账页数	
	1 日至 10 日 收款凭证 第 号至第 号	11 日至 20 日 收款凭证 第 号至第 号	21 日至 31 日 收款凭证 第 号至第 号	合计	借方	贷方
短期借款	80 000			80 000	略	略
主营业务收入		20 000	30 000	50 000		
应收账款			5 000	5 000		
合计	80 000	20 000	35 000	135 000		

根据表10-3，应记入“银行存款”总分类账户借方的金额是135 000元，应记入“短期借款”、“主营业务收入”、“应收账款”三个总分类账户贷方的金额分别是：80 000元、50 000元和5 000元。

（二）汇总付款凭证的编制

付款凭证记录现金、银行存款减少的业务，会计分录中的贷方科目只有“库存现金”或“银行存款”科目，汇总付款凭证，是按照库存现金科目、银行存款科目的贷方分别设置，定期（如5天或10天）将这一期间内的全部现金付款凭证、银行存款付款凭证，分别按与设证科目（库存现金、银行存款贷方科目）相对应的借方科目加以归类、汇总填列一次，每月编制一张。月终时，结算出汇总付款凭证的合计数，据以登记总分类账。登记总分类时，根据汇总付款凭证的合计数，记入“库存现金”、“银行存款”总分类账户的贷方；根据汇总付款凭证内各借方科目的合计数记入相应总分类账户的借方。汇总付款凭证的格式如表10-4所示。

表10-4　　　　　　**汇总付款凭证**

贷方科目：银行存款　　　　　年　　月份　　　　　第　　号

借方科目	金额				总账页数	
	1日至10日付款凭证 第　号至第　号	11日至20日付款凭证 第　号至第　号	21日至31日付款凭证 第　号至第　号	合计	借方	贷方
原材料	8 000	3 000	20 000	31 000	略	略
库存现金	900	5 000		5 900		
应付账款			4 000	4 000		
合计	8 900	8 000	24 000	40 900		

根据表10-4，应记入“银行存款”总分类账户贷方的金额是40 900元，应记入“原材料”、“库存现金”、“应付账款”三个总分类账户借方的金额分别是“31 000元、5 900元和4 000元。

（三）汇总转账凭证的编制

转账凭证记录不涉及现金、银行存款收付款业务，所以，记录的会计分录中，借贷方科目没有规律性，因此，为了便于汇总，会计上规定，汇总转账凭证，通常是按照记账凭证中每一会计分录中的贷方科目分别设置，定期（如5天或10天）将这一期间内的全部转账凭证，按与设置凭证的科目（贷方科目）相对应的借方科目加以归类、汇总填列一次，每月编制一张。月终时，结算出汇总转账凭证的合计数，据以登记总分类账。登记总分类账时，应根据汇总转账凭证的合计数，记入汇总转账凭证所列贷方科目相应的总分类账户的贷方，并分别记入汇总转账凭证中各借方科目的相应总分类账户的借方。汇总转账凭证的格式如表 10-5 所示。

表 10-5　　　　　　　　**汇总转账凭证**

贷方科目：原材料　　　　　　年　　月份　　　　　　　　第　　号

借方科目	金额				汇账页数	
	1 日至 10 日 汇总转账凭证 第　号至第　号	11 日至 20 日 转汇总转账凭证 第　号至第　号	21 日至 31 日 汇总转账凭证 第　号至第　号	合计	借方	贷方
生产成本	16 000	6 000		22 000	略	略
制造费用	2 000		5 000	7 000		
管理费用	500	1 000	700	2 200		
合计	18 500	7 000	5 700	31 200		

根据表 10-5 应记入"原材料"总分类账户贷方的金额是 31 200 元，应记入"生产成本"、"制造费用"、"管理费用"总分类账户借方的金额分别是 22 000 元、7 000 元和 2 200 元。

由于汇总转账凭证上的会计科目对应关系是一个贷方科目与一个或几个借方科目相对应的，因此，为了便于编制汇总转凭证，要求所有的转账凭证也应按一个贷方科目与一个或几个借方科目的对应关系来填制，不应填制一个借方科目与几个贷方科目相对应的转账凭证。

应当指出的是，如果在月份内某一贷方科目的转汇总转账凭证的凭证不多时，也可以不编制汇总转账凭证，直接根据转账凭证登记总分类账。

四、汇总记账凭证账务处理程序的步骤

在汇总记账凭证账务处理程序下，账务处理程序是按下列步骤进行的：

(1)根据原始凭证编制原始凭证汇总表。

(2)根据原始凭证或原始凭证汇总表填制记账凭证。

(3)根据收款凭证、付款凭证登记现金日记账和银行存款日记账。

(4)根据原始凭证、汇总原始凭证或记账凭证登记各种明细分类账。

(5)根据各种记账凭证分别汇总编制各种汇总记账凭证。

(6)根据各种汇总记账凭证登记总分类账。

(7)月末，将现金日记账、银行存款日记账和各种明细分类账的余额与总分类账有关账户的余额相核对。

(8)月末,根据总分类账和明细分类账的资料编制会计报表。

汇总记账凭证账务处理程序如图 10-4 所示。

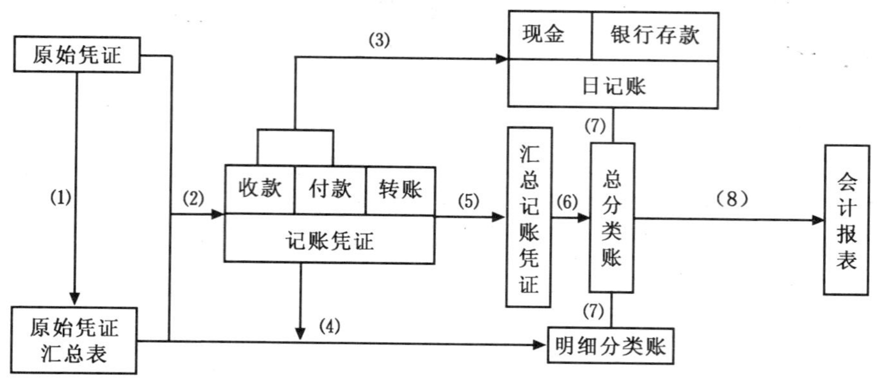

图 10-4 汇总记账凭证账务处理程序图

五、汇总记账凭证账务处理程序的优缺点和适用范围

汇总记账凭证账务处理程序的优点是:根据汇总记账凭证月终一次登记总分类账,可以克服记账凭证账务处理程序登记总分类账工作量过大的缺点,这就大大简化了登记总分类账的工作量;同时,由于汇总记账凭证是根据许多记账凭证,按照会计科目的对应关系进行归类、汇总编制的,在总分类账中也注明了对方科目,因而在汇总记账凭证和总分类账中,可以清晰地反映科目之间的对应关系,便于查对和分析账目,从而克服了科目汇总表账务处理程序所存在的缺点。其缺点是,定期编制汇总记账凭证的工作量也较大。因此,这种账务处理程序适用于规模较大、业务量较多的单位。

本章小结

本章主要阐述了会计账务处理程序的账务处理规律和特征。

学习时应注意的问题如下:

1. 账务处理程序及种类

账务处理程序又叫做会计核算形式或会计核算组织程序。是指在会计循环中,账簿组织及记账程序和记账方法相互结合的方式。

目前,我国企业、单位所采用的账务处理程序主要有以下三种:

(1)记账凭证账务处理程序；

(2)科目汇总表账务处理程序；

(3)汇总记账凭证账务处理程序。

记账凭证账务处理程序是最基本的账务处理程序。

2. 各种账务处理程序的区别和联系

一种账务处理程序区别于另一种账务处理程序主要在于登记总分类账的程序和方法不同。与此相适应，登记总分类账的依据（即会计凭证）和总分类账的格式也不相同，但它们都不能脱离账务处理程序的基本程序。

3. 记账凭证账务处理程序的特点

记账凭证账务处理程序的主要特点，就是根据每张记账凭证逐笔登记总分类账簿。由于总分类账簿是直接根据记账凭证逐笔进行登记，所以把这种账务处理程序直接叫做记账凭证账务处理程序。记账凭证账务处理程序是会计核算中最基本的一种账务处理程序，其他各种账务处理程序基本上是在记账凭证账务处理程序的基础上发展和演变而形成的，也就是账务处理程序的基本模式。

4. 科目汇总表账务处理程序的特点

科目汇总表账务处理程序是在记账凭证账务处理程序下发展起来的。它的主要特点是根据原始凭证编制记账凭证后，先根据记账凭证定期地（5 天或 10 天）汇总编制成科目汇总表，然后根据科目汇总表直接登记总分类账簿。由于总分类账簿是根据科目汇总表直接登记的，所以把这种账务处理程序叫做科目汇总表账务处理程序。

复　习　题

一、判断题

1. 企业采用何种账务处理程序，不要求统一，应根据各单位规模的大小、业务的繁简程度、经营管理的要求和特点进行选择。（　　）

2. 各种账务处理程序的主要区别在于登记总账的依据不同。（　　）

3. 记账凭证账务处理程序是其他账务处理程序的基础。（　　）

4. 科目汇总表账务处理程序下的记账凭证中只能编制简单会计分录。（　　）

5. 汇总记账凭证核算账务处理程序下要求所有的转账凭证按一个借方科目与多个贷方科目的对应关系来填列。（　　）

6. 在汇总记账凭证核算账务处理程序下，如某一贷方科目的转账凭证数量不

多，可以根据转账凭证直接登记总账。（　　）

7. 科目汇总表，不仅可以起到试算平衡的作用，而且可以反映账户之间的对应关系。（　　）

8. 记账凭证账务处理程序适用于所有企业。（　　）

二、单项选择题

1. 在下列会计账务处理程序中，最基本的账务处理程序是（　　）。

A. 记账凭证账务处理程序　　B. 科目汇总表账务处理程序

C. 汇总记账凭证账务处理程序　　D. 日记总账账务处理程序

2. 常见的账务处理程序，有许多共同点，又有其特点，主要表现在（　　）的依据和方法不同。

A. 编制会计凭证　　B. 登记现金日记账和银行存款日记账

C. 登记各种明细账　　D. 登记总账

3. 记账凭证账务处理程序下，登记总账的依据是（　　）。

A. 原始凭证　　B. 记账凭证

C. 科目汇总表　　D. 汇总记账凭证

4. 汇总收款凭证是根据（　　）汇总编制的。

A. 原始凭证　　B. 汇总原始凭证

C. 付款凭证　　D. 收款凭证

5. 汇总转账凭证的设置科目是（　　）。

A. 库存现金　　B. 银行存款

C. 所有转账凭证贷方科目　　D. 所有转账凭证借方科目

6. 规模小，业务简单，使用会计科目少的单位一般采用（　　）。

A. 记账凭证账务处理程序　　B. 科目汇总表账务处理程序

C. 汇总记账凭证账务处理程序　　D. 日记总账账务处理程序

7. 汇总记账凭证账务处理程序下，登记总账的依据是（　　）。

A. 原始凭证　　B. 记账凭证

C. 科目汇总表　　D. 汇总记账凭证

8. 科目汇总表账务处理程序下，登记总账的依据是（　　）。

A. 原始凭证　　B. 记账凭证

C. 科目汇总表　　D. 汇总记账凭证

9. 采用科目汇总表账务处理程序下，为便于填制科目汇总表，可采用（　　）记账凭证。

A. 一借一贷　　B. 一借多贷

C. 多借一贷　　　　　　　　D. 多借多贷

10. 科目汇总表账务处理程序的缺点主要是不能反映(　　)。

A. 账户借方、贷方发生额　　　　B. 账户借方、贷方余额

C. 账户对应关系　　　　　　　　D. 各账户借方、贷方发生额合计

三、简答题

1. 什么是账务处理程序？主要有哪几种形式？

2. 合理的账务处理程序一般应符合哪些要求？

3. 简述各种账务处理程序的适用范围。

思　考　题

1. 什么是账务处理程序？合理的组织账务处理程序的要求是什么？

2. 简述记账凭证账务处理程序的特点、优缺点及适应范围。

3. 简述科目汇总表账务处理程序的特点、优缺点及适应范围。

4. 简述汇总记账凭证账务处理程序的特点、优缺点及适应范围。

复习题答案

第一章　总　　论

一、判断题

1. √　2. ×　3. √　4. ×　5. ×　6. √　7. ×

二、单项选择题

1. C　2. B　3. B　4. B　5. B　6. C　7. D　8. A　9. A　10. A

三、多项选择题

1. AD　2. ABC　3. ABCD　4. ABC　5. ABCD　6. AC　7. ABD

四、简答题

1. 答:会计的核算职能主要通过确认、计量、记录、报告,从数量方面反映企业单位已经发生或已经完成的各项经济活动,是为经营管理提供信息的功能,它是会计的最基本工作。

会计的监督职能是企业单位内部的一种自我约束机制,主要是利用会计资料对经济活动加以控制和指导,它要求各项经济业务必须遵守国家财政、财务制度及其其他财经纪律,同时还应遵守企业单位的经营方针、政策。

二者的关系十分密切。两者相辅相成。会计核算是会计监督的前提,没有会计核算提供数据资料,会计监督就没有客观的依据;如果只核算而不进行监督,就不能发挥会计在经济管理中的作用。核算和监督是会计的最基本的职能,它体现了会计的本质特征。

2. 答:资产是指过去的交易、事项形成并由企业拥有或控制的资源,该资源预期回给企业带来经济利益。其特征如下:

(1)资产必须是企业现在所拥有或能够加以控制的经济资源;

(2)资产必须是企业由于过去的经济业务所形成或取得的;

(3)资产必须是能以货币加以计算的;

(4)资产必须是能为企业带来未来经济利益。

3. 答:负债是企业债权人对企业资产的要求权,又称债权人权益。负债是指企业过去的交易、事项形成的现实义务,履行该义务预期会导致经济利益流出企业。

其特征如下：

(1)负债的产生于过去交易和过去的事项；

(2)负债是一种承诺的义务，将来需要兑现的，并有明确的兑现日期和受款人；

(3)负债代表未来经济利益的流出；

(4)负债是可以用货币计量的。

4. 答：所有者权益是指所有者在企业资产中享有的经济利益，其金额为资产减去负债的余额。其特征如下：

(1)权益表明的企业产权关系，反映了企业投资人对其净资产的要求权、所有权；

(2)在数量上，所有者权益是企业资产总额减去负债总额的净额；

(3)权益与负债共同构成企业资产的来源；

(4)所有者权益内容，由投资人投入的资本和企业实现的利润(或亏损)构成；

(5)权益数额的大小取决于企业获利能力。

5. 权责发生制，又称应计制，是以收入和费用是否发生为标准来确认本期收入和支出的一种方法。其主要内容是：凡是当期已经实现的收入和已经发生或应当负担的费用，不论款项是否收付，都应当作为本期的收入和费用处理；凡是不属于当期的收入或费用，即使款项已经在当期收付，都不应作为当期的收入和费用处理。

五、计算题

权责发生制：

收入＝9 000＋10 000＝19 000(元)

费用＝2 000＋2 000＋4 000＝8 000(元)

利润＝19 000－8 000＝11 000(元)

收付实现制：

收入＝9 000＋6 000＋5 000＋7 000＝27 000(元)

费用＝12 000＋4 000＝16 000(元)

利润＝27 000－16 000＝11 000(元)

第二章　会计科目和账户

一、判断题

1. √　2. ×　3. ×　4. √　5. √　6. √

二、单项选择题

1.B 2.A 3.C 4.D 5.D 6.A

三、多项选择题

1.BCD 2.AC 3.AD 4.ACD 5.BCD

四、简答题

1.答:会计科目是对会计要素的具体内容进行的科学分类。设置的原则为:

(1)要有利于企业经营管理和经济核算;

(2)贯彻统一性和灵活性相结合的原则;

(3)会计科目的名称含义要确切,内容要清楚,外延要明确,以利于对会计确认的正确性。

2.答:会计科目是对会计对象的具体内容进行分类,但它只有分类的名称而没有一定的格式,还不能把发生的经济业务连续、系统地记录下来,以取得经营管理所需的信息资料。因此,必须根据会计科目来设置账户,利用账户来记录,有利于分门别类地、连续系统地记录和反映各项经济业务,以及由此而引起的有关会计要素具体内容的增减变化及其结果。

关系:会计科目和账户所反映的会计对象的具体内容是相同的,都是体现对会计要素具体内容的分类,会计科目是账户的名称,而账户是根据会计科目来设置的。因此,会计科目的性质决定了账户的性质。账户具有自身的特征,即有自己的格式或结构,用来连续、系统、全面地记录反映某种经济业务的增减变化及其结果。

五、计算题

(1)不影响资产总额;

(2)不影响资产总额;

(3)减少资产 35 000 元;

(4)减少资产 8 000 元;

(5)不影响资产总额;

(6)资产增加 10 000 元;

(7)不影响资产总额。

5 月末资产总额=850 000-35 000-8 000+10 000=817 000(元)

第三章　复式记账

一、判断题

1. ×　2. √　3. √　4. ×　5. ×　6. ×　7. √

二、单项选择题

1. B　2. B　3. A　4. B　5. D

三、多项选择题

1. ACD　2. AB　3. BCD　4. AC　5. BD　6. AB　7. BC　8. ACD　9. ABCD

四、简答题

1. 答:复式记账法是对发生的每一项经济业务,都要以相等的金额,在两个或两个以上的账户中相互联系地进行登记的一种方法。例如,用银行存款 2 000 元购买材料,根据复式记账法,这项经济业务发生后,要以相等的金额 2 000 元同时在"银行存款"和"原材料"这两个相互联系的账户中进行登记。即一方面要在"银行存款"账户中登记减少 2 000 元,另一方面要在"原材料"账户中登记增加 2 000 元。

2. 答:借贷记账法下,账户的左方为借方,右方为贷方。借方登记资产增加额、负债的减少额、所有者权益的减少额、收入的减少或转出额、费用的增加额,贷方登记资产减少额、负债的增加额、所有者权益增加额、收入的增加额、费用的减少或转出额。资产类账户的余额一般在借方,负债和所有者权益账户的余额一般在贷方。期末结转后,收入和费用类账户一般无余额。

3. 答:会计分录,是指在记账凭证中标明某项经济业务应借、应贷的账户名称及其金额的一种记录。会计分录的格式一般是:先借后贷(即应借账户排列在上,应贷账户排列在下);贷方的文字和数字要比借方后退数个字节;在有多借或多贷的情况下,借方和贷方的文字应左对齐,借方或贷方的金额应右对齐。

五、综合题

	借方	贷方
1. 借:库存现金	2 000	
贷:银行存款		2 000
2. 借:银行存款	50 000	
贷:实收资本		50 000
3. 借:原材料	6 000	
贷:银行存款		6 000

4. 借:银行存款　7 000
　　贷:应收账款　7 000
5. 借:银行存款　40 000
　　贷:短期借款　40 000
6. 借:固定资产　20 000
　　贷:银行存款　20 000
7. 借:其他应收款　1 500
　　贷:库存现金　1 500
8. 借:银行存款　5 000
　　贷:主营业务收入　5 000

发生额试算平衡表

20××年6月30日

账户名称	借方发生额	贷方发生额
库存现金	2 000	1 500
银行存款	102 000	28 000
应收账款		7 000
其他应收款	1 500	
原材料	6 000	
固定资产	20 000	
短期借款		40 000
实收资本		50 000
主营业务收入		5 000
合计	131 500	131 500

第四章　账户与复式记账法的运用

一、判断题

1. ×　2. ×　3. ×　4. √　5. √　6. ×　7. ×　8. √　9. ×　10. ×

二、单项选择题

1. C　2. B　3. C　4. B　5. D　6. B　7. C　8. B　9. B　10. B

三、多项选择题

1. ABD　2. ABD　3. ABCD　4. ABC　5. ABCD　6. AB　7. BC　8. ABC
9. ABD　10. BD　11. BC

四、简答题

1.答:材料的买价加上必要的采购费用,构成了材料的采购成本。材料的买价一般是指不包含增值税在内的货款;采购费用一般包括运输费、装卸费、保险费、包装费、仓储费、运输途中的合理损耗、入库前的整理挑选费、进口关税等。如购买甲材料,支付买价 11 700 元,其中增值税 1 700 元;运输费 200 元,装卸费 100 元。则甲材料的采购成本=10 000+200+100=10 300(元)。

2.答:生产成本的构成项目有直接材料、直接人工和制造费用。直接材料费用是指为生产某一种产品所直接耗用的各种材料费用,如服装厂的面布料。它是产品生产成本的主体构成因素。直接人工费用是指支付给直接从事某产品生产的工人的职工薪酬。制造费用是企业生产产品制造过程中发生在车间的,为组织管理生产和为生产服务而发生的共同间接生产费用。一般包括:车间用于一般消耗的原材料、燃料、动力费、车间技术管理人员工资以及发生在车间范围内的办公费、水电费、劳动保护费、固定资产折旧费等。

3.答:财务成果是企业一定时期内的经营总成果,即经营期内所实现的总收入扣除所有费用后的差额。差额大于零为利润,小于零为亏损。企业财务成果的构成内容主要有营业利润、利润总额及净利润。其中:营业利润是指一定会计期间的营业收入减去营业成本、营业税金及附加、销售费用、管理费用和财务费用,加投资收益后的余额。利润总额是在营业利润的基础上,加营业外收入,减营业外支出。利润总额减去所得税费用即为净利润。

4.答:企业实现的利润应按下列顺序进行分配:

(1)提取法定盈余公积。

(2)提取任意盈余公积。

(3)向投资者分配利润。

5.答:“本年利润”账户用途是用来核算企业本年实现的净利润(或亏损)总额情况。账户结构:该账户的贷方登记本期从主营业务收入、其他业务收入、营业外收入、投资收益等账户中结转过来的数额,借方登记本期从主营业务成本、销售费用、营业税金及附加、其他业务成本、管理费用、财务费用、营业外支出、所得税费用等账户中结转过来的数额。月终时,如为贷方余额,表示本年度截至本期末,企业累计实现的净利润总额;如为借方余额,表示本年度截至本期末,企业累计发生的亏损数额。年度终了,“本年利润”账户的余额应转入“利润分配”账户,结转后该账户年末无余额。

6.答:实地盘存制,又叫定期盘存制,是指平时只根据会计凭证在有关账簿中登记存货的增加数,不登记存货的减少数,月末,根据存货实地盘点的实存数,来倒挤出本期存货的减少数,并据以登记有关账簿。永续盘存制,又叫账面盘存制。它是指平时对各项存货的增加数和减少数,都要根据会计凭证连续记入有关明细账簿,并随时结出账面结存数量和金额。

永续盘存制度的核算手续严密,能在账簿中及时反映出各项存货的结存数额。采用这种方法,便于及时了解和掌握各项存货的增减变动和结存情况,加强存货管理,但是,采用永续盘存制核算存货,其核算手续比较复杂。由于该方法的严密性,永续盘存制度在企业广泛应用于主要存货的核算和管理。

实地盘存制虽然在平时能简化存货的记账工作,但核算手续不严密,反映的数字不够精确,由于平时账面上不反映各项存货的减少数和结存数,而是采用"以存计销"或"以存计耗"的方法,势必会把可能存在的存货损耗、差错和短缺等,全部隐没在本期销售成本或耗用成本中。这样,既不利于加强对存货的管理,又影响了成本计算的正确性。所以除了大堆材料以及商品购销企业价值低、品种杂的商品外,一般不宜采用这种方法。

7.答:发出存货的计价方法一般有个别计价法、加权平均法、移动平均法、先进先出法等方法。

先进先出法是指以购进的存货先发出为假设条件,按照货物购进的先后顺序,以先购进货物的单价确定发出存货和期末结存存货的实际成本的方法。

加权平均法是用期初存货数量和本期各批收入存货的数量作为权数,加权平均计算存货单价,根据此加权平均单价和发出存货数量及期末存货数量确定发出存货成本及期末存货成本的方法。

移动加权平均法是指在每次进货以后,即按加权平均法的原理为每次购入的存货计算一个新的加权平均单位成本,作为下次发出存货计价基础,依次计算,形成不同的加权平均单价的方法。

个别计价法是指每次发出存货的实际成本都按其购入时的实际成本分别计价来确定发出存货成本及期末存货成本的方法的。

五、综合题

(一)答:

1.借:银行存款　　400 000

　　贷:实收资本　　　400 000

2.借:固定资产　　400 000

贷:实收资本 304 000

资本公积 96 000

3. 借:银行存款 100 000

贷:短期借款 100 000

4. 借:短期借款 50 000

财务费用 2 000

贷:银行存款 52 000

5. 借:银行存款 400 000

贷:长期借款 400 000

6. 借:长期借款 100 000

贷:银行存款 100 000

(二)答:

1. 借:材料采购 53 900

贷:银行存款 53 900

借:原材料 53 900

贷:材料采购 53 900

A 材料的实际单位成本=53 900/980=55(元)

2. 发出材料的成本=600×50+600×55=30 000+33 000=63 000(元)

借:生产成本 63 000

贷:原材料 63 000

3. 借:原材料 90 000

贷:银行存款 90 000

A 材料的实际单位成本=(89 000+1 000)/1 500=60(元)

4. 发出材料的实际成本=380×55+1 020×60=82 100(元)

借:生产成本 82 100

贷:原材料 82 100

月末结存 A 材料的实际成本=480×60=28 800(元)

(三)答:

1. 借:银行存款 93 600

贷:主营业务收入 80 000

应交税费——应交增值税(销项税额) 13 600

2. 借:应收账款 235 000

贷:主营业务收入 200 000

应交税费——应交增值税(销项税额) 3 000
银行存款 1 000
3.借:主营业务成本 142 680
贷:库存商品——A 42 680
——B 100 000
4.应交消费税=(80 000+200 000)×5%=14 000(元)
借:营业税金及附加 14 000
贷:应交税费——应交消费税 14 000
5.应交城市维护建设税=(5 000+14 000)×7%=1 330(元)
应交教育费附加=(5 000+14 000)×3%=570(元)
借:营业税金及附加 1 900
贷:应交税费——应交城市维护建设税 1 330
——应交教育费附加 570
6.借:销售费用 3 000
贷:银行存款 3 000
7.借:销售费用 1 000
贷:银行存款 1 000
8.借:银行存款 4 680
贷:其他业务收入 4 000
应交税费——应交增值税(销项税额) 680
借:其他业务成本 3 000
贷:原材料 3 000
9.借:银行存款 2 000
贷:其他业务收入 2 000
借:其他业务成本 800
贷:累计折旧 800
10.借:管理费用 3 000
在建工程 1 000
贷:应付职工薪酬——工资 4 000
借:管理费用 420
在建工程 140
贷:应付职工薪酬——社会保险费 560
11.借:管理费用 2 000

贷:累计折旧 2 000

12. 借:管理费用 300

贷:库存现金 300

13. 借:财务费用 400

贷:银行存款 400

14. 借:财务费用 200

贷:预提费用 200

15. 借:待处理财产损溢 8 000

累计折旧 22 000

贷:固定资产 30 000

借:营业外支出 8 000

贷:待处理财产损溢 8 000

16. 借:银行存款 3 000

贷:营业外收入 3 000

17. 主营业务收入= 80 000+200 000=280 000

主营业务成本=142 680

营业税金及附加=14 000+1 900=15 900

其他业务收入= 4 000+2 000=6 000

其他业务成本= 3 000+800=3 800

管理费用=3 000+420+ 2 000+ 300=5 720

销售费用=3 000+ 1 000=4 000

财务费用=400+200=600

营业外收入=3 000

营业外支出=8 000

营业利润=(280 000+6 000)-(142 680+15 900+3 800+5 720+4 000+600)

=286 000-172 700=113 300(元)

利润总额=113 300+3 000-8 000=108 300(元)

应交所得税=108 300×25%=27 075(元)

借:所得税费用 27 075

贷:应交税费——应交所得税 27 075

本月实现的净利润=108 300-27 075=81 225(元)

月末转账:

借:主营业务收入 280 000

其他业务收入　　6 000
营业外收入　　3 000
贷:本年利润　　289 000
借:本年利润　　207 775
贷:主营业务成本　　142 680
营业税金及附加　　15 900
其他业务成本　　3 800
管理费用　　5 720
销售费用　　4 000
财务费用　　600
营业外支出　　8 000
所得税费用　　27 075
借:利润分配——提取盈余公积　　400 000
贷:盈余公积——法定盈余公积　　400 000
借:本年利润　　4 000 000
贷:利润分配——未分配利润　　4 000 000
借:利润分配——未分配利润　　400 000
贷:利润分配——提取盈余公积　　400 000

第五章　会计凭证

一、判断题

1.√　2.×　3.√　4.×　5.×　6.×　7.×　8.×　9.×　10.×

二、单项选择题

1.C　2.D　3.A　4.C　5.C　6.D　7.C　8.C　9.A　10.A

三、多项选择题

1.BCD　2.ABD　3.BD　4.ABCD　5.BD　6.ABC　7.ABCD

四、简答题

1.答:会计凭证按照填制程序和用途不同,分为原始凭证和记账凭证两类。

原始凭证是在经济业务发生或完成时取得或填制的,用以记录或证明经济业务的发生或完成情况,明确经济责任的一种凭证。它是会计核算的原始资料,是填制记账凭证、登记账簿的原始依据。

记账凭证是会计人员根据审核无误的原始凭证,对经济业务的内容加以归类,并据以确定会计分录所填制的会计凭证，它是登记账簿的直接依据。

2. 答：原始凭证应审核的内容是：

(1)审核原始凭证的真实性；

(2)审核原始凭证的合法性；

(3)审核原始凭证的合理性；

(4)审核原始凭证的完整性；

(5)审核原始凭证的正确性；

(6)审核原始凭证的及时性。

3. 答：记账凭证应审核的主要内容是：

(1)内容是否真实。审核记账凭证是否以审核无误的原始凭证为依据，所附原始凭证的内容与记账凭证的内容是否一致等。

(2)会计科目及其金额是否正确。审核记账凭证所确定的会计科目(包括总账科目和明细科目)名称、应借、应贷会计科目的方向及其金额是否正确。

(3)项目是否齐全。审核记账凭证各项目(如日期、凭证编号、摘要、会计科目、金额、所附原始凭证张数及有关人员签章等)的填写是否齐全。

五、综合题

		借方	贷方
1. 银收 1 号	借：银行存款	2 000 000	
	贷：实收资本		2 000 000
2. 银付 1 号	借：应付账款	50 000	
	贷：银行存款		50 000
3. 银付 2 号	借：固定资产	200 000	
	贷：银行存款		200 000
4. 现付 1 号	借：其他应收款——王某	2 000	
	贷：库存现金		2 000
5. 银付 3 号	借：待摊费用	2 400	
	贷：银行存款		2 400
6. 现付 2 号	借：管理费用	1 500	
	贷：库存现金		1 500
7. 转 1 号	借：原材料	50 000	
	贷：应付账款		50 000
8. 银付 4 号	借：库存现金	200 000	
	贷：银行存款		200 000

		借方	贷方
9.现付3号	借:应付职工薪酬	200 000	
	贷:库存现金		200 000
10.转2号	借:应收账款	250 000	
	贷:主营业务收入		250 000
11.银付5号	借:短期借款	200 000	
	预提费用	6 000	
	财务费用	3 000	
	贷:银行存款		209 000
12.转3号	借:管理费用	2 000	
	贷:其他应收款		2 000
现付4号	借:管理费用	300	
	贷:库存现金		300
13.转4号	借:生产成本——C	90 000	
	——D	70 000	
	制造费用	10 000	
	管理费用	30 000	
	贷:应付职工薪酬		200 000
14.转5号	借:制造费用	35 000	
	管理费用	15 000	
	贷:累计折旧		50 000
15.转6号	借:生产成本——C	12 600	
	——D	9 800	
	制造费用	1 400	
	管理费用	4 200	
	贷:应付职工薪酬		28 000
16.转7号	借:管理费用	200	
	贷:待摊费用		200
17.转8号	借:主营业务成本	185 000	
	贷:库存商品		185 000

第六章 账　簿

一、判断题

1.× 2.√ 3.× 4.√ 5.√ 6.× 7.√ 8.× 9.× 10.×

二、单项选择题

1.B 2.C 3.D 4.D 5.A 6.C 7.B 8.A 9.A 10.C

三、多项选择题

1.BCD 2.BC 3.AD 4.ABCD 5.AD 6.ABC 7.ABC

四、简答题

1.答:会计账簿简称账簿,是按照会计科目开设账户并由具有专门格式而又相互联结在一起的若干账页所组成,以会计凭证为依据,分类、连续、系统、全面地记录和反映各项经济业务的簿籍。设置账簿的作用:

(1)为企业经营管理提供系统、完整的会计核算资料;

(2)有效发挥会计的监督职能,保证财产物资、资金的安全完整和合理使用;

(3)为定期编制会计报表提供数据资料;

(4)为考核经营管理业绩、加强经济核算,进行会计分析和审计提供依据。

2.答:明细账的设置一般有三种格式,即三栏式、数量金额式和多栏式三种。

三栏式明细账格式适用于只需要进行金额核算,不需要进行数量核算的债权、债务结算类账户,如"应收账款"、"应付账款"等账户的明细分类核算。

数量金额式明细账适用于既要进行金额核算,又要进行实物数量核算的各种财产物资账户,如"原材料"、"库存商品"等账户的明细分类核算。

多栏式明细账适用于成本、费用、收入和财务成果等账户,如"生产成本"、"管理费用"、"营业外收入"、"本年利润"、"利润分配"等账户的明细分类核算。

3.答:错账更正的方法一般有划线更正法、红字更正法和补充登记法三种。

(1)划线更正法　在结账前,如果发现账簿记录有错误,而记账凭证并无错误,只是过账时不慎,发生文字或数字记录笔误,应采用划线更正法予以更正。

(2)红字更正法　又称红字冲账法。这种方法适用于以下两种情况:

①记账后,发现记账凭证中的应借、应贷的会计科目有错误,致使账簿记录错误,应采用红字更正法予以更正。

②记账后,发现记账凭证所记金额大于应记金额,而应借、应贷的会计科目并无错误,致使账簿记录错误,也应采用红字更正法予以更正。

(3)补充登记法　记账后,如果发现记账凭证中所记金额小于应记金额,而应借、应贷的会计科目并无错误,致使账簿记录错误,可用补充登记法予以更正。

4.答:总分类账户与明细分类账户平行登记的要点如下:

(1)登记的依据相同;

(2)登记的方向相同；

(3)登记的期间相同；

(4)登记的金额相等。

5.答：结账，是指按照规定，定期把一定时期（月份、季度、年度）内所发生的经济业务登记入账，并将各种账簿结计清楚，以便进一步根据账簿记录编制会计报表。

结账的内容包括结清虚账户和结转实账户。结清虚账户是将本期实现的收入和发生的费用转入“本年利润”账户，并据以计算本期损益。结转实账户是将资产、负债及所有者权益类账户的余额结转下期，以便做连续记录。

五、综合题

会计分录：

(1)借：原材料——A	450	
——B	600	
——C	2 000	
贷：银行存款		3 050
(2)借：应付账款——甲公司	2 900	
贷：银行存款		2 900
(3)借：生产成本	2 560	
贷：原材料——A		540
——B		120
——C		1 900
(4)借：应付账款——丙公司	1 500	
贷：银行存款		1 500
(5)借：原材料——A	900	
——B	300	
贷：应付账款——甲公司		900
——丙公司		300
(6)借：应付账款——甲公司	800	
贷：银行存款		800

总账和明细账的登记：

原材料总账(以T形账代替)

借方		贷方	
月初余额：	1 600		
本月购入：(1)	3 050	本月发出：(3)	2 560
(5)	1 200		
本月发生额：	4 250	本月发生额：	2 560
月末余额：	3 290		

原材料——A材料

借方		贷方	
月初余额：	900		
本月购入：(1)	450	本月发出：(3)	540
(5)	900		
本月发生额：	1 350	本月发生额：	540
月末余额：	1 710		

原材料——B材料

借方		贷方	
月初余额：	300		
本月购入：(1)	600	本月发出：(3)	120
(5)	300		
本月发生额：	900		
月末余额：	1 080		

原材料——C材料

借方		贷方	
月初余额：	400	本月发出：(3)	1 900
本月购入：(1)	2 000		
本月发生额：	2 000	本月发生额：	1 900
月末余额：	500		

第七章 财产清查

一、判断题

1. × 2. √ 3. × 4. × 5. ×

二、单项选择题

1. A 2. A 3. C 4. D 5. C

三、多项选择题

1. ABC 2. AC 3. ABCD 4. BCD 5. AB

四、简答题

1. 答:财产清查是指通过对财产物资(或称实物资产)、货币资金和债权债务的查对,来确定实际结存数(下面简称实存数),并查明账面结存数(下面简称账存数)与其实存数是否相符的一种专门方法。

财产清查的意义:

(1)确保会计核算资料真实可靠;

(2)保护各项财产安全完整;

(3)挖掘财产物资的潜力,加速资金周转;

(4)保证结算制度贯彻执行。

2. 答:未达账项是指由于结算凭证在双方之间传递需要一定时间而造成一方已经入账,而另一方尚未收到结算凭证从而尚未入账的款项。未达账项有以下四种情况:

(1)企业已收入账,银行尚未收款入账;

(2)企业已付入账,银行尚未付款入账;

(3)银行已收入账,企业尚未收款入账;

(4)银行已付入账,企业尚未付款入账。

3. 答:财产物资实际结存数量的清查方法一般采用实地盘点法和技术推算盘点法两种。实地盘点法,是指在财产物资堆放现场进行逐一点数或用过磅、量尺等计量仪器来确定实存数量的一种方法。技术推算盘点法,是指利用技术方法,对大量成堆难以逐一清点的财产物资实存数量进行推算的一种方法。

清查财产实际结存金额应区分两种情况:实物资产实存金额的确定方法一般采用账面价值法、评估确认法和协商议价法等。对于没有实物数量只有金额的财产,如现金应直接确定其金额;对于银行存款、债权债务则可以采用查询核实法或函证核对法等。

五、综合题

(一)银行存款余额调节表

银行存款日记账余额： 15 330	银行对账单余额:106 210
加:银行已收,企业未收： (1) 100 000 减:银行已付,企业未付： (5) 350	加:企业已收,银行未收： (2) 12 000 (4) 1 500 减:企业已付,银行未付： (3) 4 730
调整后日记账余额： 114 980	调整后对账单余额： 114 980

(二)批准前：

1. 借:待处理财产损溢——待处理固定资产损溢 40 000
   累计折旧 10 000
   贷:固定资产 50 000
2. 借:待处理财产损溢——待处理流动资产损溢 3 600
   贷:库存商品 3 600
3. 借:原材料 50
   贷:待处理财产损溢——待处理流动资产损溢 50

批准后：

1. 借:营业外支出 40 000
   贷:待处理财产损溢——待处理固定资产损溢 40 000
2. 借:其他应收款——保管员 600
   管理费用 3 000
   贷:待处理财产损溢——待处理流动资产损溢 3 600
3. 借:待处理财产损溢——待处理流动资产损溢 50
   贷:管理费用 50

第八章　账户的分类

一、判断题

1.√　2.×　3.×　4.×　5.√

二、单项选择题

1.B　2.B　3.C　4.C　5.D　6.A

三、多项选择题

1. ABCD　2. BC　3. BC　4. ABD　5. AB

四、简答题

1. 答：账户按会计要素的分类，就是按账户所反映的会计对象的具体内容进行分类。企业会计对象的具体内容有：资产、负债、所有者权益、收入、费用、利润六大会计要素。因此，账户按会计要素可以分为资产类账户、负债类的账户、所有者权益类账户、收入类账户、费用(成本)类账户和利润类账户等六大类账户。

2. 答：账户的结构，是指在账户中如何记录经济业务，以取得各种必要的核算指标。具体包括：账户的借方核算什么？贷方核算什么？余额在哪一方？表示什么？例如："原材料"账户的借方记录原材料的入库数；贷方记录原材料的发出数；借方余额表示原材料的库存数。

3. 答：调整账户是用来调整被调整账户的余额，以表示被调整账户的实际余额而设置的账户。核算原始数字的账户，称为被调整账户；核算调整数字的账户，称为调整账户。调整账户的特点：

(1)调整账户与被调整账户所反映的经济内容相同，被调整账户反映的是原始数字，而调整账户反映对原始数字的调整数字。

(2)调整的方式是将原始数字同调整数字相加或相减，就可以求得实有数字。

(3)调整账户不能离开被调整账户而独立存在，有调整账户就有被调整账户。

第九章　财务报告

一、判断题

1. ×　2. ×　3. ×　4. √　5. ×　6. ×　7. √　8. ×　9. ×　10. √

二、单项选择题

1. A　2. B　3. C　4. A　5. D　6. D　7. D　8. D　9. A　10. C

三、多项选择题

1. ABCD　2. ABCD　3. ABC　4. ABCD　5. ABC　6. AC　7. ABCD
8. BCD　9. BD　10. ABC

四、简答题

1. 答：财务报告，是指企业对外提供的反映企业某一特定日期财务状况和某一会计期间经营成果、现金流量的文件。

财务报告的作用有以下几个方面：

(1)为国家有关管理部门进行宏观经济调控提供必要的信息资料；

(2)为投资者作投资决策，为债权人了解企业资金运转情况、短期偿债能力和支付能力提供必要的信息资料；

(3)为企业内部经营管理者进行日常经营管理提供必要的信息资料。

2.答：企业对外提供的财务报告应遵循下列具体要求：

(1)真实性　要求企业对外编报的财务报告，必须如实地反映企业真实的交易、事项，财务会计报告的所有数据都必须真实可靠，不允许弄虚作假、隐瞒虚报、篡改数字；不允许用估计数代替实际数；不允许提前或推迟结账。

(2)准确性　要求企业对外编报的财务报告中各种数据的计算正确无误；各报表之间各项目之间，凡有勾稽关系的数字应相互一致。

(3)完整性　要求企业对外编报的财务报告内容要完整、手续要完备。

(4)及时性　要求企业对外编报的财务报告应按会计制度规定的时限及时编报和对外提供。

3.答：资产负债表是反映企业某一特定日期(月末、季末、中期期末、年末)财务状况的报表。资产负债表列示了企业在特定日期的资产、负债、所有者权益情况，表明企业在某一特定日期所拥有或控制的经济资源、所承担的现有义务和所有者对企业资产的要求权。

资产负债表的作用主要有以下几方面：

(1)反映企业拥有或控制的经济资源及其结构，有助于报表使用者分析企业的营运效率和生产经营的稳定性；

(2)反映企业流动资产和流动负债的对应关系，有助于报表使用者分析和评价企业的短期偿债能力；

(3)反映企业的资本结构和财务实力，有助于报表使用者分析、预测企业生产经营的安全程度和抗风险的能力。

4.答：利润表又称损益表、收益表。利润表是反映企业在一定时期（月份、季度或年度）内经营成果(或亏损，下同)的会计报表。

利润表的作用主要有以下几方面：

(1)提供了企业经营成果的基本数据，有助于报表使用者分析和预测企业的经营成果与获利能力；

(2)提供了企业盈利能力的情况，有助于分析、评价和预测企业的长期偿债能力；

(3)利润表提供的信息,有利于提高企业经营管理水平,也有助于考核管理人员的业绩。

五、综合题

(一)资产负债表项目填列:

货币资金=400+35 000=35 400(元)

应收账款=70 000+1 000=71 000(元)

预付账款=600(元)

存货=53 365+63 750+37 260=154 375(元)

固定资产净值=500 000-100 000=400 000(元)

应付账款=80 000+1 500=81 500(元)

预收账款=32 000+600=326 009(元)

未分配利润=42 000-20 500=21 500(元)

(二)会计分录

分录	借方	贷方
1.借:银行存款	80 000	
贷:主营业务收入		80 000
2.借:应收账款	45 000	
贷:主营业务收入		45 000
3.借:主营业务成本	101 400	
贷:库存商品——A		65 400
——B		36 000
4.借:销售费用	1 500	
贷:银行存款		1 500
5.借:营业税金及附加	8 750	
贷:应交税费——应交消费税		8 750
6.借:管理费用	350	
库存现金	50	
贷:应收账款		400
7.借:管理费用	1 000	
贷:库存现金		1 000
8.借:银行存款	49 500	
贷:应收账款		49 500
9.借:管理费用	200	
贷:待摊费用		200

10. 借:营业外支出　　3 000
　　贷:待处理财产损溢　　3 000
11. 借:银行存款　　3 020
　　贷:其他业务收入　　3 020
12. 借:主营业务收入　　125 000
　　　其他业务收入　　3 020
　　贷:本年利润　　128 020

借:本年利润　　116 200
　　贷: 主营业务成本　　101 400
　　　　营业税金及附加　　8 750
　　　　销售费用　　1 500
　　　　管理费用　　1 550
　　　　营业外支出　　3 000
13. 所得税=(128 020-116 200)×25%=2 955
借:所得税费用　　2 955
　　贷:应交税费——应交所得税　　2 955
14. 借:应交税费——应交消费税　　8 750
　　　　　　　——应交所得税　　2 955
　　贷:银行存款　　11 705

利 润 表

20××年6月

项 目	本月数	本年累计数
一、营业收入	128 020	略
减:营业成本	101 400	
营业税金及附加	8 750	
销售费用	1 500	
管理费用	1 550	
财务费用		
……		
三、营业利润	14 820	
加:营业外收入		
减:营业外支出	3 000	
四、利润总额	11 820	
减:所得税	2 955	
五、净利润	8 865	

第十章　账务处理程序

一、判断题

1.√　2.√　3.√　4.√　5.×　6.√　7.×　8.×

二、单项选择题

1.A　2.D　3.B　4.D　5.C　6.A　7.D　8.C　9.A　10.C

三、简答题

1.答:账务处理程序,又叫做会计核算形式或会计核算组织程序。是指在会计循环中,账簿组织及记账程序和记账方法相互结合的方式。

我国企业、单位所采用的账务处理程序主要有以下三种:

(1)记账凭证账务处理程序;

(2)科目汇总表账务处理程序;

(3)汇总记账凭证账务处理程序。

2.答:合理的账务处理程序,一般应符合以下要求:

(1)适合本单位的业务性质、规模大小、繁简程度、经营管理的要求和特点,有利于加强会计核算工作的分工协作,有利于落实会计核算工作的岗位责任制。

(2)正确、及时、完整地提供本单位经营管理和国民经济宏观调控所需要的各种必要的会计核算资料。

(3)保证会计核算工作质量的前提下,力求简化核算手续,节约人力和物力,降低核算费用,提高会计核算工作效率。

3.答:记账凭证账务处理程序一般只适用于规模小、业务量少、凭证不多的单位。科目汇总表账务处理程序一般适用于业务量较多的中小型企业以及事业行政单位。汇总记账凭证账务处理程序适用于规模较大、业务量较多的单位。

参 考 文 献

[1] 中华人民共和国财政部. 企业会计准则(2006). 北京:经济科学出版社,2006.
[2] 中华人民共和国财政部. 企业会计准则——应用指南(2006). 北京:中国财政经济出版社,2006.
[3] 财政部会计司. 企业会计准则讲解. 北京:人民出版社,2006.
[4] 王允平,孙丽红. 会计学基础(修订版). 北京:经济科学出版社,2007.
[5] 孙铮. 基础会计. 3 版. 上海:上海财经大学出版社,2007.